史记品录

明明白白讲史记

刘炜 著

天津出版传媒集团
天津古籍出版社

图书在版编目（CIP）数据

《史记》品录：明明白白讲《史记》/ 刘炜著. —
天津 ：天津古籍出版社，2023.10（2025.7 重印）
ISBN 978-7-5528-1401-9

Ⅰ. ①史… Ⅱ. ①刘… Ⅲ. ①《史记》—研究 Ⅳ.
①K204.2

中国国家版本馆CIP数据核字（2023）第173517号

《史记》品录：明明白白讲《史记》

SHIJI PINLU：MINGMINGBAIBAI JIANG SHIJI

刘炜 / 著

出　　版　天津古籍出版社
出 版 人　张　玮
地　　址　天津市和平区西康路35号康岳大厦
邮政编码　300051
邮购电话　（022）23517902

责任编辑　柳　笛
封面设计　鞠佳美

印　　刷　北京虎彩文化传播有限公司
经　　销　全国新华书店
开　　本　880毫米×1230毫米　1/32
印　　张　10.875
字　　数　238千字
版次印次　2023年10月第1版　2025年7月第2次印刷
定　　价　49.80元

序

话说刘炜读史

张秋铧

刘炜读史十分刻苦，每读一部史，都要参阅与之相关的若干本书，搜寻近年来各家对这部书的最新评述和考古发现。在这个惠风和畅的春天，刘炜对我说，他写了一本品读《史记》的书，先把初稿发到我手机上，让我抽时间看看，并请我再写一篇序。

所谓再写一篇序，是因为他出版的第一部评史专著《魏晋史札记》是我写的序，后来他又写了《〈聊斋志异〉全景观》，是我的好友岩波先生给作的序，这也是一部很吃功夫的书。因为《聊斋志异》是中国古代文言短篇小说作品集中成就最高的，在我国文学史上占有重要地位。书中有鞭挞清军东征西讨时屠戮罪行的，有讽刺科举的，有揭露昏官土豪恶行的，当然更多的篇章是描写美好爱情的，刘炜将这些篇目结合相关史料进行解读，并呈现给读者。

岩波先生在序中如此评价《〈聊斋志异〉全景观》："以亲切委婉的笔触，明确昭示作者的写作义旨。在流行文化快餐的当下，没有读过《聊斋》的人读了这本书之后，对原著会感兴趣；让读过

《聊斋》的人读了后，对原著更有深刻的认识。”其实，这就是刘炜读古书品古文的初衷。唯此情怀，可叹可赞！所以当刘炜再次请我写序时，我脑子里冒出的第一个题目就是“跟着刘炜品史书”，但后来放弃了。因为可能有人质疑：品读古代文史名著的人不少，为什么一定要跟着刘炜品读呢？得，我只得改成这个直白的毫无文采的题目了。

为《〈史记〉品录》写序，既高兴又为难。《史记》是中国历史上第一部纪传体通史，记载了上至上古传说中的黄帝时代，下至汉武帝太初四年间，前后三千多年的历史。司马迁呕心沥血十四年才完成此书，一共 130 篇，52.65 万字，涉及历代皇帝的政绩、诸侯国、勋贵兴亡和重要人物的言行事迹，以及礼乐、音律、历法、天文、封禅、水利、财政等，洋洋大观，规模巨大，体系完备，被列为二十四史之首，对后世的史学、文学的发展产生了深远的影响，所以鲁迅誉之为“史家之绝唱，无韵之离骚”。而梁启超说得更绝，他说不读《史记》就不配做一个中国人，此话未免太严苛了。但从另一个方面理解，《史记》对每个人认识华夏根脉，提高自身修为，是多么重要啊！

我少年和青年时代确实读过《史记》，因为那时学中医，读医学典籍需要有较好的古文基础。因此，暑假、寒假时读了不少古书古文，其中自然包括《史记》。读医书是正课，而读其他古文算是课外阅读。凡有读不懂的地方，只能是自己琢磨消化，不可能堂堂正正地去请教老师，以免落个一心二用、心猿意马之嫌。所以《史记》中有的篇章我是七分懂，三分不懂；有的篇章是三分懂，七分不懂。时隔近六十年，如今只是在写作中需要查证某人某事时，偶尔翻阅一下。所以少时读过的那些文字，连同那时的精力、体力、激情,早已被时光的流水带走得差不多了。今日让我写序,难免生出恐惧感,迷惘与彷徨之间,不知该从何处下笔。

说刘炜是我的学生,不如说和我是忘年之交。他敏而好学,慧而笃行,拥有青春年华和满腹才情,而不咋呼,不张扬,只知道一门心思读书写作。在我认识的年轻朋友中,他是深受我认可的人。我们每次见面,客套话不多,一句问候过后就是说事情,提问题。每当我表达自己的看法和见解时,他就默然聆听,从不打断和纠正我的话;待我说完,他再说自己的观点。我们虽然见面不多,但每次都聊得十分投机,十分融洽,一晃将近两个小时就过去了。他有个行动,很让我感动,令我对他刮目相看:

刘炜在创作《魏晋史札记》期间曾和我多次谈到姜维,书中的文章《又一孔明》也是专讲姜维,该文长达两万字,梳理了姜维执着的一生。刘炜说姜维在诸葛武侯去世后出任大将军,继承武侯遗志,频繁偏军西入、大举北伐,伐魏次数早已超过了当年的武侯。他是末路英雄,穷其一生,致力于完成老师的未竟之志。虽然最终壮志未酬,但其矢志不渝的精神,正如后人在宁死不屈、奋战到底的南宋文天祥、张世杰身上所感受到的一样,不可能被时代的更迭所磨灭。于是那天,刘炜在电话中对我说,他要到甘肃祭拜姜维。过了几天,他又告诉我说,他已经从甘肃回来了。哦?这话,这事,很让我惊讶。我原以为他只是说说而已,没想到心生念想,说去就去。刘炜从天津乘飞机到甘肃省天水市,又乘火车到甘谷县,再打车前往辖下的六峰镇姜家庄,最后徒步爬山找到了姜维祠堂。刘炜见到他所崇拜、所敬仰的人的塑像,甚是激动,三揖之后,便将那部新出版的《魏晋史札记》焚烧在堂前。

你说，刘炜可爱不可爱？他不是个性情中人，而是对他心念的人、心念的事，那么认真，那么心诚。这，也是他的为人和品格。这会儿，既然作者提出让我写序，不管多么艰涩，多么畏难，这篇文章总是要做的。序是书的导读，引导读者的思路。耄耋老人思维迟钝，但凡做文做事，都讲个“认真”二字。读《〈史记〉品录》，许多观点和作者相同，但也有某些观点相左。正是在同与不同之间产生的碰撞和思辨，才可能深化对这部书的认知。

那天，刘炜把目录和后记用微信发给我，不多时，我打开手机一翻，目录上是品史的31篇文章。我不禁脱口而出：“怎么没有《报任安书》?”放下电话，觉得自己唐突了，失言了。因为《报任安书》是司马迁写给好友任安的一封书信，自然不在《史记》之列，但我固执地认为，后人学习、品读《史记》，最是少不了要学《报任安书》的。司马迁一辈子给那么多人立传，唯独不可能给自己立传。而他写给好友任安的这封书信，其实就是给自己写的传记。自己因为李陵辩护而招祸，作为一个被打入另册的人，怎能和他人交往呢？他抨击了那些见风使舵、落井下石的人，留下了“士为知己者用，女为悦己者容”“人固有一死，或重如泰山，或轻如鸿毛”的千古名句。我以为将这篇文章附于全书之后进行解读，帮助读者全面、忠实地了解司马迁，比作者自个儿直白地介绍，更能让人信服，更能深化本书的要旨。不过，刘炜显然也考虑到了这点，他另辟蹊径，以司马迁的父亲司马谈作为解读《史记》的起点，其中也引用了不少《报任安书》的内容。

《史记》中的人物那么多，最让人扼腕叹息的是两个人。一个是最先灭秦、与刘邦争天下的楚霸王项羽；一个是“连百万之众，战必胜，攻必取”奠定国基的大将军、大元帅淮阴侯韩信。二人生当逢时,都干了一场轰轰烈烈的大事,但皆因归于自己的性格而结局惨淡。所以说,性格决定命运。一念之差,就可能有天壤之别的结局。

项羽性情暴戾鲁莽,刚愎自用,不听良言,不用良人,甚至杀熊心,烹王陵母,做了许多错事。但最大的错事是他打入咸阳后,漠视汉中,让刘邦称汉王,在鸿门宴中放走劲敌,真是妇人之仁、心慈手软,坐失取天下的良机。司马迁写《项羽本纪》时,文字荡气回肠,对他赞美有加:“长八尺余,力能扛鼎,才气过人。”在其败走乌江时,司马迁不厌其烦地描写了项羽与虞姬作别时的英雄气短、儿女情长状。在乌江边,项羽天不怕地不怕,重围中斩杀汉将如探囊取物,而到乌江亭便不愿独自逃生,大义凛然的悲情英雄形象跃然纸上,所以后来博得女诗人李清照那般歌颂:“生当作人杰,死亦为鬼雄;至今思项羽,不肯过江东。”

至于韩信,也是一位值得同情和惋惜的悲情人物。他的功劳世人皆知,但他不懂得功高盖主的千古条律,一心想受用那个被封的“齐王”“楚王”,结果惨遭杀害。刘邦不是个胸怀宽广的人,亲友部下一概不认,待皇位坐稳,便将这些曾和他打天下流血流汗的人,一个一个地收拾干净。人生是一门学问,该展示才华时尽情施展,待功成名就,立马退出江湖。如范蠡、张良弃官而去,或隐居经商,或求仙问道,安享清福,保全完身。古往今来众多高官,已上升到相当的位置了,仍然不肯放弃权势,贪恋虚名浮财,声色犬马,放纵自己,最后落得身陷囹圄,累及家人亲友……

书中讲到伍子胥为父报仇,带领吴军直捣楚国都城,并掘墓鞭打楚怀王尸体一事,我一直存有异议,对这种行为不敢苟同。

我是湖北人，家乡属古楚地，至今提起伍子胥，当地百姓没有半点褒扬的口气。平时民间有“杀父之仇、夺妻之恨，不共戴天”的说法，但伍子胥为了报仇，逃亡吴国，帮助吴王训练军队，振国兴邦。待时机成熟，便带领吴军，联合他国军队一起乘势伐楚，占领楚都郢都，并鞭打楚王尸体。

是的，仇报了，恨雪了。可你想到没有，你带领大军一路杀来，该有多少楚人兄弟死伤？该有多少父老乡亲遭兵燹祸害，以致家破人亡，妻离子散？为一己之仇，而与整个国家为敌。你报复的不是楚王一人，而是生你养你的祖国。一个与祖国为敌的人，不管出于什么缘由，都不会得到人们的赞许和同情。

相反，同为楚国士大夫的屈原忠心许国，却遭受冤屈，两次遭到流放，先流亡于汉北，再流放于汨罗，他不觉得冤吗？他没有恨吗？他虽然不执掌兵权，但凭他的影响力，完全可以鼓动一些人来反对楚王，祸乱朝政。但他没有这么做，或者说他压根没想到这么做。他用文人士大夫常用的武器写作，来抒发自己的政治愤懑，因而留下了震烁千古、文采斐然的华美诗篇《离骚》。司马迁将“离骚”解释为离忧，有忧愁牢骚之意。屈原以香草美人自比，以恶草杂花比权贵宵小，让《离骚》馥郁满篇，给人以芳草芬香之感，将南方的楚文化带入文学殿堂，最终成为《楚辞》，让《楚辞》与《诗经》一起成为中国文学的两大源头。所以司马迁说，以他的才华，到哪个国家都会受到欢迎，都比留在楚国有发展。但他对楚国有着发自内心的热爱，让其为他国效力是完全不可能的。“鸟飞返故乡兮，狐死必首丘”，这种不忘初心的家国情怀，无比热爱祖国的赤子之心，是伍子胥那样的人所不能理解的。这正是屈原千百年来，为人们所赞颂、所敬仰的原因。

刘炜在后记中用“也学牡丹开”作题,表明了他的谦虚。正如他说,读书评古的人很多,自己千万不能做“誊书先生”,将人家的书抄来搬去,人云亦云,毫无新意和见识。相反,作者必须要有对史料旁征博引、整合提炼的驾驭能力。这项能力和内功,是靠日积月累的修炼攒下来的。的确,我在读《〈史记〉品录》时,体会到了作者在挖掘这部精神宝库时,实实在在下了不少功夫。

读了《〈史记〉品录》,等于我又读了一遍太史公的大作,值!在我所接触的年轻朋友中,能静下心来读古籍、品古籍者,鲜!要不刘炜怎么能在2022年度的天津市全民阅读活动中脱颖而出,获得“书香之家”这项荣誉呢?

俗话说,人老话多。老夫七七八八,啰啰嗦嗦,是因为我对《史记》有崇拜感、敬畏感,对年轻作者有展望感、亲切感。

噫吁哉,是为序。

张秋铧

2023年7月8日于晚耕堂

(张秋铧,著名军旅作家,中国作家协会会员,原天津市河北区作家协会主席,诗人。1979年起在著名作家魏巍的引导下从事文学创作,著有各类文学作品计300余万字,其中长篇小说《捍疆卫士张自忠》、长篇诗歌《钓鱼岛之歌》受到海内外各界的好评。)

目　录

司马父子与《史记》

（一）伟大的父亲

《史记》最后一篇列传名为《太史公自序》，可看作是全书总目录及各篇目的大纲简介。司马迁在《太史公自序》开篇首先讲述了自家家史，其中特别提到父亲太史令司马谈是如何一步步培养、引导自己完成这部旷世史书的。应该说，《史记》能问世，司马谈的作用无法忽视。所以在正式品读司马迁的《史记》前，必须先提及司马迁的父亲汉太史令司马谈。

汉代的太史令职责繁多，除掌管国家档案及记述当朝历史外，还负责修订天文历法、参与祭祀占卜等工作，是朝堂之上不可或缺的机要重臣。《太史公自序》载，司马谈担任太史令时曾拜多位学界泰斗为师，其“学天官于唐都，受《易》于杨何，习道论于黄子”，可谓学识渊博、业务精湛。试问，《史记》中的诸多论述大作如《天官书》《封禅书》《日者列传》等，谁敢说其中没有司马谈的研究成果呢？但司马谈并不满足于只当一名史官干好本职，他的目标十分远大，打算要效仿孔子立志要写出一部比肩《春秋》的旷世之作。

今人谈及孔子作品，大都将焦点放在记载其言行的《论语》上，《论语》重在修身齐家的个人养成，后世虽亦有“半部《论语》

治天下”一说，但以史为鉴可知兴替，若想深度学习“治国平天下”理念，非读史书《春秋》不可。《春秋》是孔子修订的鲁国国史，全书历十二代君王，跨度达二百四十四年，内含典章礼仪、社会风俗、诸侯博弈及军事思想等内容，如收录于今日语文课本的《曹刿论战》《烛之武退秦师》等著名战例就出自《春秋三传》中的《左传》，后世名将关羽、岳飞也都喜读《左氏春秋》。司马谈对标孔子可谓志向远大，用他的话说，孔子至今已经四百余年，是该修一部类似《春秋》的传世史书了。这项修史工作原本应由秦人完成，但秦始皇一统天下后却倒行逆施尽焚六国史籍，给民族文化带来灾难性后果。而后随着秦末农民起义和楚汉争雄的动乱到来，修史根本不具备客观条件。多年战争致使民生凋敝，汉政权自高祖刘邦建立以来重在养民，也没精力在文化领域有所建树。现而今，历经数代执政者几十年的休养生息后，汉王朝已是经济繁荣、国力强盛，修史一事终于可以被重新提上议程。

父母是孩子最好的老师。司马谈深知修史迁延岁月，恐非一代人所能完成，为此他刻意培养司马迁，在其教导下的司马迁“年十岁则诵古文”。当时孔子第十一代孙、著名学者孔安国在朝任职，《汉书·儒林传》载司马迁“亦从安国问故”，孔安国能教授司马迁学问，其中必定少不了司马谈的请托。包括当时的大思想家董仲舒，今人考证出司马迁也曾跟随董仲舒学习。良好的学习条件、深厚的知识功底，都为司马迁日后《史记》的创作奠定了基础。

人的一生要读万卷书，更要行万里路，走出书斋去读“无字之书”对个人成长至关重要，遑论司马迁这位未来的汉太史令。汉武帝元朔三年(前126)，司马迁时年二十岁，司马谈让其外出游历，目的是“网罗天下放失旧闻”[1]。司马迁也不辱父命，游历期间探访先代古迹，寻访名臣后裔，同时做了大量的社会调查，其见闻后来都被写入《史记》中：在长沙屈原沉江遗址，司马迁回顾这位爱国诗人生平，感动得热泪盈眶；在曲阜孔子故居，司马迁观看儒生举行礼仪表演，久久不愿离去；在大梁，司马迁来到侯嬴看守的东城门处，给予为赵国延续国祚三十年的魏公子信陵君高度评价；在孟尝君的食邑薛地，司马迁感慨因孟尝君专好招纳天下亡命之徒导致这里民风彪悍；在西楚霸王项羽故都彭城及刘邦老家沛县，司马迁考察楚汉古战场遗址，并结识了开国名将樊哙之孙樊他广。樊他广带司马迁参观了丞相萧何、曹参及开国大将灌婴、夏侯婴的故宅，讲述了这些开国将相的布衣往事。《史记》之所以能从众多史书当中脱颖而出被后人誉为史家绝唱，恰由于司马迁没有只是在国家档案馆内皓首穷经，而这一切，都是父亲司马谈的功劳。

元封元年（前110），随汉武帝前往泰山封禅的司马谈于途中病重，招司马迁赶来嘱以后事。“夫孝始于事亲，中于事君，终于立身”，司马谈将孝道分为三个级别，告诉司马迁孝顺父母只是最初级别，只有“扬名于后世，以显父母”才是最高等级的孝道。换言之，完成《史记》，既是身为太史令的神圣职责，也是父亲的最后遗愿，更是为家族扬名彰显孝道的最好方式！“小子不敏，请悉论先人所次旧闻，弗敢阙”[2]，面对父亲的殷殷嘱托，司马迁流泪答应下来。十多年后，饱经坎坷忍辱负重的司马迁终于完成了《史记》，得以告慰父亲的在天之灵。

没有司马谈的远大志向和坚定的信念，没有司马谈对儿子的栽培勉励和临终重托，就不会有今天的《史记》。如此说来，司马谈是一位优秀的史官，更是一位伟大的父亲。

（二）《史记》的诞生

《史记》是史学名著，同时也是文学名著。在文学与历史两个领域中，司马迁都是一位无法逾越的高峰式人物。单从历史角度来说，后面的班固、陈寿直到清代张廷玉都是奉命修史，能够调动的各种资源乃至修史的环境氛围都要好过司马迁太多，但他们没有一个人的成就能够超越司马迁，这就是需要思考的问题。

对比汉武帝刘彻与司马迁的生平时间，武帝生于公元前156年，驾崩于公元前87年，而司马迁生于公元前145年，卒于公元前91年巫蛊之祸后，应该不会晚于汉武帝，两个人的人生轨迹高度重合。汉武帝在位期间正是西汉发展的顶峰时期，经济上有几位先代君王积攒下来的雄厚物质基础；思想上确立了以董仲舒“罢黜百家，独尊儒术”的主张为治国方略；军事上卫青、霍去病等人大破匈奴开疆辟土，基本奠定了今日中国版图的雏形；此外，文学家司马相如、天文学家唐都、音乐家李延年也都各有造诣。总之，这是一个此前不曾出现过的璀璨年代。这一切都为司马迁创作《史记》提供了基础。

后人根据《史记·太史公自序》中的“于是论次其文，七年而太史公遭李陵之祸”一句进行反推，得出司马迁应于汉武帝太初元年（前104）修订《太初历》后开始正式着手创作《史记》，大约耗时十四年才完成了这部登峰造极的作品。《史记》全书一百三十卷，包含十二帝王本纪、三十世家、七十列传、八书、十表共五种体例，五十二万余字，上起传说中的黄帝，下至汉武帝时期，前后约三千年历史。在正本完成后，为防意外，司马迁又复刻了一部副本，他的想法是“（正本）藏之名山，副在京师，俟后世圣人君子”。后来汉宣帝时，司马迁的外孙杨恽将该书公之于众，《史记》这才得以流传。这里需要提及两件事：其一，《史记》在流传过程中有十篇因各种原因亡佚。在《史记·太史公自序》集解注引中提到这十篇分别是《景帝纪》《武帝纪》《礼书》《乐书》《律书》《汉兴以来将相年表》《日者列传》《三王世家》《龟策列传》《傅靳蒯成列传》，其中的《景帝纪》“极言其短及武帝过，武帝怒而削去之”，是被汉武帝毁掉了。后来汉成帝时的学者褚少孙补写了《武帝纪》《三王世家》《龟策列传》《日者列传》四篇，至于其他亡佚的篇目，像是被汉武帝毁掉的《景帝纪》则用东汉班固《汉书》中的《景帝纪》加以补完，其余的也从各个典籍抽调补完。另外，褚少孙在补写缺失篇目的同时还在其他完整篇目中续写了部分内容，一个显著的例子就是在《田叔列传》中续写了任安的事迹及结局。众所周知，司马迁在《报任安书》中明确提及《史记》的正、副本都已经创作完成一事，任安的人生结局即使为司马迁所知，也不可能再被写入《史记》中，但褚少孙将其生平录入，算是给《报任安书》这封著名的书信增添了一个幕后花絮。其二，《史记》在东汉时期得到的评价并不高，还遭到大规模删减。如东汉末年的司徒王允就曾说过“昔武帝不杀司马迁，使作谤书，流于后世”[3]，将《史记》蔑称为“谤书”。东汉章帝时，负责掌管国家典籍的校书郎杨终“受诏删《太史公书》为十万余言”，这件事出自《后汉书·杨终传》。也就是说，除了已知亡佚的十篇，《史记》在东汉时期也被删减了高达五分之四左右，仅剩十万余字，至于流传至今天的《史记》版本是否有很大一部分内容因杨终的那次删减而再也无法看到就不得而知了。

公元前99年，即汉武帝天汉二年，因为李陵事件，司马迁经历了人生最黑暗的时期。他在《报任安书》中提到，自己和李陵"素非能相善也。趣舍异路，未尝衔杯酒，接殷勤之余欢"，换做今天的语言，司马迁与李陵只是普通同事，两人下班之后各回各家各做各事，压根没有一起吃烧烤喝酒的交情。他之所以替李陵投降一事辩驳，一来是李陵平时的为人给人一种"常思奋不顾身，以徇国家之急"的感觉，种种作为符合国士标准，所以司马迁判断李陵投降是出于无奈，只要条件成熟，他必定还会报效朝廷；二来其实也是为了宽慰汉武帝，毕竟此前李陵捷报传来时"公卿王侯皆奉觞上寿"，从上到下都为之开心，可没几天噩耗传来，汉武帝"食不甘味，听朝不怡"。但就是这几句实在话，让司马迁经受了常人难以忍受的屈辱。值得一提的是，受刑后的司马迁官职由太史令变为中书令，中书令是协助皇帝处理宫廷政务的官员，类似于今天的机要秘书，如此一来和汉武帝的距离反而更近了。时常面对这位让自己受到奇耻大辱的男人，司马迁的内心一定是五味杂陈的。那如何释放这种一团乱麻的情绪呢？效仿文王被拘押而演《周易》、孔子受困顿时作了《春秋》、屈原被放逐而赋《离骚》、左丘明失明才有了《国语》……归结一句话就是"退而论书策，以舒其愤"，所以创作《史记》这件事就又多了一个释放情绪的功能。

司马迁所处的时代是一个交通不发达、文化传播缓慢的时代，修史原本就是一件大不易的事。加之秦代施行严酷的文化管制，倒行逆施尽焚天下典籍，给文化领域带来了灾难性后果，几乎将古代中华文脉拦腰斩断。至汉文帝时期，偌大的一个国家，官方居然无人通晓《尚书》，甚至连一套完整的《尚书》都找不出。后经多方打探才得知齐国有一个九旬老翁伏生曾做过秦博士，手上还留有《尚书》残卷，朝廷赶忙派人跟随伏生学习，这才将《尚书》传承下来。就是在这种极端恶劣的条件下，司马迁梳理了上下三千年的历史，这其中包含了政治、经济、军事、外交、社会、民族、天文、地理、民俗乃至远古传说等方面，修史涉及领域之众多、内容之庞杂、上溯时间之久远、工程之浩大，足以让任何一位学者为之望而却步，但忍辱负重的司马迁最终做到了。《史记》的诞生，让后世对中华民族祖先的历史文化及筚路蓝缕的发展历程有了一个全面系统的认知，故而后人无论给予司马迁何种高度评价都不为过。《史记》完成后，司马迁将其命名为《太史公书》，而"史记"一词原是指历史记载的统称，但自唐朝以后变成代指《太史公书》的专属名词，这便是后世对《史记》最大的认可和对司马迁最崇高的敬意。

《史记》能为后世所推崇，还在于书中体现了司马迁正确的修史观。秦皇与汉武是中国历史上最伟大的两位帝王，司马迁肯定了两位帝王大一统的丰功伟绩，但也如实记录了秦始皇残酷剥削人民的罪行及汉武帝为追求长生不老而被方士屡屡玩弄的烂事。还有作为和高祖刘邦争夺天下的劲敌项羽，司马迁没有因其数困刘邦而丑化其形象，反而破格将项羽列入帝王本纪之中，对人物的刻画也是鲜明而丰满，让读者有身生其时、亲临其事的感觉。如项羽在巨鹿之战中破釜沉舟歼灭秦军主力、为灭亡秦朝立下汗马功劳的事迹，明代学者茅坤就认为巨鹿之战是"项羽最得意之战，更是太史公最得意之文"。再对比同是面对危难时刻项、刘二人的表现：项羽和爱妾虞姬倾诉作别，而刘邦却屡次将自己的亲生骨肉踹下马车，二人的道德水准也是高下立判。像这样的事例还有很多，如《陈涉世家》中赞扬农民起义的“伐无道，诛暴秦”反抗精神；《匈奴列传》中认为匈奴和汉人都是黄帝之后的民族同源意识；为孔子、屈原等重要历史人物列传的同时又没有忽略对如赵括之母、聂政之姐这样睿智伟大女性的描写，哪怕在今天看来都具有绝对的进步意义。所以我们能肯定，东汉时的杨终越是删减遮掩，王允越是恶意污蔑，就越能体现《史记》的进步价值。

从文学角度来说，《史记》中那些个性鲜明的人物传记，用今天的话说就是一篇篇优秀的报告文学，其中《项羽本纪》《陈涉世家》等名篇入选中学语文课本供学生学习借鉴。此外，《史记》还为后世贡献了大量汉语成语，很多成语至今依旧耳熟能详，如破釜沉舟、四面楚歌（均出自《史记·项羽本纪》）、鸡鸣狗盗（出自《史记·孟尝君列传》）、毛遂自荐（出自《史记·平原君虞卿列传》）、围魏救赵（出自《史记·孙子吴起列传》）、完璧归赵（出自《史记·廉颇蔺相如列传》）、胯下之辱（出自《史记·淮阴侯列传》）、死灰复燃（出自《史记·韩长孺列传》）、后来居上（出自《史记·汲郑列传》）、封狼居胥（出自《史记·卫将军骠骑列传》）、夜郎自大（出自《史记·西南夷列传》）、燕雀安知鸿鹄之志（出自《史记·陈涉世家》）、狭路相逢勇者胜（出自《史记·廉颇蔺相如列传》）、桃李不言下自成蹊（出自《史记·李将军列传》）等，单是为了解成语以及背后的历史故事，《史记》也是完全值得一读的。

借中国史记研究会会长张大可先生所著《张大可讲〈史记〉》中的话一言以蔽之：

> 《史记》是一部让人开窍的书。《史记》博大精深，浩浩

如长江大河，学习者不过如饮河之鼠，各充其腹而已。

惟殷先人，有册有典。感谢太史公司马迁为后世留下了这部文化瑰宝，阅读《史记》、学习《史记》，更应该是每一位国人的人生必修课。

注释：

1《报任安书》

2《史记·太史公自序》

3《后汉书·蔡邕传》

四位秦君的强秦策

公元前 221 年，秦王嬴政灭六国一统天下，建立起强大的秦朝。他自认为“德高三皇，功过五帝”，故称始皇帝，成为中国历史上第一位皇帝。贾谊在《过秦论》中称秦始皇“奋六世之余烈，振长策而御宇内”，是靠着前面秦孝公等六位先代君王功绩累积方能完成一统。秦孝公至秦始皇历时百余年，但若算上最初春秋时期的建国之路，秦人完成统一总共花了五百余年，其中秦襄公、秦始皇等几位秦君起到的作用至关重要。

（一）会投机的“老实人”秦襄公（前778—前766在位）

“秦之先，帝颛顼之苗裔”，这是《史记·秦本纪》开篇对秦人的描述（以下引文凡无注明皆出于此）。秦人相传是颛顼的后裔，后来舜帝赐姓嬴氏。西周孝王时，听闻这个族群“好马及畜，善养息之”，便将秦邑这片适合牧马的土地赐予其族群首领非子。周宣王时，秦人首领秦仲在和西戎的交战中阵亡，周宣王册封秦仲的后代为大夫，因秦邑位于今甘肃省天水市一带，地处镐京以西，所以又被称为西陲大夫。按照西周的分封制度，大夫比诸侯的等级要低，不具备建国的资格，所以这时候的秦还不能称之为“国”，在地位上远远落后于齐、晋、燕、鲁、卫等武王灭纣后就册封的传统诸侯国，以上也就是秦国建国前的历史。

个人也好、国家也罢，如果在一开始的起跑线上就远逊于对手，那无外乎两种态度：要么是现代人常说的“躺平”“摆烂”，像是数百年后战国时代三晋之一的韩国，反正无论如何都不可能超越强秦，干脆当一天和尚撞一天钟，最后在六国中第一个被秦所灭；要么是付出十倍百倍的艰辛去奋起直追，如同为三晋之一的赵国，在军事改革后成为秦国兼并路上的劲敌，秦赵数次交手，苏洵《六国论》云，赵国“尝五战于秦，二败而三胜。后秦击赵者再，李牧连却之”，一度和秦国打得有来有回。虽然赵国受困于大环境甚至运气，最后也无法摆脱灭国的命运，但确实以一国之力延缓了强秦统一的脚步。秦后来能建国，一方面是其地处西陲时时受到犬戎威胁，连选择“躺平”的条件都不具备，更要归功于西周末年的秦襄公在动荡年代抓住机遇，看似是在做傻事，其实是十分精明的投机。

西周最后一位君王周幽王“烽火戏诸侯”的故事人尽皆知，为了取悦美人褒姒，周幽王甘当“舔狗”，做了许多与国君身份不符的谄媚行为，随意报警调戏诸侯只是其中之一，与后面动摇国本的荒唐举动相比，这种类似小孩子撒谎喊狼来了的做法只能算是小巫见大巫。褒姒给周幽王生了一个儿子，名叫伯服，但她只是褒国献上的一个美人，地位不高。为了抬高美人身价，周幽王不顾礼法宣布废黜王后申后与太子宜臼，以褒姒和伯服取而代之。被废的申后、宜臼母子自然不会甘心，联络了申侯（申后父亲）准备发动起事。周幽王十一年（前 771），申侯联合犬戎围攻都城镐京（今陕西西安）。自作自受的周幽王及伯服最终被杀，得胜的犬戎将镐京洗劫一空而去，西周宣告灭亡。《史记·

周本纪》载，镐京被围时，各地的诸侯王因此前多次被戏耍，不再理会报警信号，故而“幽王举烽火征兵，兵莫至”，但也真有拿烽火当回事前来救援的“傻帽”，这个“傻帽”恰是连诸侯王都不算的西陲大夫秦襄公。秦襄公的举动也能理解，秦此时还不是诸侯国，说穿了西陲大夫不过就是个世代为周天子牧马的“弼马温”，既然地位低贱，那就必须抓住一切取悦周幽王的机会，哪怕明知这位周天子不干人事整天拿诸侯当猴耍，但自己也甘当此“猴”来换取彼“侯”，只要天子一高兴，这个“侯”的问题就解决了。等秦襄公率军赶到镐京时才意识到，原来这次“狼”真的来了。《史记·秦本纪》载秦襄公“将兵救周，战甚力，有功”，打得过犬戎和申侯联军要打，打不过也要打，虽然最后仗打败了，镐京和周幽王还是没保住，但他对周王室的忠心可鉴。

申侯杀了周幽王，顺理成章地扶持了自己的外孙宜臼继位，是为周平王，东周时代正式开始。不过周平王的地位不高，他喊来外祖父来杀爹，还把异族招来洗劫都城，将内部矛盾升格成了敌我矛盾，这些恶行让他不能被天下认可，某些诸侯国打算另寻新主，譬如多处记载与《史记》相悖的古书《竹书纪年·幽王》里就提到了“虢公翰立王子余臣于携”一事，天下出现了平王宜臼与携王余臣两位周天子并立的特殊情况。此时镐京经过战火洗礼已不再安全，周平王决定将国都东迁，于公元前770年迁到了洛邑（今河南洛阳）。一年前还为维护周幽王与申侯和犬戎交战的秦襄公决定“押宝”，抓住机遇派兵一路护送，周平王自然大受感动，“封襄公为诸侯，赐之岐以西之地”。但这里需要说明的是，岐山以西此时尚被犬戎占据，自身都立足未稳的周平王不可能出兵攻打犬戎，所谓的赐地其实只是虚封，平王言“秦能攻逐戎,即有其地”,让秦襄公自己想办法解决犬戎拿回封地。不过即使是虚赐,秦襄公在礼法上也由不具备建国资格的西陲大夫晋升成了一方诸侯。

从虚封到实际收复又花了多久呢?按照《史记·秦本纪》中的时间记载,以护送周平王东迁受封为起点(秦襄公八年,前770),四年后秦襄公“伐戎而至岐,卒”。襄公在征战的路上去世,其子文公继位,继续和犬戎交战,于文公十六年(前750)“以兵伐戎,戎败走。于是文公遂收周余民有之,地至岐”。也就是说,秦襄公和儿子秦文公又花了二十年时间才夺取了原本属于秦国的封地,让秦国成了名副其实的诸侯国。

(二)得人心的秦穆公(前659—前621在位)

东周分为春秋和战国两个部分。春秋时期王室衰微,五霸即五个实力较强的诸侯国先后争夺中原霸主地位。他们遵循的行动纲领是“尊王攘夷”,“攘夷”不难理解,就是将犬戎等蛮夷驱逐出中原,而“尊王”则是根据周王室不再受天下诸侯尊重的背景而提出的,大国争当霸主并以武力制裁不尊周天子的小国,其中秦穆公便是五霸之一。

若管仲之于齐桓公、范蠡之于越王勾践,想要称霸图强,必须要有贤士为辅。秦穆公娶晋国公主,公主的陪嫁奴隶中有个叫百里奚的七十多岁老翁,曾担任过虞国大夫,在送嫁中途逃到楚国。秦穆公得知百里奚是个人才,为掩人耳目用五张羊皮把他按奴隶价格从楚国赎回来并委以重任,百里奚向秦穆公郑重推荐好友蹇叔,表示蹇叔政治洞察力在自己之上,秦穆公便又重金将蹇叔请来。《史记·商君列传》载,百里奚担任秦相六七年,对外向东征讨过郑国，三次拥立晋国的君主，一次出兵解救楚国之祸。向百姓施以教化，于是西南的巴国来进贡；向诸侯施以仁政，于是八方少数民族都来朝见。他去世之时，“秦国男女流涕，童子不歌谣，舂者不相杵”，由此可见百里奚对当时的秦国贡献之大，即使是几百年后的商鞅时代还常被秦人提及。

不过，此时挡在秦国东进中原路上的晋国亦是国力强盛，并不是秦国东进称霸的最好时机。秦穆公曾两次出兵郑国，第一次出师是秦穆公三十年（前630），以盟军的身份协同晋军伐郑。由于秦、郑领土并不接壤，郑使烛之武借这一客观形势对秦穆公晓以利害，总结起来就一句话：“亡郑厚晋，于晋而得矣，而秦未有利。”醒悟过来的秦穆公选择退出。后来左丘明根据这段历史创作散文《烛之武退秦师》，该文今日还被收录进人教版高中语文课本中，提醒世人不要做那种“为人作嫁”的赔本买卖。第二次是秦穆公三十三年（前627），趁晋国国丧无暇外顾之际，接到郑国线人情报的秦穆公派百里奚之子孟明视、蹇叔之子西乞术与白乙丙三位主将跨晋袭郑，但这次跨境作战并不被百里奚和蹇叔看好。结果秦军在进入郑国后被一个叫弦高的商人发现，弦高急中生智，牵着十二头牛以郑国使者身份求见，假称郑国国君早已知晓秦军入境，专程派自己来犒劳秦军。孟明视被弦高成功欺骗，以为偷袭计划已经暴露，只得选择撤军，结果在行至今天河南省西部崤山时遭到晋军伏击，远征军全军覆灭，孟明视等三位主将也都被俘。此役后，秦穆公主动承担战败责任，向百里奚与蹇叔道歉，想方设法救回了三位主将并官复原职，同时感到插足中原时机尚未成熟的他听从百里奚等人建议转而进攻西戎，谋求向西拓展生存空间。秦穆公采纳了臣子内史廖的策略，先是送给戎王美人乐师让其沉湎享受，又用离间计策将戎王麾下的智谋之士由余收为己用。待一切准备妥当，秦穆公三十七年（前 623），秦穆公“用由余谋伐戎王，益国十二，开地千里，遂霸西戎”，与此同时，孟明视等人也在对晋国的作战中获胜，报了当年崤山被俘之耻。

因这些功绩，周天子“使召公过贺缪（穆）公以金鼓”，用今天的话说，赐给金鼓就相当于给了秦穆公“大咖”认证，让秦穆公成为春秋五霸之一。后来战国时代的秦孝公追思先祖开疆时称赞穆公“西霸戎翟，广地千里，天子致伯，诸侯毕贺，为后世开业，甚光美”。

在个人修为上，秦穆公是一位厚道的君王，或者说他深谙得人心的重要性。他的马被城邑以外的三百多名野人吃了，秦穆公没有惩罚他们，还赐酒给这些野人。秦穆公曾与晋献公交战被围，战况十分紧急，这三百多人“推锋争死，以报食马之德”，冒死冲进重围救下了秦穆公，甚至连晋献公一并俘虏过来。秦穆公不但得本国民心，同时还想方设法收晋国人心：秦都城在雍（今陕西凤翔），晋都城在绛（今山西翼城），某年晋国大旱颗粒无收，秦穆公不计较两国多次刀兵相见，“卒与之粟，以船漕车转，自雍相望至绛”。以上他的种种作为是一个贤君应有的表现，总结起来就是严于律己宽以待人，以此来收买人心。所以野人盗马而无性命之忧，全军覆没的孟明视三人只身归来仍被厚待，有了这样的领导者，秦人自然是军思效死将思用命。加之秦穆公又能重视贤才，救回百里奚委以重用、听从由余之计开疆拓土，在一系列的努力下终于成就了霸业。

(三)力主变法的秦孝公(前361—前338在位)

东周的后半部分称为战国时期(前475—前221),以田氏代齐、三家分晋两件事作为起始标志。用今天的话来解释这两件事,就好比某个把控国家命脉的财阀集团将早就被架空的政府领导人赶下台后取而代之,接着竟然又获得了联合国承认的荒唐事件。如果说孔子认为诸侯趁周王室衰弱称霸的春秋时代属于礼崩乐坏的话,那么士大夫崛起的战国时代就是礼乐的灰飞烟灭。春秋五霸尚且还能打出维护周王室"尊王攘夷"的幌子,战国时代的诸侯国之间则完全凭武力说话,上演了一出出动物界弱肉强食的国家版本。

既然是以武力说话,战国初期各国都在招揽人才变法图强,以期用优势的国力、军力压倒对手,其中最著名的就是秦孝公在位时为秦国变法的商鞅。秦孝公时的秦国已经和东方六国并列为战国七雄,但秦国的地位不高,依旧被六国"夷翟遇之",中原的诸侯国会盟是不允许秦国这个蛮族参加的。这种轻蔑让秦孝公深以为耻,而且此前的几位秦君执政时国中多政变,国力遭到削弱,所以孝公开出高价求贤,最终吸引来了卫国人商鞅。在《史记》中,商鞅有独立列传,文字记载远多于秦孝公,或者说秦孝公在秦国历史上最大的价值就是任用了商鞅进行变法。

商鞅原名公孙鞅,他所在的卫国第一代国君康叔在西周时担任司寇,即主管刑狱的大法官,故而卫国有法家传统,商鞅深得其道。商鞅先在魏国为官,但不受重用,甚至有性命危险。怀才不遇的他到秦国后通过宦官景监见到了秦孝公,第一次大谈尧舜治国的帝道,不感兴趣的秦孝公打起瞌睡;第二次谈商汤、周武治国的王道，秦孝公虽然没再睡觉，但依旧不感兴趣；第三次谈春秋五霸富国强兵的霸道，终于得到秦孝公的认可与共鸣，因而获得重用。

关于商鞅变法，流传下来的《商君书》着重论述了他的变法理论和实施的具体措施。简单来说，商鞅提出“农战”思想，《商君书》中的一章就以“农战”为题，阐述“国之所以兴者，农战也”“国待农战而安，主待农战而尊”等观点，要求百姓要么勤于耕作，要么上战场杀敌建功，只有既重农又重战，秦国才能强大起来。商鞅的变法措施，就是围绕如何通过严酷的律法与丰厚的奖赏来保障“重农重战”政策顺利实现而设计的。《商君书》内容不再赘述，这里仅介绍《史记·商君列传》中提到的变法政策，首次变法是秦孝公六年（前 356），出台政策包括什伍连坐、分家政策、重农抑商、二十等爵制度。

什伍连坐政策。指将居民按军事编制划分，五家为保，十保相连，要求五家或十家之间相互监督揭发，打击犯罪行为。其中“不告奸者腰斩”“匿奸者与降敌同罚”等惩罚措施能看出秦法严苛的特点。

分家政策。指有两个以上男孩的家庭必须分家另立门户，否则要加倍征税。鼓励兄弟上战场杀敌获爵，但严禁私斗等犯罪行为。

重农抑商政策。奖励耕织，耕织多的农民可以免除徭役，反之从事工商或者因为懒惰致贫的人将被罚作奴隶。

二十等爵制度。一共设有二十个等级的爵位，鼓励将士建立军功，按照军功大小赏赐相应的爵位，再按照爵位授予官职、分配田宅土地，甚至连将士家属的服饰也做出了等级划分。没有军功，有钱人家也只能穿低等服饰。这个制度让平民可以走上政治舞台，也让秦国得到了广泛的社会动员，借以提拔平民人才，像名将白起就靠军功获得了第十等左庶长的爵位。同时对于原有贵族，若没有军功也不得入皇族的名册。

新法实施初期，百姓无法适应，到都城告状的人数以千计，秦孝公无视民间舆论压力，继续信任商鞅。此时太子也违反了法令，因为太子是王位继承人，商鞅处罚了太子老师。见到王子犯法与庶民同罪，百姓也都开始服从、适应新法。

第二次变法是在秦孝公十二年(前 350)，包括内容如下：

禁止父子兄弟同室居住。属于第一次变法分家政策的 2.0 版本。

废除井田制度。井田制度是公有体制，废井田开阡陌封疆，允许土地自由买卖，提高农民的生产积极性。

迁都。将都城由栎阳迁至咸阳。

推行县治。将较小的乡、邑合并，设置了三十一个县。

颁布标准的度量衡。

从第二次变法的内容来看，像是县治、统一度量衡等政策后来都被秦始皇继续沿用推广至全天下。特别是推行县治的改革措施，打破了地方上乡邑独霸的僵化管理模式，由乡村到郡县再到中央层层管理，强化中央集权，使得中央出台的政策法令可以不打折扣地执行到底，这种政策甚至一直延续到今日，可以说没有郡县制就不会有后来的一个个大一统的王朝。同时，前后两次变法，我们也能看到第一次主要是政策上的调整，旨在贯彻“农战”思想，而第二次则升级为制度性的核心变法。《史记·秦本纪》中“卒用鞅法，百姓苦之；居三年，百姓便之”一语也道出了商鞅变法的成功原因，若想打破长久以来被社会习惯了的制度政策，那么必须要留给社会一定的过渡期与适应期。商鞅前后变法两次，先小后大，相隔六年，最终获得了成功。

变法后的秦国有何变化？《史记·商君列传》中给出了答案：对内，“秦民大说（悦），道不拾遗，山无盗贼，家给人足。民勇于公战，怯于私斗，乡邑大治”；对外，“秦人富强，天子致胙于孝公，诸侯毕贺”。不管是国内的治安、民心，还是国外的社会地位，都有了显著的提升。在《战国策·韩策一·张仪为秦连横说韩王》中有一段关于变法后秦军战场表现的记载，上了战场的秦军士兵仿若打了兴奋剂一般，甚至是“捐甲徒裼以趋敌（指为能抢先杀敌甚至除去铠甲裸身上阵），左挈人头，右挟生虏”。用秦军士兵和六国士兵对比，双方差距“犹孟贲之与怯夫也；以重力相压，犹乌获之与婴儿也”。可见在爵位及真金白银的刺激下，秦军战力得到爆发式的增长，这也是为何六国无法抗衡秦国的原因。

当然，任何事情都有正反两面性，商鞅的变法措施也有极其不人道的地方，最有代表性的就是实施族诛和连坐制度。通常来说，古代的族诛制度也并不是胡乱施加，只有犯了威胁到皇权的重罪才会将罪犯全族老幼斩草除根一个不留，但商鞅将这一罪罚用于保障新法执行，在《商君书·赏刑第十七》中就有“守法守职之吏，有不行王法者，罪死不赦，刑及三族”的条款。连坐亦是如此，而且连坐的范围更加扩大，已经不再局限于罪犯的亲属，惩罚措施也更加严厉，《汉书·刑法志》中亦载“秦用商鞅，连相坐之法，造参夷（夷三族）之诛；增加肉刑、大辟，有凿颠、抽胁、镬亨之刑”，如此一来会使大量无辜百姓与基层士兵遭到酷刑，人人自危而相互检举告发。在《新序·商君论》中还提到，商鞅一天之内于渭河边处决囚犯七百余人，以至“渭河尽赤，号哭之声惊天动地”。换言之，新法是在累累白骨的堆积之下推行下去的。这样做最大的后果就是商鞅本人遭到了秦国自上而下所有阶层的憎恨，待当初受到处罚的太子秦惠文王继位后，便将商鞅车裂，并杀其全家。

综合地看，商鞅的新法确实为当时的秦国开启了统一天下的大门。提升了军力国力的秦国首先拿最近的魏国开刀，秦孝公二十一年（前 341），商鞅率秦军攻打魏国，俘获魏公子卬，魏国被迫将早先侵占秦国的部分河西之地返还，同时为避秦锋芒，将都城由安邑（今山西夏县）迁至大梁（今河南开封）；秦孝公二十三年（前 339），秦军再次进攻魏国，俘虏魏将魏错，待到公元前 338 年秦惠文王继位后，对魏国发动的攻势更加猛烈，魏国不断地损兵折将、割地献城，自此一蹶不振。虽然司马迁对商鞅评价不高，商鞅的下场也并不好（最后被秦惠文王以叛国罪名处死），但商鞅死后秦法未败，变法成果不但被保留下来，还一直沿用下去，这也成了后来秦国强大直至最终统一中国的基础。

（四）完成统一和集权的秦始皇（前247—前210在位）

秦灭六国统一战争始于始皇十七年（前 230），在此之前，经过秦昭襄王半个世纪的不断征伐，山东六国早已损兵折将、失地陷城，即使合力也很难再对抗秦国，如当时还是客卿的李斯所言，此时的秦国“足以灭诸侯，成帝业，为天下一统，此万世之一时也”[1]。

在六国中，实力最弱的是三晋之一的韩国。韩国存在感不强，连《史记·韩世家》的记载都极其简略，且通篇都是“秦伐我”“秦拔我”字样，《索隐》注解称其“事微国小，春秋无语”。自秦昭襄王十四年(前293)秦名将白起大破韩、魏联军于伊阙(今河南洛阳市南)斩首二十四万后，韩国再也无力抗秦，始终处于一种苟延残喘的状态。或许其最大的功绩，就是派出水利专家郑国入秦施“疲秦”策略，说服嬴政以举国之力在关中平原修建了长三百余里的大型水渠郑国渠，因而得以又延续国祚十余年。灭六国的首战便直指韩都新郑(今河南新郑)，战事过程毫无悬念，秦国甚至都没有派出主力部队，由秦将内史腾“得韩王安，尽纳其地”(《史记·秦始皇本纪》，以下引文凡无注明皆出于此)，韩国就此灭亡。

始皇十八年(前229)，秦对赵用兵。灭赵的人选是名将王翦，《史记·秦始皇本纪》中亦用“大兴兵攻赵”一语，可见赵国还存有一定军力，赵名将李牧也两次力挽狂澜击败秦军。且鉴于秦国强大，山东六国时常合纵联盟，一旦秦军入侵一国，他国便出兵相救。不过在灭赵战争中，这一切都不存在了。秦国先以外交手段破坏了诸侯国之间的联盟，特别是提前和实力较强的齐国结盟，让齐国在秦国统一战争中始终处于中立状态。没有援军相助，赵军虽勇也无力独自抗秦，加之赵王迁中秦离间计处死名将李牧，赵军迅速瓦解。第二年(始皇十九年，前228)，赵都邯郸沦陷，赵亡。在邯郸城破时，赵公子嘉率领宗族数百人撤至代地联络燕国，后在易水之战中随燕军一同覆灭。

随着韩、赵灭亡，三晋之中仅剩魏国，即将成为下一个打击对象。此时不只是魏国，其他尚存的诸侯国也感受到了秦军的压力，其中便有弱小的燕国。当年苏秦曾对燕昭王说过“夫燕之所以不犯寇被甲兵者，以赵之为蔽其南也”[2]，现在作为南部屏障的赵国已亡，燕国与魏国同时处于秦国的打击之下，燕太子丹患秦兵将至，剑走偏锋遣刺客荆轲行刺嬴政。随着荆轲行刺的失败，震怒的嬴政决定更换灭国次序，先燕后魏。由于距离较远，灭燕战争耗时两年，秦于二十一年（前226）在易水大破燕、代联军，克复燕都蓟城，燕王喜被迫杀掉太子丹向嬴政谢罪，并向辽东逃亡，又为自己争取了四年的生存时间。灭燕后，秦军调转矛头攻打魏都大梁。始皇二十二年（前225），秦将王贲“引河沟灌大梁，大梁城坏，其王请降尽取其地”，魏亡。

南方的楚国取得了六国唯一击败秦军的战绩，大破秦将李信的二十万秦军，但即便如此也无法抵挡秦军一统天下的脚步。始皇二十四年（前223），在王翦六十万秦军的猛攻之下，楚亡。

现在六国中仅剩下齐国，醒悟过来的齐王建与国相后胜“发兵守其西界，不通秦”。齐王建不知道的是，其实后胜早已被秦买通，不断扰乱朝堂。这些年齐王建“杀其故世忠臣而用后胜之议”[3]，在这位间谍国相的诱导下杀掉己方忠臣，不修攻战之备，不助五国攻秦，终使秦得灭五国。此时五国皆亡，再发兵守境已没有意义。

《战国策·齐策六·齐王建入朝于秦》载，当时不愿降秦的三晋与楚国的大夫都辗转流落到了齐地，各自还有数百人。一位自即墨而来的不知姓名的大夫建议齐王建借兵给这些人，让他们回去复国以缓解齐国压力。事到如此，这已经算是没有办法的办法了，但齐王建最终还是选择了“躺平”，幻想着投降后嬴政能够遵守承诺封赏他五百里土地用以养老。秦将王奔由燕国南下挥师齐境时“卒入临淄，民莫敢格者”[4]，没有遭到分毫抵抗就将齐国灭亡。齐王建的下场很可悲，齐人怨恨他“不蚤与诸侯合从攻秦，听奸臣宾客以亡其国”[5]，嬴政也看不起他，没有遵守承诺，而是将他活活饿死。此时是始皇二十六年（前221），至此历时十年的秦灭六国战争宣告结束，天下得以一统。统一后的嬴政已经不再是一个诸侯国的国君，也不适合再以“王”来称呼，故而在秦都咸阳，嬴政举行登基大典自称始皇帝，成为中国历史上的第一位皇帝，此后“皇帝”的称呼一直沿用到封建社会结束。

“秦王扫六合，虎视何雄哉！”自春秋以来，诸侯国相互吞并，可以说是无岁不战，无国不争，生灵涂炭已达五百年之久。秦始皇结束了分裂局面，建立了中国第一个统一的帝国，确实把当时的中国推向了一个崭新的时代。但此时的秦始皇还有另一场没有硝烟的“统一战争”要打，这场“战争”在他的心里同样筹划许久，于统一的当年便已展开，“战争”目的是要将这些来自不同国家和不同文化背景的人真正统一起来。这就是为后人熟知的“三统一”：统一货币，统一文字，统一度量衡。战国时期，各诸侯国各自为政，都有自己的度量衡标准与各自发行的专属货币，这就给国与国之间的交易交流设置了障碍。现在四海一统，颁布统一度量衡，使用同一种货币——秦半两，让百姓无论何时何地都有标准可循，既便于民间进行商品买卖，又便于官府征收税金，这是一个符合社会发展规律的双赢措施。至于统一文字一事，秦始皇则任命李斯主持文字的改革工作。李斯根据秦“大篆”字体创制了“小篆”并以此为标准向全国推广。与前两者相比，文字统一需要派遣大量学者到各地教授秦国小篆的具体写法，其耗时更长，麻烦更多，但作用却远不止于交流一域。众所周知，文字是思想和文化的载体，一个国家若文字不能统一，那么所谓的地域统一便有形无实。试看秦后两千余年来的中国历史，虽然朝代更迭战乱频起，但终究都无法脱离“合久必分分久必合”的必然规律，这就是统一文字的最大意义，对后世维护国家统一厥功至伟。上述的统一措施都是具有进步意义的，与此同时，体制改革也是统一后亟待解决的问题，丞相王绾建议让诸秦公子到齐、楚、燕等地为王以便震慑，但廷尉李斯以周武王实施分封制度导致后来春秋战国时代“诸侯更相诛伐，周天子弗能禁止”的失败教训提出反对意见，秦始皇最终认可了李斯的主张实行郡县制。“天下初定，又复立国，是树兵也，而求其宁息，岂不难哉”，这是秦始皇颁布郡县制时所说的话语，在李斯的提议下，他沿用商鞅变法时的郡县政策，将全国分为三十六个郡，郡下设县，郡守级别的长官由皇帝直接任命。郡县制的建立，打破了以宗法血缘关系为基础的分封制，避免了分封制随着时间推移必将走向分裂的隐患，也确保了中央集权的进一步强化。

在对外问题上，秦朝主要面临如何抵御北方游牧民族入侵的问题。鉴于燕、赵等国留下的长城工事，最终，秦始皇构想出了古今中外都为之叹服的万里长城工程。当然修建长城绝非易事，为了完成这看似不可能的任务，秦国征发了百万劳力，几乎占当时全国总人口的二十分之一。万里长城城堡相连，烽火相望，成为抵御匈奴的坚固防线。在此后的漫漫岁月中，人们常把万里长城比作一条巨龙，守护着长城南面中原百姓的安全。秦始皇的另一创举就是修建了一条类似于今天高速公路的道路——驰道，如果说长城是为抵御匈奴等外敌的话，那么驰道的最大作用就是防止内乱。近代学者张荫麟先生在《中国史纲·

秦始皇与秦帝国》中是这样描述驰道作用的：

> 建筑脉通全国的"驰道"，分两条干线，皆从咸阳出来，其一东达燕、齐，其一南达吴、楚。道宽五十步，道旁每隔三丈种一株青松，路身筑得坚而且厚，遇着容易崩坏的地段，并且打下铜桩。这宏大的工程，乃是始皇的军事计划的一部分。他灭六国后防死灰复燃，当然不让各国余剩的军队留存。但偌大的疆土若把秦国原有的军队处处分派驻守，则分不胜分。而且若分得薄，一旦事变猝起，还是不够应付；若分得厚，浸假会造成外重内轻的局面。始皇不但不肯采用重兵驻防的政策，并且把旧有六国的边城，除燕、赵北边的外，统统拆毁了。他让秦国原有的军队，依旧集中在秦国的本部，少数的地方兵只是警察的性质。驰道的建筑，为的是任何地方若有叛乱，中央军可以迅速赶到去平定。历来创业之主的军事布置没有比始皇更精明的了。

在统一天下后，作为强化各地统治与宣德扬威的一种手段，秦始皇别出心裁地采用了一种古今少有的做法——多次巡游天下，并于各地名山频繁刻石立碑，颂扬秦朝功德，当然这其中也有出于让六国百姓知道到底谁才是天下唯一统治者的炫耀心理。秦始皇称帝在位十二年，在《史记·秦始皇本纪》中记载的巡游就有五次。

始皇二十七年(前220)，也就是统一后的转年，秦始皇开始了第一次巡游，目的地是咸阳以西的陇西、北地二郡一带。较之后面的巡游，这次距离并不算远。陇西、北地二郡是秦国的西北边界，特别是陇西郡属于当初秦人的发源地，是万里长城的西部起点所在，有去巡游视察的必要。秦始皇此行最终抵达泾水上游的鸡头山（今甘肃平凉西），过回中（今甘肃平凉北），然后返回咸阳。

始皇二十八年（前219），秦始皇开始了第二次巡游，目的地是今山东省，这是五次巡游中形式意义最为重大的一次，一路之上做了许多有象征性的大事。出函谷关后，秦始皇的队伍一直抵达今山东邹县南面的邹泽山和泰山，先在邹泽山"刻石颂秦德"，后又在泰山举行了封禅大典。古代帝王认为自己受命于天，若想向天下昭示自己统治地位的合法性，就要进行封禅典礼，甚至传说黄帝也不例外。《史记·五帝本纪》载黄帝治理天下时"万国和，而鬼神山川封禅与为多焉"，在天下安定的情况下不止一次进行封禅，祭拜山川鬼神。而泰山作为五岳之最，当属封禅报答天地之功的绝佳场所。当年齐桓公成为春秋霸主后就曾萌生过"吾欲封泰山，禅梁父"[6] 的想法，齐相管仲觉得时机还不成熟，便以缺少奇珍异物为由加以劝阻。秦始皇也是封建历史上第一位在泰山封禅的皇帝。仪式结束后在下山途中天降暴雨，秦始皇在一棵大树下避雨，雨停后封这棵树为五大夫。离开泰山后，车队抵达今山东烟台北部的芝罘山，秦始皇在山上立石颂秦德，而后又至琅琊山修台立石颂德。这次巡游应该也是他最为开心的一次，《秦始皇本纪》载其"大乐之，留三月"，在琅琊停留了三个月，下令迁三万户百姓至琅琊居住，并免除这些百姓赋税十二年。

始皇二十九年（前218），秦始皇第三次巡游，路线基本与第二次相同，车队又抵达之罘山，"登之罘，刻石"，结束后在琅琊稍作停留，再折向西北至上党，最后返回咸阳。

始皇三十二年(前 215),秦始皇以东北方向的碣石(今河北昌黎)为目的地开展第四次巡游,在碣石山刻碑。

始皇三十七年(前 210),秦始皇进行了人生中的最后一次巡游,除了刻石颂德的惯例,这次目的主要是寻求长生不老的仙药。车队的路线和后来司马迁游历天下的路线类似,先从咸阳出发南过武关,经过汉水流域的云梦泽(今湖南洞庭湖一带),再沿长江东下至钱塘,登上会稽山“祭大禹,望于南海,而立石刻,颂秦德”,后又北至琅琊,在派人出海寻求仙丹无果的情况下返回咸阳,途经沙丘(今河北巨鹿东南)时患病去世。由于未能返回咸阳,第五次巡游也成了秦始皇的死亡之旅。

至此可以看到,自武力统一六国后,秦始皇为了秦朝的千秋万代可谓煞费苦心,经济文化上统一文字、货币、度量衡,体制上废分封改郡县,为防内患外敌修筑驰道与长城,并且到处巡游刻石立碑颂扬功德,基本上把能够维系国运的事全都做了,但即使有上述这些丰功伟绩,秦始皇依然被后世称为暴君,因为他采取的中央集权举措不都是进步的。秦国自商鞅变法以来一直以法家思想治国,即“以法为教,以吏为师”,法家思想有极强的排外性,不允许其他学说的存在。秦始皇三十四年(前 213),李斯上奏指出现下儒生以古非今蛊惑百姓,若不及早禁止这些言论将会给政局稳定带来威胁,他将一切罪由归于读书所致,建议秦始皇诏令天下焚书,秦始皇对于儒家思想泛滥同样心存顾虑,下诏“非博士官所职,天下敢有藏《诗》、《书》、百家语者,悉诣守、尉杂烧之”,如果在三十天之内隐藏不烧的,就在脸上刺字罚做刑徒。此后再有敢相互私语《诗》《书》的人处斩弃市,以古非今的诛灭全族,若官吏知情不举则一并治罪。除了秦朝国史和医药、占卜、种植类的工具书可以保留外，先秦时代的重要典籍文献及六国国史在三十天内被付之一炬，使得中国文化遭受巨大损失。秦始皇三十五年(前212)，以卢生、侯生为代表的儒生对秦朝高压政策产生强烈不满，攻击秦始皇统治残暴、独断专行，秦始皇下诏捉拿，二人被迫逃亡。李斯又借此事建议秦始皇坑杀咸阳城内的儒生，对这些政见不同者进行肉体消灭以儆效尤，于是始皇"自除犯禁者四百六十余人，皆坑之咸阳，使天下知之，以惩后"，这两件惨剧便是震惊历史的焚书坑儒事件。焚书坑儒一事虽然起到了控制百姓思想的作用，但不利于国家长治久安与社会正常发展，钳制了当时人们的思想，也加速了其政权的灭亡，"焚书坑儒"一词也成了秦始皇这等暴君的代名词，加之他用民力太急，苛捐杂税繁多，严刑酷法过甚，诸多恶政样样致命，最终导致了秦朝在他死后不过三年便被推翻。可见商鞅提倡的法家思想适于战时，可以争逐天下，但不适合统一后的治国。早在几百年前的春秋时代，左丘明在《左传・子产论政宽猛》中就提到了"宽以济猛，猛以济宽，政是以和"才是成功的治国经验。而秦政则恰恰相反，1975年在湖北省云梦县睡虎地出土的秦简显示了秦始皇时代推行法律制度的复杂和苛刻，严格规定着平民百姓生活的一点一滴，违反者将遭受残酷惩罚。假使秦始皇能够改变数代人以来推崇的法家思想，在重武功的同时也能做到文以守成，让儒生诵法孔孟黄老等杂学思想，让天下百姓也如琅琊山下的那三万户一样享受减免赋税的优待，提前做到"霸王道杂之"，那么秦国也能在一段时间内保持稳定。可惜历史没法重演，一个偌大的帝国落得二世而亡，不懂与民休息的秦始皇本人要负很大的责任。

至此我们看到，从西周末年的秦襄公借对周王室表忠心获得建国资格，到春秋时期的秦穆公东进受挫转而向西称霸，再到秦孝公变法图强让秦国成为七雄之首，最后到秦始皇准确把握时机攻灭六国以及在统一后出台的各种集权举措，可见四位秦君均处于重要历史节点，虽然面临的局势环境各不相同，但都肩负着让秦国生存且做大做强的历史重任，他们的表现要比同时代的六国国君强多了。秦国能走上强国之路直至统一六国，和他们的功绩是分不开的。虽然秦朝由于仁义不施导致二世而亡，但郡县制、修长城、统一文字等举措也确实泽被后世。同时，秦襄公对机遇的准确把握、秦穆公不钻牛角尖选择灵活扩张、秦孝公的发奋图强乃至秦始皇的魄力等优点也是值得学习借鉴的。

注释：

1《史记·李斯列传》

2《史记·苏秦列传》

3《史记·蒙恬列传》

4、5《史记·田敬仲完世家》

6《史记·齐太公世家》

秦国对外扩张战略

秦国能够一统天下，除得益于商鞅变法后确立起的制度基础外，和其历来奉行的高超对外扩张战略也是分不开的，否则秦军战力即使再强，以西北一隅要与六国对抗也不是一件易事。自秦孝公后，历代秦君无不重视对外扩张战略的研究，他们选贤任能，兼听多方意见，致力于打破六国的合纵联盟，也总能在恰当时机选择最为务实的对外战略开疆拓土。正确的战略对秦国最终一统天下起到了事半功倍的作用。

（一）

早在春秋秦穆公时代，秦国向东的争霸之路就因为晋国的存在而夭折，最后只得转而向西谋求发展。进入战国时代后，晋国一分为三，但三晋之一的魏国建都安邑（今山西夏县），与秦国以黄河为界却独据崤山以东的险要地势，始终阻挡着秦国东进的道路。秦、魏双方为争夺河西地区（今山西、陕西间黄河南段以西地区）爆发多场战争，如商鞅所评价的“秦之与魏，譬若人之有腹心疾，非魏并秦，秦即并魏”[1]。

战国初期的魏国通过李悝、吴起变法一度成为七雄中的头号强国。鼎盛时期的魏军规模庞大，对外号称“武士二十万，苍头二十万，奋击二十万，厮徒十万，车六百乘，骑五千匹”[2]。如此雄厚的军事力量，亦如商鞅所言“以一秦而敌大魏，恐不如”[3]。不过，魏国有一个明显的硬伤，即其处于四战之地。本身就和赵、韩两国领土交错常有摩擦，东面还有强敌齐国，很容易陷入多面作战的不利境地。所以与其和魏国硬碰两败俱伤，不如设法先挑起魏国与他国的战争削弱其实力，秦国再适时出手，如此一来秦国的东进之路就会简单得多。

鉴于此，商鞅主动请缨北上出使魏国，借当初在魏国效力的经历假意逢迎当时尚未称王的魏惠王，并劝其加天子衣冠自行称王。魏惠王果真中计，他称王的举动导致“齐、楚怒，诸侯奔齐”[4]，一下子让魏国成了众矢之的。在公元前353年的桂陵之战及公元前342年的马陵之战中，齐国两次趁魏军主力远征时偷袭魏国得手，特别是马陵之战，齐人“杀其太子，覆其十万之军”[5]，随着主将庞涓等十万魏军覆灭，魏军精锐力量遭到惨重打击，这就给了秦国以可乘之机。所谓兵不厌诈，秦孝公二十二年(前341)，商鞅致书魏公子卬要求两国会盟，但在盟会上“伏甲士而袭虏魏公子卬，因攻其军，尽破之以归秦”[6]，用这种不光彩的手段又给予了魏军一记重创。《史记·魏世家》载，此时魏国受到齐、秦、楚三国围攻，连番惨败致使“国内空，日以削”，迫不得已的魏惠王将部分河西地区割让给秦国，并将都城由近秦的安邑迁到大梁(今河南开封)。两年后(秦孝公二十四年，前339)，秦军又进攻魏国雁门，俘虏其将魏错。

回看商鞅的做法，先是花言巧语将兵祸引向魏国使其国力大损，接着又是巧语花言骗对方前来会盟再给予落井下石的一击，这些下三烂的手段让人唾弃，但战国时代诸侯争战只看结果不讲道德，夺取河西并逼迫魏国迁都一事意味着秦国获得了巨大的成功，达成了“据河山之固，东乡以制诸侯，此帝王之业也”[7]的既定战略目标，也为秦国后续不断蚕食六国打下了最初的基础。

（二）

秦惠文王继位后，依旧以魏国为首要打击对象。《史记·秦本纪》载，惠文王七年（前331）时“与魏战，虏其将龙贾，斩首八万”，这是继商鞅之后秦国第二次在战场上重创魏军；八年（前330）“魏纳河西地”，迫于无奈的魏国将整个河西地区割让给秦；九年（前329），秦军渡过黄河又夺取汾阴（今山西万荣）、皮氏（今山西河津）二地。此时的魏国已是千疮百孔，只能通过割地的方式求一寝之安，再无能力反超秦国。

秦国不断地蚕食魏国引起其余各国警觉。纵横家苏秦曾经说过“诸侯之地五倍于秦，料度诸侯之卒十倍于秦，六国为一，并力西乡而攻秦，秦必破矣”[8]，在他的反复游说下，六国首次组成联军对秦国发起攻击，即历史上的“合纵攻秦”。客观地说，苏秦所言的“秦必破”并不是一件容易的事。一方面，秦国占据着形胜之地的关中地区，只要固守函谷关，联军就很难攻破；另一方面，这种联盟其实是一种松散的状态，六国未必能够始终保持齐心，譬如齐国本来就和魏国结怨，更不可能在战场上“为人作嫁”。第一次合纵攻秦发生于秦惠文王更元七年（前318），由楚怀王任合纵长，率领联军及匈奴人的部队伐秦，秦人应战的统帅是惠文王异母弟樗里疾，双方于次年（前317）在修鱼（今河南原阳西）展开大战，结果秦军大胜，俘虏韩将军申差，击败赵公子渴、韩太子奂，斩首共计八万二千人，六国的首次合纵伐秦以惨败告终。

有合纵，就有连横。《韩非子·五蠹》给二者下了一个定义："纵者，合众弱以攻一强也；而横者，事一强以攻众弱也。"六国联军虽然被击破，但也让当时的秦惠文王心存忌惮，六国综合实力要胜于秦国，秦军这次大胜不代表以后会一直胜下去，以连横手段破坏六国合纵自然就成了秦国这一时期对外战略的重中之重，和苏秦齐名的纵横家张仪在此时登场为秦效力。单论对外扩张战略，张仪对秦国的贡献要远胜于当年的商鞅。因为商鞅是改革家，并不以外交舌辩见长，如果说商鞅是依托自己曾在魏国效力的身份欺骗魏王使其成为众矢之的的话，那么纵横家张仪就是完全凭着自己三寸不烂之舌拆散了整个六国联盟使他们成为一盘散沙，换言之让六国自相残杀由强转弱。

《史记·张仪列传》载，张仪首个"忽悠"的对象还是一直遭受秦国侵略的魏国，他"欲令魏先事秦而诸侯效之"。趁着六国首次合纵伐秦惨败而归，张仪以秦相身份出使魏国，劝魏哀王和秦结交。他先给魏哀王灌输了一个"夫秦之所欲弱者莫如楚，而能弱楚者莫如梁"的概念，就像石头剪刀布一样，秦、楚、魏三国是相互克制的关系，魏国虽然屡败于秦，却能战胜楚国。因为楚国地大而实际空虚，士兵众多而不能坚战，如果魏国举兵南下伐楚必定获胜，而楚国战败就会反过来去寻秦国的麻烦，如此一来，"割楚而益梁，亏楚而适秦，嫁祸安国，此善事也"。在这番天花乱坠的胡诌下，魏哀王"倍(背)从约而因仪请成于秦"，退出了合纵联盟，选择单独和秦交好。

在拿下魏国之后，张仪下一个目标就是出使楚国拆散齐、楚两大国的联盟。放眼整个楚国的数百年历史，都很难找出像楚怀王这样昏聩糊涂的君王。楚怀王之父楚威王曾评价秦国“寡人之国西与秦接境，秦有举巴、蜀并汉中之心。秦，虎狼之国，不可亲也”[9]，但到了楚怀王继位后完全没有防秦意识，楚国就在其手中国力大损由强转弱，甚至连他自己后来都被秦人挟持，成为了战国乃至整个中国历史上的一大笑料。在《战国策·楚策四·魏王遗楚王美人》中有这样一个故事，可以对楚怀王的性格窥斑知豹：魏惠王送给楚怀王一位美女，楚怀王对其倍加宠幸。怀王的郑夫人不动声色，将上好的衣服首饰家具等物品全都送给魏女，她的贤惠做法连楚怀王都为之夸赞。时间长了，魏女对郑夫人十分信任，郑夫人便偷偷告诉她“王爱子美矣。虽然，恶子之鼻。子为见王，则必掩子鼻”，在得知怀王不喜欢自己的鼻子后，魏女便按郑夫人教她的每见怀王时就捂住鼻子，让怀王感到莫名其妙。怀王向郑夫人询问缘由，郑夫人答道“其似恶闻君王之臭也”，闻言大怒的楚怀王立刻下令将魏女鼻子割下。通过此事可以看出，楚怀王太过轻信他人，凡事偏听偏信，从不认真思考，这样的性格极容易被人拿捏，一个郑夫人尚且能够玩弄怀王，何况是纵横家张仪。张仪见到楚怀王后，以秦国愿割地六百里为条件要求楚国和齐国断交，先后两次将天真的怀王耍得团团转，事后发觉被骗的楚怀王出兵攻秦，反被秦国所破，折损将士八万人且丢失汉中六百里土地。不认输的楚怀王尽起国中之兵二次出战，但再次遭遇惨败，与此同时魏、韩两国出兵攻楚，最终楚国完败。作为合纵之长的楚国遭受重创，恢复国力迁延岁月，更无力再组织联军伐秦。而张仪又先后来到其余的韩、齐、赵、燕四国游说，概括起来就是如果不选择与秦国亲近，那么秦国就会联络周边国家共同讨伐，在这种半胁迫半哄骗的策略下，四国都愿意和秦交好。至此，张仪仅凭一张嘴就将合纵联盟彻底瓦解，六国之间互相争战，虽然后来迫于形势又组织过几次合纵联盟，但多年来的相互残杀导致各国早已实力大减，即使联盟也无法对秦构成威胁，直至战国末年被秦逐个吞并。所以后来李斯在《谏逐客书》中评价张仪“遂散六国之众，使之西面事秦，功施到今”[10]，破坏合纵的红利甚至一直延续到秦国发动灭国战争的前夕。此外，昭襄王时期的相国范雎也曾将某次六国合纵扼杀于萌芽中。《战国策·秦策三·天下之士合从相聚于赵》中提到，赵国召集了天下的策士商议合纵伐秦事宜，范雎遣人携带五千两黄金前往赵国大摆宴席随意散财，策士们听说后纷纷赶来领取，结果“散不能三千金，天下之士，大相与斗矣”，为了争抢黄金，策士们彼此殴斗丑态百出，无人再去考虑合纵的事情。

值得一提的是，在重用张仪拆散各国联盟的同时，秦惠文王又采纳了名将司马错的建议，将蜀地纳入秦国的领土范围。《史记·张仪列传》载，张仪和司马错在惠文王面前就到底是伐韩还是伐蜀的问题展开了激烈的辩论。张仪根本看不上贫穷落后的蜀地，认为出兵伐蜀完全是耗损国力得不偿失，相反伐韩时可以顺便问罪周王室，夺取周朝的宝鼎，借其名号号令天下。而司马错坚决不同意这种看法，他指出张仪的论调“今攻韩，劫天子，恶名也，而未必利也，又有不义之名”，不管是从务实还是务虚角度来看都没有什么好处，现下秦国地小民贫，应该首选容易做到的事，即攻打更为弱小的蜀地，待拿下那里后“得其地足以广国，取其财足以富民”，同时可训练蜀兵为秦所用。另《华阳国志·蜀志》中还收录了司马错从张仪不曾考虑到的军事扩张角度提出了伐蜀的必要性，即蜀地“水通于楚，有巴之劲卒，浮大舶船以东向楚，楚地可得。得蜀则得楚，楚亡则天下并矣”，从蜀地顺江而下灭楚轻而易举，五百多年后的西晋灭吴之战，晋将王濬也证实了这一点。这次秦惠文王果断站在了司马错这边，令其出兵伐蜀。秦惠文王二十二年（前316），在经过十个月的征讨后，司马错拿下蜀地。八年后（前308），司马错“率巴、蜀众十万，大舶船万艘，米六百万斛，浮江伐楚，取商於之地（今河南淅川、西峡一带）为黔中郡”，其当初以蜀地为根据地顺江伐楚的设想成为现实。总之，蜀地被拿下后“蜀既属秦，秦以益强，富厚，轻诸侯”，成功吸收了蜀地各类资源的秦国日益强大，在经济上也具备了和山东六国一较高下的实力，后来秦昭襄王时期修建了都江堰，更让蜀地一跃成为天府之国，为秦国对外征战提供了丰厚的物质保障。宋代学者郭允蹈在其著作《蜀鉴》中下了一个结论：“秦并六国，自得蜀始。盖与秦为怨者，楚也。秦既取蜀、取汉中，又取黔中，则断楚人之右臂，而楚之势孤也。”通过司马错和张仪的辩论也能看出秦惠文王是一个兼听则明的贤君，在充分听取各方意见后选取了让秦国利益最大化的策略并积极实施，反观楚怀王身边都是些顺情说好话的谄谀之臣，听惯了奉承之语，就听不进陈轸、屈原等个别忠臣的苦口良言，最终丢尽了楚国的地位，更丢了自己的性命。

（三）

公元前306年，秦昭襄王继位，鉴于其年龄尚小，国中大事由舅父魏冉主持。魏冉主政长达四十年（中间有数次被短暂罢相），他本身就是一位能征善战的猛将，《史记·穰侯列传》载，他曾多次亲自率军征讨魏国，取得过“拔魏之河内，取城大小六十余”“斩首四万，走魏将暴鸢，得魏三县”等重大战果，迫使魏国割让黄河以东四百里土地，甚至一度包围魏都大梁。魏冉另一个功绩就是提拔了优秀将才白起，白起对周边各国展开了远比魏冉还要凌厉的攻势，以一己之力使秦国与六国的军事力量对比发生了不可逆的转变。

秦昭襄王十一年（前 296），齐、韩、魏、赵、宋、中山（《正义》：中山此时属赵）五国组织过一次合纵伐秦联盟，一直攻至盐氏，即原魏国国都安邑附近。鉴于联军势大，秦国将黄河以北和封陵（今山西永济市黄河弯曲处）送给韩、魏以求和。五国的胜利只是短暂的，秦昭襄王十四年（前 293），战神白起开始了首秀，在今河南省洛阳市龙门的伊阙大败韩、魏联军，该役斩首高达二十四万人，同时“虏其将公孙喜，拔五城”，此役后韩国基本退出了列国争霸，苟延残喘直至亡国。而自伊阙之战始，秦国如潮水般不停地对紧邻的楚、魏、赵三国发动攻势。单就《史记·白起王翦列传》里提到魏冉在位期间由白起指挥的战事，就有六次之多。秦昭襄王十五年（前 292），“攻魏，拔之，取城小大六十一”；十六年（前 291），“与客卿错攻垣城（今山西垣曲），拔之”；二十一年（前 286），“白起攻赵，拔光狼城（今山西高平市西）”；二十八年（前 279），“白起攻楚，拔鄢、邓五城”；二十九年（前 278），白起更是率军攻破楚都郢都，并在郢都设立郡县，更名为南郡。至秦昭襄王三十四年（前 273），白起又一次屠戮赵、魏联军，同时魏冉也参加了这场战事，该役“攻魏，拔华阳，走芒卯，而虏三晋将，斩首十三万。与赵将贾偃战，沉其卒二万人于河中”。随着韩、魏两国不断地损兵折将以及楚国郢都的沦陷，秦国已处于一种独霸的状态，加之在这期间又发生了乐毅伐齐的战事，齐国几乎被复仇的燕军攻灭，因此在山东六国当中仅剩经过胡服骑射军事改革的赵国勉强还有一战之力。赵国曾在名将赵奢的指挥下大破秦军，其余各国对秦只有招架之功。司马迁对魏冉的评价是“秦所以东益地，弱诸侯，尝称帝于天下，天下皆西乡稽首者，穰侯之功也”。

当年燕国伐齐时，秦国作为盟军夺取了齐国陶邑（今山东定陶西南），陶邑后来成为魏冉封地。魏冉执政后期，萌生了一些私人想法。他打算跨越韩、魏等国去攻打齐国，等灭亡齐国后将齐土合并至陶邑中，到时“陶为万乘，长小国，率以朝天子，天下必听，五伯之事也”[11]，即可凭借这片土地脱离秦国，独自成就当年春秋五霸一样的功绩。魏冉的心思被投奔到秦国的范雎看穿，范雎对秦昭襄王指出跨境伐齐胜率不高，还可能被韩、魏二国断了后路，更指出了魏冉背后假公济私的真实目的。

秦昭襄王四十一年（前266），昭襄王罢免魏冉，改立范雎为相。范雎提出了著名的“近攻远交”对外战略，借赵武灵王吞并中山国使赵国强大的事例阐述“得寸即王之寸，得尺亦王之尺”的核心思想，即秦国攻打六国不是目的，目的是必须有能力消化打下来的土地，这是跨境作战无法达到的。《史记·范雎蔡泽列传》载，范雎将六国依据强弱远近分为韩魏、赵楚、燕齐三个梯队，其中第一梯队“夫韩、魏，中国之处而天下之枢也”，处于天下中心而又无强大战力的韩、魏二国才是秦国对外扩张的首选；而二梯队的赵、楚二国有一定的战力，与他们作战并不能快速取胜，还有被打败的可能性，所以要采取“楚强则附赵，赵强则附楚”的策略，总是联合相对较弱的一方去威胁较强的一方，至于离秦国较远的第三梯队燕、齐两国则不必过多理会，因为等到

一、二梯队都拿下了，三梯队也无法成气候。范雎的“近攻远交”扩张战略十分高明，甚至后来秦灭六国之战的灭国次序也基本是按照他的谋划进行的。反过来说，从范雎战略的成功可以得出这样的结论：六国亡与不亡，其胜负的关键恰在于第三梯队的燕、齐两国。如果燕国全力援赵，长平之战赵国未必会败，即使败了，有燕军的强力来援，邯郸保卫战不至于打得异常艰苦；而秦灭楚一战中，单是对抗楚军王翦都已谨小慎微，若齐国能全力援楚，极有可能让王翦遭遇李信惨败的下场，最差也是让王翦不利而还。遗憾的是，齐国始终事不关己，燕国甚至在长平战后袭赵。毫无远谋的两国葬送了自己，也葬送了六国的整体命运。

（四）

待到秦王嬴政继位后，赵、楚、魏、燕四国集结最后的力量，由赵名将庞煖率领，于秦始皇六年（前241）联合攻秦，这也是最后一次合纵攻秦。联军进至蕞地（今陕西临潼北）遭遇秦军反击后撤回，转而教训了一直依附秦国的齐国，攻取饶安（今河北沧州）。此时的山东六国均处于江河日下甚至亡国边缘状态，连招架之力几乎都不具备。在这样的背景下，秦统一天下是大势所趋，已不需要何种对外战略，只需遣将按照远近顺序依次征伐即可。不过为了让兼并六国的战争进程能够提速，军事家尉缭子建议嬴政“毋爱财物，赂其豪臣，以乱其谋，不过亡三十万金，则诸侯可尽”[12]。嬴政听从其言，召见了一个名叫顿弱的游士，两人一番交谈后，嬴政“乃资万金，使东游韩、魏，入其将相。北游于燕、赵，而杀李牧”，最终“齐王入朝，四国必从，顿子之说也”[13]。这段出于《战国策》的史料可以看作是《史记》的补充，

《史记》中提到重金收买赵王宠臣郭开干掉赵军最后的名将李牧，以及收买齐国国相后胜使齐国不做御敌准备的间谍就是这个顿弱，他让本就十分虚弱的六国更加快速地滑向灭亡的边缘。

综上所述，战国初期的秦孝公用商鞅将兵祸成功引向魏国，轻易地为秦国夺取了作为进军中原桥头堡的河西之地；战国中期秦惠文王用张仪不费吹灰之力拆散六国联盟使其自相残杀；秦昭襄王用范雎"近攻远交"策略对六国分批次各个击破；再到最后秦始皇采纳尉缭子建议，以重金在六国内部培养"第五纵队"。可以看到，百余年来的历代秦君都充分展现出了各自的雄才大略，他们重用贤才，择选出最适合内外局势的对外发展战略并坚持贯彻执行，在数代人的不懈努力下，最终完成了秦国的统一大业。

注释：

1、6、7《史记·商君列传》

2、8、9《史记·苏秦列传》

3、4、5《战国策·齐策五·苏秦说齐闵王》

10《史记·李斯列传》

11《战国策·秦策三·秦客卿造谓穰侯》

12《史记·秦始皇本纪》

13《战国策·秦策四·秦王欲见顿弱》

齐桓晋文事

春秋五霸中，宋襄公争霸不成反而丧命，秦穆公向西拓土独霸，他们和位于中原的周王室实际关系不大，往往被排除在霸主之外。而楚庄王虽然通过武力手段称霸，但地处中原边陲的楚国长久以来与周王室互相鄙夷，早在楚武王时代就自称“我蛮夷也”[1]，连他王侯的称号都是自封的。严格地说，根正苗红的霸主只有齐桓公小白和晋文公重耳，两人均是于动乱中即位，其称霸过程也基本相似，在《孟子·梁惠王上》中就将两人的经历并称为“齐桓晋文之事”。

（一）

齐桓公是一个普通的齐王室公子，按照正常继承顺序轮不上国君之位。公元前 698 年，在桓公之父齐僖公去世后，桓公之兄齐襄公继位。齐襄公是一个嗜杀成性的暴君，他在位十二年间“杀诛数不当，淫于妇人，数欺大臣”[2]，完全将臣下性命视为草芥。暴君往往多是昏君，齐襄公也不例外。《管子·匡君小匡》中载其沉溺声色犬马，平素里“高台广池，湛乐饮酒，田猎毕弋，不听国政”，后宫之中“九妃六嫔，陈妾数千，食必粱肉，衣必文绣”。更要命的是，他还做出了违背人伦纲常之事，身边本不缺佳丽的他竟然和已经嫁给鲁桓公的自己妹妹厮混，后来糗事败露，齐襄公借酒宴赔罪之际派出力士将妹夫鲁桓公杀害，事后又把杀人的力士作为“替罪羊”处死，草草地给鲁国人一个交待。对待妹夫尚且如此残忍，何况是他人。后来辅佐齐桓公成就霸业的鲍叔牙就曾预言齐国“君使民慢，乱将作矣”[3]，果不出鲍叔牙所料，齐襄公十二年(前 686)，堂兄弟公孙无知联络几位遭受不公待遇的臣下发动政变杀死了齐襄公，由公孙无知继位。不过公孙无知也没活太久，很快也被臣下所杀。在此之前，齐僖公的两位公子小白与纠，一个由鲍叔牙护送逃到莒国，一个由管仲护送逃到鲁国。得知齐国内乱王位空缺后，两人以最快的速度赶回国内继承王位。两拨敌对人马在途中相遇，管仲一箭射中小白带钩，小白倒地装死，管仲与公子纠以为对手已除而放松警惕，放慢了回国速度。等两人赶到齐都临淄时才发现，小白已经被拥立为国君，即齐桓公。齐桓公继位后，公子纠与管仲逃回鲁国，为绝后患的齐桓公发兵攻鲁，鲁人为求自保杀死公子纠。齐桓公原本还想杀死管仲报当初的一箭之仇，但在鲍叔牙“君且欲霸王，非管夷吾不可”的劝说下不计前嫌，反以厚礼相请。《管子·匡君小匡》中记录了两人推心置腹的谈话，齐桓公诚恳地说自己有好酒、好色、好猎三大恶习，管仲听后只是表示“恶则恶矣，然非其急者也”，对称霸没有影响。那有影响的是什么呢？用管仲的话说“人君唯优与不敏为不可，优则亡众，不敏不及事”，即切不可优柔寡断与不勤奋，前者得不到部下的拥护，后者更不可能成事。齐桓公对这番话很满意，任命管仲为大夫主持国政，正式开始了霸主之路。

晋文公重耳的继位之路要比齐桓公复杂得多，当然这里面就有他自己安于现状意志不坚的问题，就是犯了管仲说的“不敏不及事”。《史记·晋世家》载，重耳父亲晋献公宠幸骊姬，骊姬为让其子奚齐继位，不断吹枕边风让献公将诸公子外调边地，后又设计诬陷太子申生与公子重耳、夷吾，说三人打算毒杀献公，导致申生自杀，重耳与夷吾分别逃到他国，此时是晋献公二十一年(前656)，重耳四十三岁。由于母亲是翟人，所以相对安全且距离较近的翟国成了他逃难的首选。重耳在翟国留居长达十二年，在第五年时(前651)献公去世，晋国大夫里克、邳郑杀掉奚齐与其兄弟卓子，派人请重耳回国。或许是在翟国的安稳日子待久了，又娶了一个叫季隗的夫人，重耳“畏杀，因固谢，不敢入”，将这个机会白白浪费掉，最终另一个逃亡的公子夷吾以未来割地为代价借秦兵回国即位，是为晋惠公。原本同病相怜两兄弟，现下身份天差地别，晋惠公对待重耳的态度也就变了，其“欲使人杀重耳于翟。重耳闻之，如齐”，被迫开始了奔向齐国的第二次逃亡，季隗没法跟随，只是说了句“妾待子”。

抵达齐国后，齐桓公厚待重耳，“以宗女妻之，有马二十乘”。第二年(前643)桓公去世，继位的齐孝公也愿意继续收留重耳，所以他在齐国的温柔乡中又“沦陷”了五年。将季隗抛之脑后的他爱上了这位有齐国王室血统的夫人，用其话说“人生安乐，孰知其他！必死于此，不能去”，反倒是齐夫人深明大义，和重耳麾下的忠臣赵衰等人谋划，将他灌醉后置于车上离开齐国。接下来就又是不停地各国流浪：曹共公不欢迎重耳，听闻他骨骼奇特，还提出要其裸身展示肋骨的羞辱要求；郑文公也不欢迎重耳，臣下表示如果不想礼遇重耳便应将其杀掉以绝后患，好在郑文公没听从。直至来到楚国后，重耳才又享受到楚成王高规格的诸侯之礼，楚将子玉同样建议杀掉重耳，但成王未采纳。几个月后，当初要杀自己的晋惠公去世，在秦国当人质的太子圉偷偷跑回国继位，引起秦国不满。楚成王联合秦穆公以及晋国仍然忠于重耳愿做内应的大夫，终于将重耳扶上王位，是为晋文公，此时是公元前 636 年。至此，六十二岁的重耳终于结束了长达十九年的流亡生活。

（二）

即位只是第一步，两位君王都是打算有一番作为的雄主，第二步便是如何达成称霸这个目标。

齐国的位置大体在今天黄河以南的华北平原东部，这里本身就有着丰富的自然资源，只要主政的不是庸常之人，都可以借助资源让齐国成为强国。《齐太公本纪》载，当年姜太公来到齐地后“通商工之业，便鱼盐之利”，凭借资源为齐地吸引来众多人口，早在西周初年便使齐国成为大国。有关管仲治国的具体记载大都出自《管子·匡君小匡》，其云“三岁治定，四岁教成，五岁兵出”，仅用了五年就达到对外用兵称霸的条件。该篇也反映了管仲的治国特点，即将大问题拆成若干小问题，然后分门别类予以解决。

首先，士农工商四个阶层是一个国家的基本组成部分，针对齐国人口不分阶层混居杂处导致相互干扰的现象，他将齐国土地划分为二十一个乡，再按照阶层重新安置人口，士人要安置在闲静之地，农民要靠近田野安置，工匠要靠近官府安置，商人则要靠近市场，重新划分后“商工之乡六，士农之乡十五”，四个阶层之间相安无事。可以想象，商人聚拢在一起，对于商品价格跌涨的预判就会更加准确，农民和工匠的子弟可以安心跟随父辈学艺，士人的知识及家风也能得到良好传承，不管是哪个阶层，其工作效率都会大大提高，国家也得以富强。

其次，齐桓公打算修明政事却不知从何做起，管仲给出“始于爱民”的答案。他又将爱民细分为五个板块（民相亲、民殖、民富、民有礼、民正），建议让各大家族事业相连、俸禄互补使得百姓可以相亲；宽赦旧罪，救助旧宗，为无后的人立嗣，使得百姓得以繁衍；通过减轻刑罚与降低税赋让百姓逐渐致富；选用贤士使之施教于国让百姓有礼；政令不要频繁更改，让百姓务正业。只有爱民的各项举措做到位了，民众才会安心生产。管仲还特意告诫齐桓公使用民力时要做到“行之无私”“出言必信”，这才是对待百姓的正确方法。

最后，在达成国富民安的基础上着力于军队改革，这是称霸的终极条件。与治民不同，军队改革不能大张旗鼓，若齐国公开招训士兵，周边列国也会警惕并做好防备，那么武力称霸便无法如意。故而管仲给出的建议是与其公开整顿，不如寓军事训练于生产劳作。详细来说，他用的还是拆分解决法，先从最基层的乡级单位入手，于其中设立行伍编制，选拔懂军事的人为卒长，平时就按照军事制度与号令进行田猎，时间久了百姓就会在无形当中熟悉军事操演，一旦有战事发生，也可迅速转化为战力。值得一提的是，秦末举兵起义前的项梁也用过这个办法。项梁和项羽避难吴中后，当地遇到朝廷征发徭役或者较大的丧葬活动时，往往都由项梁来主持，他“阴以兵法部勒宾客及子弟，以是知其能”[4]，后来八千子弟能够迅速成为战力，和当初项梁大型活动时的调教是密不可分的。此外针对齐国士兵缺少武器盔甲的情况，管仲决定从犯人入手，犯人根据所犯罪行的轻重，可以通过缴纳武器盔甲以自赎。为掩列国耳目，管仲还出台“三分齐国，以为三军”的隐蔽措施，在他的整顿下齐国“有教士三万人，革车八百乘”，即让齐国始终保持一线常备军三万人、战车八百乘，甚至到齐桓公四年（前682）时已经扩充到“甲十万，车五千乘”[5]的恐怖实力，这样的军事力量哪怕是在战国时代都颇为可观。

管仲当初是由贤德的鲍叔牙推荐给齐桓公的，他做国相后同样推荐了五位人才。《管子·匡君小匡》载，管仲推荐擅长舌辩的隰朋做大行（即外交官）、擅长耕作的宁越做大司田、擅于军事的王子城父做大司马、擅长刑狱律令的宾须无做大司理、敢于直言进谏的东郭牙做大谏之官。加之先前的鲍叔牙，诸位贤才“修齐国政，连五家之兵，伸轻重鱼盐之利，以赡贫穷，禄贤能，齐人皆说”[6]，齐国迅速走出襄公时代混乱的阴霾状态，呈现出一片富强祥和之景。

积攒了充足实力的齐桓公开始向不友好的邻国用兵。当初齐桓公流亡时曾被郯国（在今山东郯城）无礼对待过，该国成为首个被打击的对象，很快便被齐军攻灭。齐桓公五年（前681），齐军数次在战场上击破鲁军，后来在两国会盟时鲁将曹沫挟持齐桓公逼其退还土地，齐桓公事后打算反悔，但在管仲劝说下遵守承诺，“诸侯闻之，皆信齐而欲附焉”[7]，因诚信获得了政治资本；七年（前679），齐桓公和诸侯会盟于甄地（今山东鄄城），就是从这一年“桓公于是始霸焉”[8]，诸侯国正式承认了齐桓公霸主的地位。齐桓公以“尊王攘夷”为对外口号维持中原秩序，多次对蛮夷作战：二十三年（前663）时“山戎伐燕，燕告急于齐”[9]，齐桓公率军增援，“遂伐山戎，至于孤竹（今河北卢龙）而还”[10]。战后，燕庄王出于感激送齐军直至齐国境内，齐桓公把燕君所至的齐国领土用沟分开送给燕国，让燕君重修召公之政并恢复向周王室进贡，“诸侯闻之，皆从齐”[11]。二十八年(前 658)时“卫文公有狄乱，告急于齐”[12]，齐桓公在击退狄人后又在楚丘(今河南滑县)为卫文公重新修造了一座城池作都城。另《国语·齐语·齐桓公霸诸侯》载，与卫国一并遭受狄人入侵的还有邢国，齐桓公同样是“筑夷仪(今山东聊城西南)以封之”。同时鉴于卫国牲畜在战乱中损失殆尽，齐桓公又赠送了三百匹良马，这些不计回报的仁义举动让天下诸侯都为之称赞，诸侯“知桓公之非为己动也，是故归之”。至齐桓公三十年(前 656)，齐国开始转向南方用兵，先后攻伐蔡、楚、陈三国，这也是齐、楚两个大国首次交战，在《左传·僖公四年》中记载了详情。楚成王对齐军来犯很是意外，遣使质问齐桓公：“君处北海，寡人处南海，唯是风马牛不相及也。不虞君之涉吾地也，何故?”管仲表示，楚国不向周王室进贡，因而伐之。楚成王同意自此恢复向周王室进贡。齐军首次深入楚境，客场与一个大国作战有着诸多不利因素，于是双方在召陵(今河南漯河)展开盟会。虽然军事上没有取得实质上的胜利，但至少表面上摧折了楚国锋芒，也称得上是一次外交上的胜利。三十五年(前 651)，齐桓公与各诸侯国在葵丘会盟，周襄王派宰孔赐给齐桓公祭庙所用的胙肉、彤弓矢及天子车马，这也是周天子对于诸侯国的最高奖赏。《史记》中关于齐桓公功绩的记载过于冗长，以《管子·匡君小匡》中的一句话概括就是“故兵车之会六，乘车之会三，九合诸侯，一匡天下”，霸业达到了顶峰。

关于晋文公称霸，《国语·晋语·文公称霸》中归纳了三个过程：首先是护送周天子显示大义，其次是举行盛大阅兵仪式显示礼仪改革军制，最后是兴兵征伐楚国夺取霸主之位。

比之齐桓公，晋文公避难长达十九年，所以继位后的第一件事是收买人心，给百姓施加恩惠，对于这些年来跟随自己流浪的臣下“大者封邑，小者尊爵”。此时周朝发生内乱，周襄王逃至郑地后向晋国求救，鉴于刚刚继位国内不稳，不宜出兵远征，重耳只能无视了这一请求。《史记·晋世家》载，至转年（前635）春，自觉地位稳固的晋文公打算对外用兵。赵衰给出“求霸莫如入王尊周”的建议，主张抢在秦人之前出兵护送还在避难的周襄王回国以赢取称霸的政治资本。比之和其他诸侯国交战，护送这位周天子可说是件低成本高收益的美差，晋文公表示认可。当年三月，周襄王在晋军的护送下返回国内。四月，晋军杀掉了引发这次叛乱的周襄王之弟王子带，重新登基的周襄王“赐晋河内阳樊（今河南济源）之地”。接下来，晋文公于第四年（前633）在被庐（今山西宁武）举行了一场大规模的阅兵仪式，史称“被庐之蒐”。在仪式上，晋文公将全国军队一分为三，选主将三名（中军将、上军将、下军将）、佐将三名（中军佐、上军佐、下军佐）。六位将军的人选，或是当初随他流亡国外的旧臣，或是联络他回国助其即位的内应。这六人被称为六卿，六卿能够出将入相代代世袭，负责掌管晋国军政大事。需要指出的是，随着时间的推移，晋国国君权威越来越弱，国政基本掌握在这些异姓大臣手中，最后导致了三家分晋的发生，这便是六卿制度的副作用，但在晋文公时代，这样做既是对这些不离不弃的臣下的感恩回报，更是和他们进行利益绑定以巩固自己的地位。

当时列国关系错综复杂，齐国自齐桓公去世后逐渐衰落，秦国地处偏远，中原地区只有晋、楚两个大国。晋文公即位有楚成王的功劳，所以两个大国关系友好，但两国却分别与对方的盟国有隙，其中曹、卫两国国君都曾侮辱过流亡期间的重耳，而楚国一再进攻宋国，这就让当时的局势变得复杂起来，战争是政治的延续，只要晋、楚两国都想争当霸主，战争就不可避免。当年听闻楚军攻宋，晋文公采用围魏救赵之策，攻击与楚国友好的曹、卫两国迫使楚军回援。之所以没有选择直接对抗楚军，这其中有晋文公暂时不愿和对自己有恩的楚国开战的因素。同年十二月，晋兵“先下山东，而以原（今河南沁水西北）封赵衰”，夺取太行山以东的地区，并册封给了头等功臣赵衰。和齐桓公先拿不曾礼遇过自己的郯国开刀的做法类似，晋文公五年（前632），曹、卫两国再次成了重耳攻击的对象。晋兵于正月夺取五鹿（今河南濮阳以南），三月攻入曹都并列举当年羞辱自己的曹共公的罪状，此时楚亦攻宋，双方又都再次拿对方的“跟班”出气。对重耳而言，当初流亡时宋、楚两国都对自己有恩，这次的局势和一年前一样让他很是为难，大将先轸建议“执曹伯，分曹、卫地以与宋”，即依旧遵循避免和楚国发生冲突的原则，若楚国夺取宋国的土地，那么晋文公便用曹、卫两国的土地补偿宋国。楚成王得知后，便从宋国退军。此时楚军当中也有另外的声音，当初建议除掉重耳的楚帅子玉坚持要向晋军开战，最终让两国刀兵相见。这时晋文公展现了高超的外交技巧，一方面以复国为诱惑让曹、卫与楚断交，另一方面扣押楚使激怒子玉。双方开战后，晋文公兑现了当年落难于楚时对成王说的“即不得已，与君王以兵车会平原广泽，请辟王三舍”的承诺，下令晋军后退九十里，在避开楚军锋芒且又消磨掉楚军士气后展开反击，于城濮（今山东鄄城西南）大破楚军，战后“晋焚楚军，火数日不息”，光是烧毁楚军的战场残骸就用了好几天，楚帅子玉被愤怒的楚成王处决。城濮之战后，晋文公“献楚俘于周，驷介百乘，徒兵千”，将俘获的千余楚兵和百辆战车献给周襄王以彰显自己的战功，周襄王“使王子虎命晋侯为伯”，册封其为侯伯。晋文公与各国诸侯在周襄王面前盟誓“皆奖王室，无相害也。有渝此盟，明神殛之”，正式成为继齐桓公之后的第二位霸主。

（三）

齐桓和晋文能够苦尽甘来继承王位，首先离不开忠臣贤士的辅佐，再有就是两人各自的能力与雄心决定了夺回位置的时间长短。齐桓公最初身边有睿智的鲍叔牙，能够提前预测到齐国将有内乱，让他出走别国提前避祸，且齐桓公本人反应力了得，诈死迷惑敌人堪称妙招，直接锁定胜局。晋文公的优点是为人谦逊，他“父事狐偃，师事赵衰，而长事贾佗”[13]，这三人都以忠贞、有谋略著称。特别是赵衰，后来每每在获得提拔时都将位置让给其他人才，晋文公评价“夫赵衰三让不失义。让，推贤也。义，广德也。德广贤至，又何患矣”[14]，他高风亮节的做法还给后世留下了“赵衰三让”的经典美谈。看晋文公十九年的流亡生涯，十二年居翟，五年居齐，数月居楚，更像是从一个温柔乡转换到另一个温柔乡。而且翟国、齐国、秦国都择选女性婚配重耳，其中的齐女是王室成员，秦女更是秦穆公的女儿，所以长久的安逸生活让他忘掉初衷，更丧失了冒险精神，此时身边若都是些庸碌之辈，那么霸业将与他无缘。所幸赵衰、狐偃等人及时止损，强行将其带离温柔乡，包括重耳身边的翟女、齐女两任夫人也都是贤妻，同样对晋文公的事业给予支持。晋文公流亡的十九年间有两次即位机会，具体手段都是借他国兵回去即位，比之秦、楚，自己母家的翟国更加亲近，遗憾的是第一次时晋文惜身未借翟兵返晋，因而耽搁了十多年之久，直待第二次时才依托秦、楚两国力量回国，显然他吸收了那次惨痛的教训，终于迎来了曙光。

齐国与晋国所面临的中原局势与自身国内情况也各不相同。齐国经昏君齐襄公十二年的折腾后已是国力大减，需要一定的恢复时间，此外还有势力较大的狄人、山戎祸乱中原，所以齐桓公赢得霸主的时间要长些，面对的敌人也多，凭借着强大的武力硬是打出了霸主的位置。而晋国在逃难的夷吾先行即位后，面对侧旁强大的秦国至少能够不落下风，秦穆公称霸方向是西方，没有和晋国拼个你死我活，晋国国力也无大损。所以晋文公流浪时间长，夺取霸主过程短暂，只要凭着自身原本不弱的国家实力在战场上打赢楚国便可称霸，也不需要面对蛮夷势力四处出击。当然，在两人从继位到称霸的这一阶段都离不开人才的辅佐，齐桓公有管仲及他推荐的五杰，晋文公册封了六卿，两人在长久的坎坷当中锻炼出了识人之能，最终依托人才成就了霸业。

作为霸业的延续，两个人在继承人择选上一成一败，也值得一提。齐桓公贵为五霸之首，晚年任用宵小，最终酿成祸端。管仲去世前告诫齐桓公不要重用易牙、开方、竖刀三个小人。但已年迈昏聩的齐桓公没有听从，“卒近用三子，三子专权”[15]。齐桓公四十二年（前644），齐桓公病重，膝下五位公子无视太子昭的存在，开始争权。易牙、竖刀等发动政变立公子无诡为君，而齐桓公真正的太子昭出逃齐国，直到后来在宋襄公的护送下才得以即位。一代春秋霸主的齐桓公本人最后落得活活饿死、尸身腐烂生蛆的下场，让人唏嘘不已。相较之下，晋文公在择选继承人上十分幸运，早年流亡各国时所生下的子嗣被迫留在各国，客观上反而杜绝了诸子争权的发生。晋文公去世后由晋襄公顺利继位，没有任何政治风波。

齐桓公和晋文公的即位以及称霸之路加在一起跨越半个多世纪，是春秋时代的重要组成部分，两位国君从逆境中脱颖而出，凭借着自身的坚忍不拔、对人才的发掘重用，以及对时机的准确把握，最终都成就了霸主的事业，也给后世留下了波澜壮阔的一页。

注释：

1《史记·楚世家》

2、6、7、8、9、10、11、12、15《史记·齐太公世家》

3《左传·庄公八年》

4《史记·项羽本纪》

5《管子·匡君大匡》

13《国语·晋语·宋襄公赠重耳以马二十乘》

14《国语·晋语·文公任贤与赵衰举贤》

滥行仁义亦自毙

春秋五霸中，宋国第二十任国君宋襄公是唯一一个争霸不成反而丧命的霸主。比起被认可称颂的齐桓、晋文，宋襄公长久以来却是以一个笑料的形象传于后世，既输了生前，又输了身后。孟子曾说过“春秋无义战”[1]，春秋时代随着周王室衰微礼乐开始崩坏，但宋襄公依旧执着追求早先贵族的仁义精神，泓水之战中不顾己方和楚军的差距，坚持不乘人之危半渡而击，开战后又下令不杀二毛，结果非但将宝贵的战机白白浪费，自己也被敌人所伤，于一年后伤重去世。这种举动让同情他的人扼腕叹息，也让鄙夷这种仁义的人对他极度轻蔑。

（一）

在春秋时代，确实存在过讲求仁义的君子战争，当时的战场规则之一就是交战双方都严格遵照“结日定地，各居一面，鸣鼓而战，不相诈”[2] 的君子约定，在《春秋》一书中就有大量此类事例。最著名的就是《左传·昭公二十一年》中记载的宋国公子城与华豹之间的对射，当时华豹在第一箭不中的情况下本欲射出第二箭，但在公子城“不更射为鄙（不遵守一人射击一次的规则可鄙）”的呵斥声中停止射击，耐心等待对手搭弓回射，结果他反被公子城射杀。此外还有《左传·宣公十二年》中记录的那场今天看来纯属荒谬的战车追击战：晋楚战争中，晋军战车在撤退途中陷入泥坑无法动弹，后面尾随追击的楚军战车非但没有攻击，反而帮助晋军脱困。待晋军战车脱困后，双方才继续先前的你追我跑。出于揶揄心理，晋军士兵驾车逃跑的同时还向楚军战车喊道“吾不如大国之数奔也（不像你们大国的人有逃跑经验）”。以上虽然只是两个人、两辆战车的事例，但放大到两军整体交战时同样适用。包括春秋五霸中被人称赞的霸主晋文公重耳，在今天看来同样是一位战场上的迂腐君子。《国语·晋语·文公伐原》记载了一件更不可思议的事：晋文公出兵讨伐原国，出征前令士兵只携三日口粮，若三日后不胜，也要让士兵撤回休整。结果战至第三日时原都未破，可间谍探得了“原不过一二日矣”的珍贵情报。即使如此，晋文公仍然坚持退兵。在他看来，纵然可以再坚持一二日拿下原国，但这将违背对自己士兵许下的承诺，属于丧失君王信义的行为，所以坚持退兵。更有意思的是，原国得知晋文公的仁义举动后主动选择投降。这样荒谬的事就是当时通行的战场法则，明明是你死我活的战场厮杀，却被各种仁义变成了近似今日必须严格遵守规则的比赛决斗，这也和《孙子兵法》中“兵者，诡道也”的军事思想完全风马牛不相及。究其原因，春秋时代人口整体数量较少，后来战国的赵国名将赵奢与齐国名将田单论兵时就说过春秋时期“城虽大，无过三百丈者；人虽众，无过三千家者”[3]，除了齐、楚、晋等传统大国，其他诸侯国连相互吞并都难以做到，既然不具备灭国的能力，就没必要在战场上下死手，否则很容易成为众矢之的。再者，周室虽衰微，影响力却不是一下子就消失的，春秋时代的战争都是在周天子王土之下的贵族战争，讲求文明打法，必须要遵守信义，所以才会有诸多的限制，不过随着时代发展，这种“仁武”慢慢不再适用，最终消失在历史之中。

（二）

宋襄公的仁义不只体现在最后那场泓水之战，或者说不只体现在战场上，从他在继位前夕的让贤举动就展现出来。

宋襄公是宋桓公嫡长子，在桓公之后继承王位理所应当，但他要求父亲改立比自已贤能的庶兄目夷，有自知之明的目夷明确表示拒绝，此事不了了之。待宋襄公继位后“以其庶兄目夷为相”（《史记·宋微子世家》，以下引文凡无注明皆出于此），又重用这位自己的庶兄。彼时为争王位兄弟之间手足相残之事屡见不鲜，像是周幽王正是因为继承人更换太过随意，才被废太子联合外祖父攻杀；还有春秋五霸之首的齐桓公，晚年时诸子争权攻伐，导致其竟被活活饿死，甚至遗体都落得“在床上六十七日，尸虫出于户”[4] 的悲惨下场，而宋襄公让贤的仁举必然会赢得诸侯国的肯定与本国人的赞扬。但剖析史料可以发现，宋襄公的仁举似乎更多为的是沽名钓誉赢得虚名，或者说他的仁义其实也有功利性，只做那些对自己当上中原霸主有利的仁义之事。在《史记·宋微子世家》中有一条重要线索，即“（宋桓公）未葬，而齐桓公会诸侯于葵丘，襄公往会”，自己父亲兼前代国君还未来得及下葬，宋襄公就去参加诸侯国会盟，试问如果真的是一个仁义之君，怎会做出这种不可思议之事？

不过，宋襄公倒是给齐桓公留下了良好印象。《史记·齐太公本纪》载，齐桓公晚年时无力解决诸子争权问题，在和管仲商议后“属孝公于宋襄公，以为太子”，将当时还是太子的齐孝公托付给宋襄公。宋襄公八年(前643)冬十月,齐桓公薨逝,国内的五位公子争夺王位,齐国一片混乱,其中之一的公子无诡胜出。至转年(宋襄公九年,前642)三月,不会错过这次扬名机会的宋襄公率诸侯兵护送太子昭伐齐,害怕的齐人杀掉无诡迎接太子昭继位。太子昭继齐王之位后,地位一度不稳,其余四位公子在宋军返回后又将太子昭赶回宋国,这就有了宋襄公二次出兵伐齐,于当年五月"败齐四公子师而立太子昭,是为齐孝公",在一切稳妥后,宋襄公又将早已腐烂得不成样子的齐桓公遗体下葬,算是真正做到了"受人所托,忠人之事"。

平定齐乱算是宋襄公称霸过程中的一个插曲,他的表现尚佳,将信义与承诺作为处理外交关系的准则,这也是他一直以来所奉行的仁义规则为自己赢得的最大一次虚名,但这对改变宋国弱小的国力没有帮助。宋国都城在今河南商丘,国土面积大致相当于多半个河南省,在诸侯国中类似于郑、卫、鲁,以一个二流诸侯国的身份存在。但从地理位置上来看,这个二流诸侯国特别重要,即使到了今天,无论北上南下,或是东迁西进,河南省都是必经之地,这就让宋国不可避免地成了兵家必争的要冲之地。当时的宋国处于一种强邻环伺的境地,北方有齐国,南方有强悍的楚国,向西会有晋国阻隔,这三个诸侯国都是当时的大国强国,即使不讲仁义,宋国本身都很难做大做强成为诸侯霸主。在这种情况下,理性统治者应该采取平衡外交策略,灵活交好各方势力以谋求自身的发展,而绝不是打算当"出头鸟"争当霸主,特别是还打算用仁义的手段来争霸,但固守当初齐桓公留下的规则的宋襄公显然并不这么认为。

《史记·宋微子世家》载,宋襄公十二年(前639)春、秋两季，宋襄公先后以霸主的身份在今河南汝阴、睢县举行诸侯会盟，史称“鹿上之盟”和“盂之盟”。其中“盂之盟”举行前夕，目夷警告“小国争盟，祸也”，一心想当霸主的宋襄公没有听从。另据《春秋公羊传》记载，鉴于宋襄公执意要去，目夷又提醒“楚，夷国也，强而无义，请君以兵车之会往”，但宋襄公以霸主自居，认为带兵车前往等于是自己破坏诸侯会盟规则，所以依旧拒绝。结果正如目夷担心的那样，因为缺少兵马护卫，宋襄公在盟会上轻易地被楚人所俘。楚人挟其为质攻打宋国，至冬季才在其他诸侯国调停下将其释放。两国交锋尚且不斩来使，何况在会盟上直接抓捕他国国君，楚国的行为确实卑劣，但是在当时的环境下，没有任何一个诸侯国具备主持正义的实力，能在调停下救出宋襄公已是大为不易。通常来说，经历此等“不讲武德”的事件后，宋襄公应当吸取教训，考虑一下自己的仁义与当下局势是否格格不入，特别是对待楚国这种卑劣诸侯国的态度应该有所改变，但事实上并不是这么回事，宋、楚双方很快因郑国问题爆发了战争，宋襄公因为他的仁义付出了生命的代价。

宋襄公十三年(前 638)冬十一月，两国在泓水(今河南柘城北)展开会战。宋军人数逊于楚军，在楚军渡水之时，目夷建议即刻对半渡的楚军展开攻击，襄公不听；楚军尽数过河后尚未排好阵势，目夷又建议发动攻击，襄公还是不听。直到楚军排好阵势后宋军方才接战，结果不出意外，“宋师大败，襄公伤股。国人皆怨公”。直到这时，受伤的宋襄公依旧倔强地坚持“不鼓不成列”的原则，认为君子不能乘人之危攻打没有排好阵势的军队，气愤的目夷立刻反驳道：“必如公言，即奴事之耳，又何战为(既然如此直接去当奴隶吧，何必还要打仗)?”第二年(宋襄公十四年，前637）夏，宋襄公因伤重不治，带着他固守的仁义和称霸的理想去世。

（三）

战争，原本就是你死我活的事情，向来都以血腥残酷著称，残酷到何种地步，生活在春秋战国之交的墨子在其著作《墨子·非攻下》中有一段描述：

> 入其国家边境，芟刈其禾稼，斩其树木，堕其城郭，以湮其沟池，攘杀其牲牷，燔溃其祖庙，刭杀其万民，覆其老弱，迁其重器。

看这段战争描写，可以用“席卷”二字概括：除了杀人，能抢则抢，不能抢的则全部毁掉，总之不给敌人留下一针一线，因为这是战争，不比输赢，只论生死。但宋襄公至死也不明白这个道理，在已经步入转型期的时代，还幻想着周天子强力统治之下的君子之战，这实在是有些搞笑了。宋襄公的做派，像极了中世纪的欧洲骑士，必须堂堂正正地和对手过招，拒绝一切偷奸耍滑的行为，敢于和强者交锋，同时同情弱者，更不会去残害妇孺，但如果遇见不讲武德的人，就必定会吃大亏的，更何况这位骑士本身的武艺并不出众，那么仁义就更加成为拖累自己的桎梏。假使讲求仁义精神的是晋文、楚庄，或许真的可以通过仁义来坐上霸主之位，但宋襄公却不行，因为他身后没有一个强大的宋国做支撑，容不得如此“任性胡来”。需要说明的是，司马迁对于宋襄公的评价尚可，他在《史记·宋微子世家》的末尾给出“襄公既败于泓，而君子或以为多，伤中国阙礼义，褒之也，宋襄之有礼让也”

的评价，大意是说在当时诸侯国不再重视礼义的背景下，宋襄公依旧保持着礼让的精神，哪怕泓水一战兵败丧命，也是值得君子对其赞扬的。

宋襄公的故事对今天也有借鉴意义：在纷繁复杂的国际环境中，只有自身强大才是硬道理。在贵族精神远去的时代，德国铁血宰相俾斯麦的那句名言永不过时——决定历史命运的不是议会的投票箱，而是铁和血。

注释：

1《孟子·尽心下》

2《公羊传·桓公十年》

3《战国策·赵策三·赵惠文王三十年》

4《史记·齐太公世家》

楚庄王的霸主路

如果按某些学术观点将南方的吴王阖闾与越王勾践排除在五霸之外的话，楚庄王熊侣则是最后一位登场的春秋霸主。他在位二十三年（前613至前591），以南蛮身份饮马黄河问鼎中原，取得了辉煌的武功，让楚国在他统治时期达到了顶峰。

（一）

如秦始皇统一天下得益于“奋六世余烈”的前人红利一样，从楚庄王的五世祖楚武王上位（前741）算起，至楚庄王在位最后一年（前591），这一百五十年是楚国国力的上升及鼎盛期，这一时期的历任楚君表现均可圈可点。

公元前741年，楚武王熊通通过政变成功夺位，他在位期间扫荡周边小国，并于第三十七年（前704）在周王室拒绝册封的情况下自立为王，自称“楚武王”，将自己提升到和周天子平起平坐的位置，开诸侯国国君称王之先河。公元前690年，其子楚文王继位，第二年挥兵北上攻打申国（大致今河南南阳的唐河、白河流域），在途经邓国（今河南邓县）时被拒绝入境借道，邓人甚至狂妄地说道“楚王易取”（《史记·楚世家》，以下引文凡无注明皆出于此），后来邓国为自己的狂妄付出代价，被楚军所灭（文王十二年，前678）。楚文王在位的第六年（前684）又率军讨伐蔡国，俘虏蔡哀侯而还。由于楚国不断四处扩张，以至于“陵江汉间小国，小国皆畏之”，至文王十一年时（前 679）时“齐桓公始霸，楚亦始大”，即在齐桓公成为春秋霸主的同时楚国亦在楚文王的征战下快速崛起。

楚文王之子、亦是楚庄王祖父的楚成王继位后，楚国版图已经达到千里，成了南方首屈一指的大国。鉴于此时的楚国依旧有实无名，成王“布德施惠，结旧好于诸侯，使人献天子”，面对成王的主动示好，认清现实的周天子最终认可了楚国的存在，授予楚国“镇尔南方夷越之乱，无侵中国”的任务。楚成王时代，正是齐桓、宋襄、晋文交替称霸的时代，他与三位霸主均有过交锋，结果一平一胜一负。成王十六年（前 656），五霸之首的齐桓公率军伐楚，这也是齐、楚两大国的首次正面冲突。成王以将军屈完御敌，屈完对齐桓公言道“君若以力，楚国方城以为城，汉水以为池，虽众，无所用之”[1]，最后果如屈完所说，齐桓公在无法击败楚军的条件下选择和谈。齐、楚和谈后各自罢兵，表面上是齐桓公遏制了楚人向北发展的势头，实则楚国毫发未损。而且更关键的是，连齐桓公自己也没想到，此次出师伐楚在暗地里连所谓的政治资本也没有捞到。由于齐国势力过于强大，已经引起周天子的忌惮，周天子使人告郑文公“吾抚汝以从楚，辅之以晋，可以少安”[2]，即打算联络平素里被称为“蛮夷”的楚国以暗中制衡齐国。这对于打着“尊王攘夷”旗号的齐桓公来说真的是莫大的羞辱，只是齐桓公本人并不清楚罢了。至于楚国，在此之后又相继灭了黄、英等淮南地区的小诸侯国，进一步扩充疆域。

齐桓公死后诸子争权，国内大乱，其建立的政治秩序随之瓦解，宋襄公率军赴齐平乱，扶持新君。借着稳定齐国的政治资本，襄公打算乘机而起成为新的霸主，这就不可避免地要和楚国发生冲突。成王三十四年（前638），楚成王率军与宋襄公于泓水交战，由于宋襄公本人的愚蠢迂腐，楚军取得大捷，“射伤宋襄公，襄公遂病创死”。成王唯一一次败绩就是于第四十年（前632）的城濮之战中败给了晋文公，但城濮之战的楚军指挥官是违背成王意愿、不顾一切都要和晋军一战的将军子玉，并非成王本人。但遗憾的是，此战失利的楚成王也失去了称霸的资格。同时我们可以看到，晋文公仅凭败楚一战便成为霸主，也反衬出当时楚国的强大。另外尽管城濮之战失利，但楚国国力并未大损，此后继位的楚穆王依旧不停地对周边小国用兵，其中穆王三年（前623）灭江（在今河南正阳县西南）；四年（前622）灭六（在今安徽六安）、蓼（在今河南固始）。

（二）

至楚庄王继位后，他称霸的外部条件要好于前面几位先王。众所周知，古往今来凡是取得巨大成就的人，时代机遇和个人努力缺一不可，前者的重要性甚至还要优于后者。对比先前其他几位春秋霸主，齐桓公称霸过程较长，他打着“尊王攘夷”的政治主张，出兵救燕援卫驱逐蛮夷狄戎维持中原秩序，最终得到各国钦佩，心甘情愿奉齐桓公为霸主；晋文公称霸时间虽短，但也必须在城濮一战中击败强大的楚军后才获得周王室的认可；而楚庄王的称霸简单多了，甚至简单到条件模糊。他继位时，此前的各大国均处于衰弱期，此时齐桓公已经去世三十年、宋襄公去世二十四年、晋文公去世十五年、秦穆公去世八年，而后来的吴王阖闾与越王勾践还要再过几十年才出生。即是说楚庄王在位时的中原天下已经没有了能够匹配的强悍对手,既不用复刻齐桓的政治主张,也无须像晋文城濮那样要展开一场镌刻史书的大型会战,楚庄王攻打的郑国、宋国原本就是小国弱国,其实力在楚军面前不堪一击,这是他能够称霸的最重要的原因。

不过,外部没有强敌不代表楚国没有困境,庄王继位初年"楚大饥,戎伐其西南,至于阜山,师于大林。又伐其东南,至于阳丘,以侵訾枝。庸人帅群蛮以叛楚"[3],内部先是粮荒灾害,庸人又联络戎蛮前来侵犯,此时的楚庄王却荒废国事日夜享乐。可依据现存史料来看,楚庄王只是短时期内颓废,并不是一个彻头彻尾的昏君,他和昏君最大的不同就是虚怀纳谏且知错就改,所以在大臣伍举、苏从的劝诫下能够幡然觉醒,"乃罢淫乐,听政,所诛者数百人,所进者数百人,任伍举、苏从以政,国人大说",在稳定了内部局势后开始了一鸣惊人的霸主人生。此后的楚庄王每隔几年就要发动一次战争,这些战事无一败绩,证明他的军事指挥能力不在其祖父楚成王之下。《史记·楚世家》载,觉醒后的楚庄王当年(前 611)就灭亡了庸国。灭庸后,楚庄王开始北上参与中原逐鹿,六年(前 608)时伐宋国,得到五百辆战车;八年(前 606)时讨伐陆浑戎,楚军抵达周都洛邑并于郊外阅兵,楚庄王向周天子的使臣询问象征着周王室权威的周鼎重量,言外之意就是想和周天子较量下权威,庄王甚至轻蔑地说道"楚国折钩之喙,足以为九鼎(楚国只要销毁刀剑上的刃尖便可以铸成九鼎)";十三年(前 601)时灭亡了舒国;十六年(前 598),楚国讨伐陈国,杀了原陈国叛臣夏征舒。

楚庄王十七年(前 597),楚庄王率军包围郑国,三个月攻下郑都。在围郑之时,晋国出兵增援,两军在邲地(今河南荥阳北)

展开大战。晋、楚两国争霸中原，郑国的地理位置对两国而言都极为重要。郑国地处黄河以南的中原中心地带，一方控制了郑国，就等于遏制了另一方称霸中原的道路。所以这场邲之战成了继城濮之战后第二次决定两国国运的大型会战。《左传·宣公十二年》中记载了该战详情：晋军渡过黄河而来，楚军则早已严阵以待，适时出击将晋军击败。此时晋军前折于楚，后临黄河，主将荀林父心中慌乱，竟将继续组织抵抗的将令误传为“先济者有赏”，结果晋军上下混乱，一齐涌向河岸抢渡逃命，甚至为争抢上船名额还相互厮杀，先上船者不断挥刀砍向扒着船沿的士兵，以至船中断指多得可以捧起一大把来。最终楚庄王大破对手，一洗先代城濮之战失败的耻辱，将晋人势力逐出中原，奠定了“春秋五霸”的地位。

《韩非子·有度》载楚庄王前后“并国二十六，益地三千里”，当代学者徐少华在其著作《周代南土历史地理与文化》中考证出了当时的楚国疆域：

> 北线大约沿伏牛山、外方山至郏（今河南郏县）、栎（今河南禹州）、召陵（今河南郾城东）一线（今北汝河、沙河一线）而东至谯、夷于萧，其间的沈、顿、蔡、胡等作为属国而外，汝颍的大部分地区都被纳入了楚国的疆域之内。

除了扩大疆域，楚庄王还有一些值得称赞的地方，譬如他的知人善任。类似齐桓公重用管仲、鲍叔牙，晋文公重用赵衰、狐偃一样，楚庄王以孙叔敖为楚相治国，君臣二人关系融洽相得益彰。司马迁在《史记·循吏列传》提到孙叔敖任国相期间“施教导民，上下和合，世俗盛美，政缓禁止，吏无奸邪，盗贼不起”，他治理下的百姓“各得其所便，民皆乐其生”，也正是由于孙叔敖的政绩“故使庄王功迹著乎竹帛，传乎于世”[4]，另《史记·滑稽列传》亦有“孙叔敖之为楚相，尽忠为廉以治楚，楚王得以霸”之语。再譬如为了延续楚国的霸业，楚庄王十分重视对太子的教育，要将太子培养成一个饱学之士。《国语·楚语·申叔时论傅太子之道》中专门记载了太子需要学习的书单，包括《诗》《书》《礼》《乐》《易》《春秋》等一批儒家经典。遗憾的是，后来太子即楚共王在和晋人的作战中被箭矢意外伤到眼睛，他在位期间的楚国在争霸中也逐渐处于劣势。

通过上述史料可看出，关于楚庄王乃至春秋时期楚国的事迹，《史记》中记载寥寥，很多都要靠《左传》等其他史料加以补充。总的来说，楚庄王本身处在一个十分宽松的外部环境下，继而又在前人基础上励精图治，为楚国的发展和强大做出巨大贡献，使楚国于他在位期间达到了国力顶峰，也让他本人成为了春秋时代最后一位实至名归的霸主。

注释：

1《左传·僖公四年》

2《左传·僖公五年》

3《左传·文公十六年》

4《吕氏春秋·情欲》

贵公子的复仇路

《史记·伍子胥列传》是司马迁倾注感情较多的一篇，伍子胥在历史上有一定名气，和同时期越相范蠡见于多种史料相类似，《史记》之前的《左传》及之后的《吴越春秋》《越绝书》都有关于伍子胥的记载。但从成王败寇及后世封圣的角度来看，伍子胥的名气远不及同为心腹谋臣的越相范蠡。不过，司马迁因其个人经历，凡是忍辱负重的历史人物都在他的笔下得到“优待”。故而范蠡生平事迹被混入《史记·越王勾践世家》中，反倒是不得善终的伍子胥有传，甚至还获得独立列传的资格。简单来说，基于同病相怜的共情心理，司马迁其实是在以自己的人生体验来塑造伍子胥这个人物形象，该传通篇都在讲一件事：隐忍复仇。

（一）

首先来说，伍氏家族在楚国世代为官，伍子胥的曾祖父伍参、祖父伍举都曾效力于春秋五霸之一的楚庄王，《史记·楚世家》与《左传》中亦有关于二人的记载。楚庄王继位后的三年间不出号令，日夜为乐，甚至下令“有敢谏者死无赦”[1]。但伍举以一只不鸣则已一鸣惊人的大鸟为喻，和另一位谏臣苏从成功唤醒了庄王的雄心壮志，庄王“任伍举、苏从以政，国人大说。是岁灭庸。六年,伐宋,获五百乘”[2],取得了一系列的军事胜利。楚庄王十七年(前597),楚庄王率伍举之父伍参及令尹孙叔敖攻郑,在完成既定军事任务后的退军途中遭遇晋国援军,孙叔敖和伍参就是否对晋军开战发生分歧,孙叔敖不想轻开战端,而伍参准确分析了晋国因执政的高层更换人选导致指令传达混乱的弱点,建议楚庄王回军击晋,庄王表示同意,结果大败晋师于河上。《左传·宣公十二年》中有更详细的战事记载,双方战至黄昏时晋军开始抵挡不住,“晋之余师不能军,宵济,亦终夜有声”,剩余的士兵无法组成建制,渡河撤退时喧吵了一整夜,已无战斗力可言,连中军帅荀莹都被楚军俘虏。楚灵王继位后,于第三年(前538)和诸侯会盟订立盟约,事后面露骄色,伍举又以上古的夏桀、商纣等事例告诫灵王需提防诸侯背叛。上面的事例都可看出,伍氏家族均以直言敢谏著称,包括伍子胥的父亲伍奢同样如此,伍家人历来忠心耿耿为国效力,但楚平王的做法着实让人寒心。

伍子胥叛楚,肇起于楚国迎娶秦国女人:楚平王让少傅费无忌赴秦国为太子建娶亲,费无忌见秦女貌美,便劝平王自纳,因而得罪了太子建。出于将来太子继位后会秋后算账的恐惧,费无忌一不做二不休,不断向平王进谗说太子建和太子太傅伍奢密谋造反。通常来说,外人向老子告发儿子属于疏不间亲,根本就是毫无意义,但若是发生在王室之中那就另当别论,尤其楚平王“以诈弑两王而自立”[3],自己当初就是通过害死兄弟的方式夺得王位继承权的,所以对篡位这种事更加敏感多疑,本着宁可信其有不可信其无的态度派人处决太子建。结果太子建闻讯逃到宋国,伍奢被抓来拷问。“王独奈何以谗贼小臣疏骨肉之亲乎?”[4]“君一过多矣,何言于谗?”[5] 伍奢为人和其先祖一样耿直敢谏,此时的他不顾个人安危,依旧大义凛然地批评平王偏听偏信小人谗言,因而被坐实了谋反罪。

伍奢两个儿子伍尚与伍子胥都很有才干,用费无忌的话说就是“不诛且为楚忧”(《史记·伍子胥列传》,以下引文凡无注明皆出于此),也在通缉之列。平王放出消息,向外逃的伍尚、伍子胥隔空喊话:“来,吾生汝父;不来,今杀奢也。”伍奢对于两个儿子的评价是兄弟二人有着完全不同的性格:伍尚“为人仁,呼必来”;伍子胥“为人刚戾忍訽,能成大事,彼见来之并禽(擒),其势必不来”。结果确如伍奢所料,兄弟二人就是逃是回各抒己见:兄长伍尚思想包袱重,在他观念里逃走固然自己能够求生,可必然会害了父亲,这是万万不能接受的。相反事情在最终结果出来前所有的推断都只是可能性的一种,即使楚平王扯谎的可能性很大,但他毕竟是一国之君,言而无信会受到舆论指摘。所以伍尚还是想抱着他会遵守诺言的希望回去,哪怕这个希望只有万分之一。相比于仁厚的伍尚,伍子胥看穿了楚平王“以父为质,诈召二子”的用意,当机立断决定先逃走保命,然后再去他国借力报仇,否则一旦回去必定是父子俱死的下场。伍尚虽然不同意和兄弟一起走,但他明白“鸡蛋不能放在一个篮子里”的道理,所以支持伍子胥独自逃亡,告诉他“可去矣!汝能报杀父之仇,我将归死”。司马迁在这里所收录的两兄弟对话就像是一个人在犹豫不定时从头脑中冒出的两种针锋相对的声音,一个务虚追求孝道名节,一个务实选择保命再行复仇,最后两人各行其是。从兄弟二人分道扬镳的那一刻,伍子胥注定要走上一条为父为兄报仇的艰辛之路,按照《史记·楚世家》中的时间记载,这一年是楚平王六年，即公元前 523 年。

逃亡注定是场颠沛流离的旅程，伍子胥和太子建结伴逃亡，先后来到宋国、郑国和晋国。在晋国，晋顷公劝太子建返回郑国做内应，等里应外合灭掉郑国后分土地给太子建。太子建当即同意结盟，于是又返回郑国刺探军情。后来他当间谍的事被发现，随即遭到郑人处决，伍子胥只能带上太子建的儿子胜继续流亡，打算到吴国去。从郑国到吴国必须再次横穿楚国，两人在楚国边境的昭关（今安徽含山北）遇险，过昭关的经历后来被改编成京剧《文昭关》，留下了“伍子胥过昭关，一夜愁白了头”的歇后语。《史记》中记载，伍子胥和胜跑到江边，面对即将赶上来的追兵，幸亏被江边的渔父搭救才得以脱险。为感激救命之恩，伍子胥将自己的佩剑相送，但被渔父拒绝了。或许是在昭关惊吓过度，脱险后的伍子胥“未至吴而疾，止中道，乞食”，这个昔日贵族公子连吓带病，已经落魄到需要乞讨食物的境地。这个时候莫说报仇，连自己的生存都是一个大问题。于《史记》后面出现的史学著作《吴越春秋》和地方史《越绝书》也记录了伍子胥逃亡过程中的落魄经历，或许是出于增强文学色彩，两部作品对这个逃亡故事进行了创造性添加，追加了渔父与一位赠予食物的浣纱女为掩护伍子胥行踪而自尽的剧情，为他的逃亡过程增加了曲折性和悲壮性。如果我们站在后来伍子胥大仇得报的时间点回看他逃亡的这段凄惨经历，其实就是一个“苦其心志，劳其筋骨，饿其体肤，空乏其身”的过程，若没有这个艰苦过程，即使大仇得报，伍子胥也不会作为一个复仇标杆激励后世忍辱负重者。依据《吴越春秋·王僚使公子光传》载，伍子胥抵达吴国是吴王僚五年，即公元前 522 年。

(二)

伍子胥抵达吴国后，便开始劝说吴王僚攻打楚国。但他遇到了一个阻碍——吴国宗室成员、野心家公子光。“伍胥父兄为戮于楚，而劝王伐楚者，欲以自报其仇耳”，公子光一语道破了伍子胥的私心，但伍子胥也发现了公子光“有内志，欲杀王而自立”。两人如高手过招，很快便洞悉对方想法，进而由对立转为合作。但对伍子胥而言，合作比单纯有目标的逃难要复杂许多。试想，要报仇就必须放下仇恨先帮助野心家实现他的野心，这是一次巨大的人生赌博，谁敢保证公子光就一定能顺利夺取王位？当初的太子建就因行事不密搭上了性命，即使夺权成功了，谁又敢保证公子光会遵守承诺为自己的私怨和实力在南方首屈一指的楚国交兵？我们不清楚伍子胥当时是怎么谋划的，因为无论怎样的谋划也不及变化，既然如此，那就“走一步看一步”吧。为了吸取太子建在郑国的教训，在向公子光推荐勇士专诸后，伍子胥“退而与太子建之子胜耕于野”，不参与任何吴国政事，老老实实地当一个农夫安心耕作，这一耕就是七年。这期间仇人楚平王去世，伍子胥听说后也只是“坐泣于室”。

吴王僚十二年(前 515)，公子光终于盼来了行动的时刻。他设局请吴王僚赴宴，派勇士专诸刺杀了吴王僚，顺利登上王位宝座，是为吴王阖闾。据《吴越春秋》记载，此后伍子胥又推荐了另一个勇士要离，为阖闾刺杀了身在别国的吴王僚的儿子庆忌。因两番推举勇士之功，阖闾“乃召伍员(伍子胥)以为行人，而与谋国事”。阖闾询问成为霸主之策，伍子胥答曰：“凡欲安君治民，兴霸成王，从近制远者，必先立城郭，设守备，实仓廪，治兵库。斯则其术也。”直到此时，伍子胥还都是以一个尽职尽责的吴臣身份登场，想报仇，提升吴国实力才是首选。在给出强国建议的基础上，他还向阖闾推荐了名将孙武。又过了三年，军备齐全的吴国才正式对楚作战。阖闾三年（前512）“乃兴师与伍胥、伯嚭伐楚，拔舒”；四年（前511）“吴伐楚，取六与灊”；六年（前509）楚军反攻吴国，伍子胥领兵抵御，“大破楚军于豫章，取楚之居巢”。至阖闾九年（前506），吴王阖闾在伍子胥和孙武的劝说下联合唐、蔡两国攻入楚国国都郢都。

《礼记·曲礼》载“父之仇弗与共戴天，兄弟之仇不反兵”，就是说对于杀父仇人，必须与他拼死活直到为父报仇；对于杀害兄弟的仇人，要随时携带武器遇见就杀。此时楚平王已经去世多年，继位的楚昭王也在郢都被攻破前逃走，伍子胥“乃掘楚平王墓，出其尸，鞭之三百”。试想一下，从当初和兄长伍尚分开开始，到四处奔逃昭关遇险乞食于道，从来到吴国后的退而耕于野到推荐专诸帮助公子光上位，从给出强吴国策再到数载的对楚战争，历时十数年的艰辛苦难，为的就是这一刻替父兄抽上这三百鞭子。想必三百鞭后，伍子胥一定是虚脱到瘫在地上的状态，不只是因体力透支，更是一种精神紧绷十余年后的释放与解脱。《吴越春秋·阖闾内传》中还提到，自己复仇成功后的伍子胥没忘给太子建复仇，他随即挥师攻入郑国境内，直到当初救下自己的渔父之子出面求情，这才放郑君一马。

伍子胥的复仇结束了，但《史记·伍子胥列传》中的复仇故事还在继续。先是吴王阖闾在与越王勾践交战时被越军射伤脚趾，因伤口感染不治。临终前的阖闾嘱托太子夫差为自己报仇，让太子时刻牢记“尔忘句（勾）践杀尔父乎”的话。夫差继承王位后积极备战，于两年后大败勾践。伍子胥建议趁此时除掉勾践，但夫差听从了已被勾践暗中收买的太宰伯嚭建议纵虎归山，勾践先在吴国当奴隶，两年后被释放回国。“越王为人能辛苦。今王不灭，后必悔之”，“此人不死，必为吴患”，这是伍子胥两次对越王勾践的评价，尤其是第一次的“能辛苦”，这也是当初自己的真实写照，所以他对和自己有着类似性情的人有着天生的敏感和警惕，可自认为大仇已报的夫差置伍子胥的屡次进谏于不顾，对越国放松了警惕，反而在伯嚭的怂恿下进攻齐国。伍子胥预见到将来吴国必被越国所灭，便将自己的儿子提前送到齐国，这件事被伯嚭抓住把柄，不断向夫差进谗，于是乎夫差命令伍子胥自杀。可惜伍子胥一辈子都在报仇，临到最后却重新走上了父亲的老路。而回国后勾践励精图治，卧薪尝胆，经过二十多年的苦心经营，终于大败吴军，逼得夫差自杀身亡，一雪在吴国为奴之耻。这时距离伍子胥自杀已有十二年，勾践这个伍子胥的同类也终于完成了自己的复仇。

伍子胥的复仇故事，其实正应了比他略晚的孟子关于君臣关系的名言——“君之视臣如手足，则臣视君如腹心；君之视臣如犬马，则臣视君如国人；君之视臣如土芥，则臣视君如寇仇。”[6]既然楚平王听信谗言，视骨肉亲情于无物，视伍氏父子为土芥，那么伍子胥忍辱负重引吴兵灭楚也在情理之中，特别是先秦时代为血亲复仇乃是天经地义之事，不能以后世的“汉奸”来下定义。伍子胥的同僚兼好友孙武，以一本《孙子兵法》做到了名垂千古、享誉世界。但和先前提到的范蠡类似，孙武在《史记》中只是和战国军事家吴起合传，且只有很短的一段关于练兵的文字记载，相反伍子胥却享受了被大书特书的独传资格。司马迁对伍子胥的评价非常高，称他“弃小义，雪大耻，名垂于后世”。伍子胥报仇一事在《史记》之前的《左传》中便有记载，只是《左传》仅客观交代事件，没有逃亡过程中的惊险记述以及攻入郢都后的掘墓鞭尸，司马迁之所以将这些情节加进去，实质上这是借伍子胥之故事浇胸中之块垒。李景星在《史记评议》中提到《伍子胥列传》：“太史公满腹怨意亦借题发挥洋溢于纸上，不可磨灭矣。以伤心人写伤心事，哪能不十分出色？”

伍子胥为人刚烈，司马迁亦刚烈，因直言受宫刑之辱，为完成《史记》巨著而忍辱，这何尝不是另一种“弃小义，雪大耻，名垂于后世”的复仇方式。所幸，两个人都成功了。他们伟大的壮举，最终让他们本人“名垂于后世”。

注释：

1、2、3《史记·楚世家》

4、5《左传·昭公二十年》

6《孟子·离娄章句下·第三节》

治国经商"两开花"

在动荡的春秋时期，范蠡是一个风云人物，《史记》之前的《国语》，之后的《越绝书》《吴越春秋》中都有关于他的大量记述，其过人谋略以及功成身退的智慧深入人心。范蠡的人生基本分为两部分：前半生从政治国，用二十二年的时间协助越王勾践从亡国之君跻身春秋霸主之一；后半生弃官经商，十九年之内三度家累千金，被后世尊为"商圣""文财神"。他治国与经商所展现的思想认知及成功经验值得后人学习。

（一）

吴、越两国地处长江三角洲地带，大致相当于今天江苏、安徽、浙江三省南部及江西省东北部一带的地区。两国有着密不可分的关系，时常被并称为"吴越"，在《吕氏春秋》中就有"夫吴之与越也，接土邻境""习俗同，言语通"的记载。至东汉时，出生于越国国都会稽（今浙江绍兴）的学者赵晔书写家乡历史，为两国作《吴越春秋》一书，其中的《夫差内传》也提到"且吴与越同音共律，上合星宿，下共一理"，即不管是文化语言还是社会习俗，甚至是追溯到上古时期的种族部落，吴和越都是相通的。

进入春秋时代后，吴、越两国迅速崛起，吴王阖闾与越王勾践都是有作为的君王，其中阖闾于公元前506年重用孙武、伍子胥两位名将，他们率军攻破楚都郢都，首开春秋时期攻占大国都城的先例。此役几乎致使楚国亡国，借着这次功勋，阖闾得以跻身于春秋五霸之一。而此时的越国也在迎头赶上，所谓卧榻之侧岂容他人鼾睡，即使两国再同种同源，阖闾也不会允许有后来居上之势的勾践存在，战争已不可避免。

越王勾践元年（前496），吴王阖闾发动对越国的战争，在战斗中被越人射伤不治，临终前嘱托儿子夫差为自己复仇。此后，除了争夺霸主之外，两国战争又多了一个君王之间杀父之仇的理由，更加无法和解。接下来的两年中，夫差“日夜勒兵，且以报越”（《史记·越王勾践世家》，以下引文凡无注明皆出于此），与当初阖闾类似，得知消息后的勾践不想给夫差强大起来的机会，不听范蠡劝阻，决定先行出兵伐吴，结果反被夫差所败，被迫“乃以余兵五千人保栖于会稽”。当时被吴军团团包围在会稽山的勾践只有两条路：要么以死相拼落得一个宁死不屈的名声，但如此一来越国必定为吴国所吞；要么向夫差俯首称臣苟且偷生。范蠡劝勾践忍辱负重选择后者。吴国太宰伯嚭贪财好色，勾践以此为突破口，以美女宝器贿赂伯嚭，在伯嚭的劝说下，夫差同意不去剿灭越国，但条件则是勾践与夫人及范蠡三人要到吴国做奴隶。就这样，勾践将越国国政交给大夫文种，自己和夫人、范蠡以奴隶的身份为吴王效力了近三年。

这三年，是屈辱到尘埃中的三年，曾经是一国之君的勾践穿着佣人的短裤，戴着樵夫的头巾，他的夫人也穿着没有花边修饰的佣人裙服，二人每天在夫差的眼皮底下干着铡草、养马、除粪、洒扫等奴隶工作，勾践本人“三年不愠怒，面无恨色”[1]。某次夫差生病，三月不愈，勾践就每天观察甚至去尝夫差的粪便，根据粪便的颜色和味道来判断病情。如此卑躬屈膝的样子，让夫差对勾践没有了任何戒心。越王勾践七年（前 490），在“甘心”当了三年奴仆后，越王勾践和范蠡摆脱了战俘的身份，被吴王开恩放归回越。值得一提的是，在这期间的范蠡曾入夫差“法眼”，夫差有意让其为自己效力，范蠡不敢直接拒绝，只是放低姿态地回答“蒙大王鸿恩，得君臣相保，愿得入备扫除，出给趋走，臣之愿也”[2]，夫差见范蠡确是忠臣，也没有为难他。

（二）

所有的一切都是演戏，为的是有朝一日能回到越国。现在回来了，下一步就是复仇。回国后的勾践每日卧薪尝胆志在复仇。但卧薪入眠也好，尝胆明志也罢，这是态度上的表示。越国已经残破不堪，想复仇，兵力从何而来，支撑战争的财政又从何而来，这就涉及正确的养民蓄力手段，而这在当时是一项技术工作。此时身为越国国相的范蠡还很年轻，同样欠缺治国经验，但他虚心向当时的经济学家计然求教，与其一并辅佐勾践。《史记·货殖列传》中也提到勾践“乃用范蠡、计然”，这两位人才也成了勾践复国乃至复仇的左膀右臂。

计然，又名计倪，宋人。相传其博学多才无所不通，尤善计算。经常遨游于山海湖泽，在南游越国时收范蠡为徒。针对勾践想要复仇的想法，计然指出：

> 兴师者必先蓄积食、钱、布帛，不先蓄积，士卒数饥，饥则易伤。[3]

钱粮布帛等物资储备不会凭空而出，包括越国人口数量也不会突然暴增，这一切都需要合理扩大生产以及聚沙成塔式的累积才可获得。在计然的帮助下，越国出台多项措施，涵盖农业、商业、民生等。透过《史记·越王勾践世家》《史记·货殖列传》《吴越春秋》《国语·越语》等史料，我们来具体看下这些恢复国力的措施。

首先，重视农业生产，加大力度开荒辟土。范蠡进言只有越国的荒野得到开辟耕作，方可使"府仓实，民众殷"。民以食为天，国以粮为本，这是国家复兴的基础，这条措施没有什么新奇，不过范蠡建议勾践"同男女之功，除民之害"，让君王与百姓一同耕作纺织以做表率，拉近彼此距离，勾践自然没有意见。如同民间俗语"饱带干粮热带衣"，在勤劳耕作的同时，计然还提出"旱则资舟，水则资车"的建议，让勾践务必提前储备水车和舟船以防备旱涝灾害。考察各类史料，其中并没有越国因灾祸而导致民有饥色的记载，相反《国语·越语·勾践灭吴》载"民俱有三年之食"，百姓手中平均都有三年的存粮，这就是居安思危、有备无患的效果。

其次，干预市场价格以保证农商俱利。这也不难理解，如果粮食被贱售，就会挫伤农民生产积极性导致粮食减产；同理，商人利益一旦被罔顾，则会影响商品流通效率，同样会波及财政税收，所以必须强制制定粮价区间，才能遏制奸商刁民，均衡农商利益。而粮食价格如果率先得到保证，就能够"平粜齐物，关市不乏"，其他商品价格也可进行抑制调整，关卡税收和市场供应都会得到保障。依据当时物价，计然给出的区间界限是要求越国境内粮食每斗售价"上不过八十(钱)，下不减三十(钱)"。除了粮食,商品对外交易同样要审时度势,计然指出不要久囤那些容易腐坏的商品,也不要滞留大量资金,要通过市场行情的变化来判断商品需求,就类似于今天的股市震荡,商品"贵上极则反贱,贱下极则反贵",商品贵时如粪土一样及时卖出,贱时则如珍宝一样抓紧买入,切勿追涨杀跌。客观地说,在交通、信息不发达的古代,要做到准确判断商品行情是非常不容易的事,《货殖列传》中没有记载计然是如何具体判断的,但在他的指导下越国逐渐富强却是事实,《国语·越语·勾践灭吴》又载"十年不收于国",越国已经可以连续十年不用收取赋税。可见物价调节、商品交易的政策都获得了巨大效益。

最后,也是最为重要的,为了将来能够获得足够的伐吴兵力,眼下必须鼓励甚至是强制百姓生育。《国语·越语·勾践灭吴》中又详尽提到了越国律法对百姓的婚嫁生育作出的林林总总的规定:其一,为了保证百姓尽可能多地生育后代,结婚的男女不能有较大年龄差,要求"令壮者无取老妇,令老者无取壮妻";其二,给适龄男女一定的结婚期限,男子超过二十岁不娶与女子超过十七岁不嫁的,本人连同父母都会被定罪;其三,鉴于当时的医疗条件不发达、婴儿存活率不高的状况,故而"将免(娩)者以告,公令医守之",即令孕妇临产前提出申请,官家会派医官前来指导守护,尽可能避免婴儿夭折;其四,给予生育的家庭物质奖励。生下男孩的家庭可以获得"二壶酒,一犬",生下女孩的家庭可以获得"二壶酒,一豚",如果是生了双胞胎或者三胞胎,官家还会追加食物奖励和配给乳母;其五,对于遭遇子嗣死亡的不幸家庭,政府给予免税政策,以鼓励他们继续生育,嫡子死亡的家庭免除三年赋税,庶子死亡的家庭免除三个月赋税;其六，对于困难家庭或个体，如孤儿、寡妇、重病者，官家负责出钱供养他们的子女。在上述一系列措施之下，越国人口呈不断上升趋势。当初勾践被困会稽山时麾下仅余五千士兵，但当十二年后出兵伐吴时就已经能够组建起一支近五万人的大军，兵力扩充了近十倍之多。

值得一提的是，越国不但要扩充军队增加士兵数量，还要保证战力的提升，为此范蠡也是尽心尽力，不断寻访具备优秀军事技能的人才。金庸先生曾创作短篇武侠小说《越女剑》，其中讲述了范蠡与他邀请来的越军剑术总教官越女阿青的情感故事。这位阿青的历史原型就出自《吴越春秋·勾践阴谋外传》，其云“越有处女，出于南林，越王乃使使聘之，问以剑戟之术”，在越国山林之中隐居着一位精通剑术的女侠客，范蠡将其从山林中请出推荐给勾践，勾践赐其“越女”称号，“乃命五校之队长、高才习之，以教军士”。此外该传中还提到，范蠡又推荐了一个擅长弓弩的神箭手陈音，勾践对其十分欣赏，越军士兵在陈音的教授之下“皆能用弓弩之巧”。后来陈音去世，勾践十分悲伤，将其葬于国都之西的山中，并将该山命名为“陈音山”。在冷兵器作战时代，优秀的剑术与精准的射击技能十分重要。换言之，范蠡有识人之能，为提升越军战力也做出了重要贡献。不只是范蠡，有关人才吸引，勾践本人也做出了一定的贡献。《国语·越语·勾践灭吴》亦载，对于愿意来越国效力的人才，勾践一定要在庙堂之上召开隆重的迎接宴享，表示对人才的尊重。对于人才的日常起居，官家必须做到“洁其居，美其服，饱其食”，给予无微不至的物质照顾。

以上种种政策都从越国的整体和大局出发，全国一盘棋，让经济民生有计划地发展、人口数量持续增长、军队战力逐步提升，这一切得益于范蠡的虚心求教与严格执行。但对于勾践打算出兵复仇一事，范蠡多次劝勾践不要心急，要懂得观察天时与人和，如果吴国无隙可乘，就继续专心安抚教育民众。后因治国成绩显著，勾践将越国彻底托付给范蠡，还说过“不穀（勾践自称，类似“寡人”）之国家，蠡之国家也”。

逐步强大的越国势必会引起吴国关注，首先伍子胥就警告夫差“勾践食不重味，与百姓同苦乐。此人不死，必为国患”。对此勾践早有准备，他那套屡试不爽的虚情假意的表演便又开始了。《吴越春秋·勾践阴谋外传》中提到了几件事：夫差好起宫室，用工不辍，勾践派三千人进山伐木整整一年，将采集的木材统统献给夫差供其大起楼阁。结果夫差为修建宫殿大耗民力，以至于“行路之人，道死巷哭”；夫差喜好女色，勾践寻访民间美女二人，花了三年时间教授各种技能后方才派范蠡献给夫差，其中一位美女就是为后人津津乐道的西施。大喜过望的夫差言道“越贡二女，乃勾践之尽忠于吴之证也”，已经完全被眼前的美色冲昏了头脑；勾践还用阴谋损耗吴国粮食，在归还吴国借出的粮食时故意“拣择精粟而蒸还于吴”，被煮熟过的种子自然无法再次播种，导致“吴种越粟，粟种杀而无生者，吴民大饥”。而对吴国最为致命的一招，便是此前靠重金打通的太宰伯嚭的那条关系线。借由大量行贿，太宰伯嚭不断在夫差面前进伍子胥的谗言，最终伍子胥这个吴国唯一清醒的人被夫差所杀。

越王勾践十四年（前 483），即伍子胥被杀的一年后，勾践打算对吴发动复仇战争，但范蠡觉得时机尚未成熟，让勾践继续等待。转年，吴王夫差率精兵北上与诸侯会盟，国内空虚，只有吴太子和老弱士兵留守。勾践再次向范蠡征询伐吴意见，范蠡表示同意。经过多年的战争准备，越国已经具备了一支可观的军事力量。勾践征调水战士兵两千人、训练有素的士兵四万人、地位较高受过良好教育的近卫军六千人、各类管理技术的军官一千人组成近五万人的伐吴大军攻打吴国。战争胜负显而易见，越军一举攻破吴都（今江苏苏州），“吴师败，遂杀吴太子”。此战后吴国一蹶不振，在与越国的交手中一败再败，最后于越王勾践二十四年（前473）为越国所灭，夫差自杀，勾践“乃葬吴王而诛太宰（伯）嚭”。灭吴后，勾践又北进徐州与齐、晋等大国会盟，并向周王室进贡，顺理成章地成为了春秋时期的最后一位霸主。

（三）

《史记》中有很多为君主赢取天下立下汗马功劳的功臣，这些人一度被裂土封侯享受富贵，但在最后却少有好的归宿。最著名的就是为汉高祖刘邦打下江山的三位功臣韩信、彭越、英布，三人无一善终，包括勾践本人在功成之后也将和范蠡齐名的臂膀文种杀害，而范蠡从一开始就洞悉了勾践的个性。越王勾践二十九年（前468年），在协助勾践成就霸主之业后，深知勾践“可同患难，难共富贵”为人的范蠡选择隐退，即后世传说的“泛舟五湖”，他沿海路坐船至齐地经商，开启了人生辉煌的下半场。

经商与治国，有很多地方是共通的，特别是范蠡的经历更能说明这一点。试想，范蠡任国相时越国恰在最低谷，国君被俘，国家衰败，一切都要从头开始，现今赴齐地经商亦是迁往陌生环境之后的重新创业，都是白手起家。前半生的治国经历已为后半生的经商积累了宝贵经验，后半生经商更可看作前半生治国的“缩小版”，治国尚且能起死回生一转乾坤，何况经商呢？《史记·越王勾践世家》载，范蠡化名鸱夷子皮，和儿子在齐地“耕于海畔，苦身戮力”，很快便“致产数十万”。齐王听说后，便任命范蠡担任齐国国相。李白《侠客行》中的诗句“事了拂衣去，深藏身与名”特别适合形容范蠡的为人，这也是他为后世所钦佩的重要原因。深谙“水满则溢，月盈则亏”道理的范蠡认为久受尊名不是好事，于是“乃归相印，尽散其财，以分与知友乡党”，而后携带珍宝二度辞官隐退。这一次，他来到交通便利的陶地（今山东菏泽），在这里化名陶朱公继续经商，由于沿用治国时“候时转物，逐什一之利”的理念从事经商，即买进卖出严格把控时机以此获取薄利，不久后再次“致赀累巨万”，更难得的是，和在齐地做法一样，范蠡又将挣得财产分予陶地贫苦百姓。试看今天的明星富豪乃至网络红人，其中很多人做慈善的目的之一是为博取名声，用以获取更多的社会舆论支持，匿名做慈善者凤毛麟角。而范蠡却只是单纯的乐善好施，齐、陶两地被接济的人也无从得知“鸱夷子皮”“陶朱公”的真实身份，这种义举也被广为称颂。最后，范蠡以八十余岁的高龄在陶地善终。

范蠡居功至伟，但在《史记》中没有享受到列传待遇，而是仅将其事迹附在《越王勾践世家》之后，司马迁如此安排是有一定道理的：一方面范蠡的前半生与勾践高度重合，他在辅助勾践称霸过程中起到的是建言献策的军师作用，这部分内容已经借助《越王勾践世家》讲述过了，如果将其抽出为范蠡单独列传，那么相应地勾践的记载就要大幅缩水，不符合其作为春秋五霸之一的身份。而范蠡后半生弃官从商，在中国传统社会阶层划分中，这属于由贵到贱自降身份，也不好再为其作传。所以司马迁便将范蠡的两段人生分别记录在《越王勾践世家》与《货殖列传》当中。不过即使如此，也并不影响后世对他的评价，范蠡的治国政策与经商理念，从知识量爆炸式增长的今天来看，其在技术层面未必高明，也不复杂。简单归纳，一是懂得择时，趁吴军主力在外劝勾践果断出击是择时，严控商品买卖时机也是择时，知道何时该出手，该出手时绝不坐失良机，时机未到时亦不盲从。二是时刻关注底层百姓的利益，治国时养民爱民不与争利、经商时拒绝暴利且获利后富行其德散财济众，所以越国可以重新复兴进而称霸，范蠡从商时也会多次家累千金，于国于商都得到了长远发展。天下之事，大巧若拙，可就是这简单质朴的道理，也并非每个人都能领悟。春秋时代虽然距今较远，但范蠡的理念经验、品行善举放到现代社会也依然是一笔宝贵的人生财富，更值得今天的创业者借鉴效仿，发扬光大。

注释：

1、2《吴越春秋·卷七·勾践入臣外传》

3《越绝书·越绝计倪内经》

《道德经》中的治国修身

老子是中国古代最伟大的思想家，他将毕生思想精华浓缩在著作《道德经》中。《道德经》仅五千余字，却开创了古代哲学思想的先河，对两千多年来的思想文化发展产生了极其深远的影响。

关于老子的生平，司马迁收录的记载并不多，只有寥寥五百多字，后来的三家注在原文基础上又增添了大量补充性资料。但不管是《史记》原始记载还是后世的三家注引，都刻意把老子塑造成一个非凡人的形象，特别是三家注还引用了不少东晋葛洪《神仙传》中的玄幻记载来渲染老子的神秘色彩。首先是关于老子的出生，《正义》中说老子的母亲八十一岁时才生的老子，而且还是非常奇幻的“乃割左腋而生”。其次是老子的年龄，《史记·老子列传》载“百有六十余岁，或言二百余岁”，《索引》还具体考证出从老子的生年算起至孔子时就已经一百六十岁了。这个年纪显然也是为增加老子传奇色彩而附会的，但至少能说明他应该是一个长寿的人。老子长寿的秘诀，和他重视回归自然与重在修身养性脱不了干系，而且他对人世间的事看得十分透彻，这份恬淡如水的心态也有助于健康长寿。

《史记·孔子世家》载，孔子曾向老子请教周礼的问题，事后和自己的学生谈起对老子的评价——吾今日见老子，其犹龙邪！

由此我们能够看出，哪怕在圣贤眼中，老子也是神龙一样的存在。孔子和老子谈了什么，《史记》未载，今人根据二人的思想学识杜撰了很多论道的具体内容，无外乎是孔子要坚持恢复周礼，要让礼崩乐坏的动乱天下重新太平，而老子向孔子传授了一种以天地宇宙为生存法则的任性自然无所拘束的思想。临别前的老子又赠予孔子“聪明深察而近于死者，好议人者也。博辩广大危其身者，发人之恶者也”的忠告之语，即一个人非常聪明甚至明察秋毫就有可能惹大麻烦，因为这样的人喜欢背后议论别人；一个人见多识广知识渊博也可能危及自身，因为这样的人喜欢揭人之短冷嘲热讽。孔子在返回鲁国后“弟子稍益进焉”，跟从他学习的弟子就渐渐多起来了。

《道德经》分上下篇，上篇主要讲道，后人称作道经；下篇主要讲德，后人称作德经，上下篇合二为一就成了《道德经》。《道德经》中的第一句话就解释了什么是道：“道可道，非常道；名可名，非常名。”说得出的道就不是永恒的道，叫得出名字的就不是永恒的名字。老子认为，道跟任何具体事物都不一样，没有合适的词来定义它，道生一，一生二，二生三，三生万物，道是万物的本源，事物都是从简单到复杂逐渐分化的。也正是由于老子是第一个提出以道为核心的思想体系的人，于是他又成为中国本土的宗教道教崇拜的神。《道德经》的核心理念，便是今天依然会被提及的道家“无为而治”思想。在讲解“无为而治”前，老子先提出了一个“道法自然”的概念，并给出了一个著名的逻辑关系：“人法地，地法天，天法道，道法自然。”翻译过来就是说人将地作依据，地将天作依据，天将道作依据，而“道”是世间万物的基础。“道法自然”便是指世间万物都应顺乎各自的本性，自然而然地去运行发展，做事情更是如此，要符合客观规律，不可擅自妄行，这才是“道”的依据，所以才要无为之治。只有“无为”才能“无不为”。

类似于随后出现的以“礼治”为政治主张的儒家、主打富国强兵着眼法律效用的法家，“无为而治”在当时也是作为一种道家治国理念而被率先提出的。尤其是在一个时代刚刚由“大乱”转为“大治”、政权刚刚建立百废待兴之时，最需要执行的国策就是无为而治，取代暴秦一统天下的汉朝便是很好的例子。在经历了推翻暴秦以及楚汉相争的数载战乱后，新生的汉朝国力空虚，哪怕贵为天子的刘邦，出行时的御驾都找不到四匹相同颜色的马，大臣们更是只能坐牛车出行。彼时无为而治的思想又被称为黄老之学，汉高祖刘邦、吕后、文帝、景帝等数代执政者均采用黄老之学的理念治国。《史记·吕太后本纪》及《汉书·食货志》载，刘邦在位时“约法省禁，轻田租，十五而税一（只征收十五分之一的收获物作为土地税）”；吕后执政后也以宽减刑罚、鼓励生产为国策，当时“刑罚罕用，罪人是希。民务稼穑，衣食滋殖”；文帝继位后亦“躬修俭节，思安百姓”；景帝时为提高农民生产积极性，朝廷再次削减了半数税收，下诏“令民半出田租，三十而税一也”。文帝之妻窦氏同样是黄老之学的忠实粉丝，在汉武帝继位后的前六年，她以太皇太后的身份临朝，实际执掌朝政。这六年间，窦氏仍主张执行“无为”国策，甚至将信奉儒家学派、讥讽《道德经》的儒生扔进猪圈。在几代人数十年一以贯之的无为而治下，汉朝国力抵达了前所未有的盛世顶峰，也为日后汉武帝扫平匈奴成就霸业提供了强大的物质保障。

除了对治国有帮助，《道德经》中还有很多有益于修身齐家的人生道理，像是同样被今人时常念叨的“上善若水”理念。“上善若水，水善利万物而不争”，老子将水视为自然界中最应该得到赞美的东西，而后他又以水喻人，认为人之品德如能达到水一般的境界，像水一样滋润世间万物而从不与万物相争，大家交往时彼此真诚付出，不求回报，这就是接近“道”的境界，人世间也就不会有那么多尔虞我诈、钩心斗角了。与“上善若水”相近，老子还提出了姊妹版概念“上德若谷”，即为人处世要豁达大度、心胸开阔，就像那幽深的峡谷能包容飞禽走兽森林江河等世间万物。在处理纠纷时要懂得容人谅人，甚至是以德报怨。假如大家真的能够做到了，世间也就没有冲突仇怨、你死我活了。试看自然界中的现象，山以高蚀，谷以卑安；金以刚折，水以柔全。老子以水以谷为喻可谓恰到好处。“上善若水”“上德若谷”的高尚境界绝非一蹴而就，但倘若一个人通过日积月累的自我提升真的达到了这种境界，抛开能为社会传递无数正能量的效应姑且不论，最起码这个人自己是绝对会健康长寿的。老子又说过一句为后世所公认的名言：“祸兮，福之所倚；福兮，祸之所伏。”顺境与逆境、福报和灾祸永远都是相互依存甚至是能相互转化的，所谓乐极生悲、否极泰来就是这么回事。既然能够互相转化，那么当灾祸发生时，可以悲伤一时但绝不可彻底沉沦，哪怕处在绝境中也不能放弃；当处于顺境当中时，更要戒骄戒躁时刻保持警醒，不可狂妄自满以致骄兵必败，只有正确认清两者关系并随时警醒，在人生的道路上方可致远。值得一提的是，《道德经》中的某些概念还与后来的部分儒家思想相重合，或者说儒家的某些思想也借鉴了《道德经》，后来孟子提出的“老吾老以及人之老，幼吾幼以及人之幼”概念就与老子在书中所言的“圣人无常心，以百姓心为心”相契合，前者可以看作是从后者中脱胎的。

当然,《道德经》中的很多想法虽然美好,却过于理想化,甚至是失真的。就像"以德报怨"一事,在有限的范围内是允许的,但那种冒天下大不韪的寡廉鲜耻之举、公然挑战社会底线和公序良俗的害人行径,若还以德报怨,那么又何以报德呢?缺少制约惩处,也只会让恶行愈来愈多、愈演愈烈。还有《道德经》中所描绘的乌托邦式的小国寡民场景——邻国相望,鸡犬之声相闻,民至老死不相往来。老死不相往来,如果是处于人迹罕至的桃花源国度或许可避一时之祸,但一旦天下进入大一统时代,"老死不相往来"模式只能是一种闭关锁国式的倒退,极易把国家和人民带入到未知的险境当中,近代的鸦片战争已经给出了答案。而且,与明确"君君、臣臣、父父、子子"尊卑贵贱封建秩序的儒家观念不同,《道德经》更推崇众生平等的思想,这也让道家思想没办法为大多数统治者所认同。公元前134年,在窦太后去世仅一年后,意图强化集权统治的汉武帝便彻底废弃黄老之术,改听董仲舒建议独尊儒术,自此直至公元1911年清朝退出历史舞台,儒家思想占据中国正统思想主流长达两千余年,儒家典籍成为后世学子入仕考学的必修科目,而凝聚道家思想精华的《道德经》,只能作为诸子百家之一以课外读物的形式出现,二者待遇相差甚远。

总的来说,《道德经》中表达的友善、厚德思想值得肯定,也值得学习。今人应该本着去芜存菁的精神从中获取积极正确的人生态度,并以此来奉献社会,不断传播正能量,这才是《道德经》的正确打开方式。

孔子游学之旅

凡是对孔子有些了解的人，都知道他花了十四年时间周游列国，这是中国文化史上的大事。孔子的游学经历为士人树起榜样，后来的孟子、荀子、韩非子乃至司马迁纷纷效仿，也都有过丰富的游学经历。与此同时，周游列国一事对孔子本人来说，亦是其生命中不可替代的一段宝贵经历。

在游学列国前，孔子担任鲁国大司寇，负责实践法律法令，处理司法事宜，此外还代理过国相一职。常被今人冠以"教育家""学者"等学识标签的孔子做官能力也不差，在孔子的治理下，鲁国社会安宁，上下有序。在鲁定公十年（前 500）的鲁、齐会盟中，孔子又敢于引用礼法据理力争，迫使齐国"乃归所侵鲁之郓、汶阳、龟阴之田以谢过"（《史记·孔子世家》，以下引文凡无注明皆出于此），不得不向鲁国谢罪并退还先前侵占的领土。

彼时鲁国国君大权旁落，朝政为三位专权的士大夫家族世代掌控。这些家族在鲁国势力庞大，都有各自专属的封地私邑，分别是季孙氏的费邑（今山东费县西北）、孟孙氏的成邑（今山东宁阳东北）与叔孙氏的郈邑（今山东东平东南）。为了世代掌控特权，三大家族还都在私邑内修建了又高又厚的城墙，其家臣于墙内横行跋扈，使得私邑逐渐成为了鲁国的"国中国"。孔子向国君鲁定公建议不惜动用武力也要拆毁城墙、收缴士大夫私自储备的武器，史称“隳三都”。隳三都初期顺利，叔孙氏较为配合，首先将郈邑的城墙拆除；季孙氏宗主季桓子的家臣率领费邑士兵武力抵抗，甚至一度反攻至鲁国国都曲阜，孔子指挥鲁兵将其击败，顺利将费邑城墙拆毁；最后剩下的孟孙氏同样选择武力抵抗，用其家臣话说，成邑“孟氏之保鄣，无成，是无孟氏也”。遗憾的是，鲁兵始终没能拿下成邑，“隳三都”一事最后半途而废。隳三都的失败、与士大夫的交恶，让孔子在鲁国的地位变得不利起来。加之齐国落井下石，以美女、宝马赠予鲁定公，《集解》中进一步注引“桓子使定公受齐女乐，君臣相与观之，废朝礼三日”，鲁定公每日沉溺于声色犬马，懒于处理政务举行朝礼，让孔子倍感失望。不久后，鲁国举行郊祭大典，按照礼法，郊祭结束后孔子应该分到祭肉，而季孙氏宗主季桓子在鲁定公的暗自授意下故意不将祭肉分与孔子，其目的在于拒绝承认孔子的政治地位将其排挤出权力中心。这一做法像极了《围城》中三闾大学校长高松年对待副教授方鸿渐的办法：方鸿渐副教授聘期将满之时，高松年故意不为其发放续约聘书，也不做任何解释说明，自觉受辱的方鸿渐愤而离职。同理，孔子原本就重尊卑礼序，讲求名正言顺，不分祭肉等同于不再发给他聘任证书。鉴于继续留在鲁国只会自讨没趣，甚至还有遭清算的风险，孔子决定携弟子出游，这就是“周游列国”的背景原因，亦如《史记·鲁仲连邹阳列传》中提到的“昔者鲁听季孙之说而逐孔子”，再从时代大背景来看游历一事，彼时处于春秋末期，即将迎来战国时代，这一历史交替时期同时也是一个社会变革期，大量怀揣各类技能的士人开始四处游历，并且形成常态化，像是在《史记》中被提到的就有墨子、庄子、苏秦、公孙龙、鲁仲连等等，他们并不专门为某一诸侯国效力，而是选择游走在各国之间，或传播思想学说，或为图个人的功成名就。此外还有专诸等侠客也在游走四方，为人排忧解难。

严格来说，这不是孔子首次去鲁游历，在这之前他有过两次出游。第一次是鲁昭公二十四年（前 518），时年三十四岁的孔子来到东周洛邑考察礼法，还就礼法的问题向老子问询，这件事被记录于《史记·老子韩非列传》中；第二次是鲁昭公二十五年（前 517），鲁国发生内乱，鲁昭公攻打国内的权臣季平子（季桓子之父）不利，反而战败逃亡齐国，孔子也一并跟随，他和齐国的乐师谈论音乐，“闻韶音，学之，三月不知肉味”。有关第三次游历即“周游列国”的时间，《史记》当中自相矛盾，其中《孔子世家》记载是鲁定公十四年，而《鲁周公世家》中记载的时间稍早，为鲁定公十二年的“季桓子受齐女乐，孔子去”。钱穆先生在《先秦诸子系年考辨》中考证得出孔子从鲁定公十三年春去鲁，至鲁哀公十一年而归，即于公元前 497 年，孔子时年五十五岁开始周游列国，至公元前 484 年六十八岁返鲁，前后共计十四年。依据《孔子世家》等典籍所载，孔子到访的诸侯国有卫、曹、宋、郑、陈、蔡、楚等国，足迹分布大体以今河南省为主。

有一个史实或许与今人认知相悖，孔子的个人形象根本不是画像中那个老儒造型，而是一个孔武有力的壮硕汉子。史书上说“孔子之劲，举国门之关，而不肯以力闻”[1]，力气大得能将城门上的巨型门闩抬起，只不过平时不爱炫耀罢了。孔子会武艺，也可从两个方面侧面印证：弟子子路是一个刚烈尚武的人，史载其“陵暴孔子”[2]，早先做过冒犯欺负孔子的事情。常言道“秀才遇见兵，有理说不清”，如果孔子不能在拳脚上让子路折服，子路又如何会甘心拜孔子为师？对于麾下弟子，孔子要求他们必须熟练驾驭“六艺”技能，“六艺”之中搭弓射箭的“射”和驾驶马车的“御”对个人臂力以及反应敏捷度要求极高，绝不是一个手无缚鸡之力的老儒生可以掌握的。所以孔子和学生们在游学过程中如遇歹人无赖，基本可以应付。至于游学的经费来源问题，今人观点不一。有赠予说，像是早年间南宫敬叔曾经赠予孔子马车与车夫，支持他去洛邑向老子求教；有工资说，史有明载孔子年收入“俸粟六万（斗）”；有学费说，即孔子办私学时期的收入。在《论语·述而》中记录了孔子说过的一句话：“自行束脩以上，吾未尝无诲焉。”其中对于“束脩”的传统解释是指一束（10 条）干肉，孔子的意思是“凡是缴纳一束干肉做学费的学生，我没有不教的”，孔门弟子三千，想来这也是一笔可观的收入。综上各种收入来源，应该能够支持孔子的游学计划。

公元前 497 年，孔子正式开始了游学之路。为实现理想抱负，他每到一国便向国君推行“为政以德”的政治主张，即以道德教化百姓，建立等级维系秩序，所以在某种程度上讲，既然鲁国这个“旧公司”不再录用，那游学可以看作是到新企业去“应聘”。也如鲁迅先生所言：“孔子和孟子确曾大大的宣传过那王道，但先生们不但是周朝的臣民而已，并且周游历国，有所活动，所以恐怕是为了想做官也难说。”[3] 当然，即使鲁迅先生之言属实，游学毕竟还有“学”的成分在内，孔子本就重视学习，在《论语·子张》中就有“学而优则仕”和“仕而优则学”的思想主张，在他国做官后一样可以继续学习的，而且由于已经离开鲁国，学习的范围势必更加广泛，眼界也变得更加开阔。

遗憾的是，彼时中原地区大小诸侯国林立，以孔子老家山东为例，除齐、鲁两个大国外，还有邹、曹、滕、莱等小国，用时人说法就是“四海之内，分为万国”[4]。由于周王室日渐式微，列国间征伐不断，与自然界动物间的弱肉强食的法则无二，没人会对孔子所提倡的道德学问和放弃武力的礼乐之治感兴趣，相反在游学当中还发生了诸多波折甚至是生命危险。在周游的诸国中，曹、宋、郑三国仅仅是路过，停留时间不长，也未拜访三国国君。其余诸国中，以卫国到访次数最多。鲁、卫两国同属当初周武王分封的姬姓国，也都同尊周礼，孔子也曾说过“鲁卫之政，兄弟也”，故而在卫国更容易适应一些。卫灵公得知孔子到来，起初愿意重用这位大贤，并开出了和孔子在鲁国时同等的“奉粟六万”的俸禄价码，但因小人进谗而作罢，反而开始派人监视孔子外出。后来孔子二访卫国时又发生了“子见南子”事件，即为了能尽快出仕，孔子选择通权达变接受现实，会见了当时风评不佳的卫灵公夫人南子，为此还和子路发生激烈争执，气愤不已的他对子路发誓自己没有做出格的事，否则必遭上天惩罚（予所否者，天厌之！天厌之！）。因为卫灵公的某些举动让孔子感到厌恶，这次打算在卫国出仕的想法没有得以实现。再后来孔子又到过卫国几次，卫灵公不是因为年老懒于理政，就是在与孔子交谈时只关心军旅之事，最终让孔子对卫国彻底心灰意冷。不过孔子虽然愿望落空，但后来“孔子弟子多仕于卫”，《史记·仲尼弟子列传》中提到子路在卫国蒲邑任大夫，高柴担任掌管禁令、狱讼、刑罚之事的士师，这应该都和这几次游历有关。如果说在卫国只是政治抱负无法实现，那么孔子周游其他列国时则是厄运连连。比如前往陈国途经匡地时被人误认作是恶人而遭到了五天拘禁；在宋国演习礼仪时被人追杀；在郑国时和弟子子贡走散，独自一人落魄的样子被郑人嘲讽“累累若丧家之狗”。游学后期遭遇的陈、蔡之困更是一次险些被“团灭”的巨大打击：陈、蔡两国为阻止楚国得到孔子而派兵将其困住，史载孔子“不得行，绝粮。从者病，莫能兴”，几乎陷入死亡的境地。今天的相声艺人还拿孔子寻开心，根据这件事编出了《孔子吃元宵》的段子，将他恶搞成一个在元宵店靠要小聪明蒙吃蒙喝的猥琐文人。细究之，孔子的游学之旅不亚于一场九九八十一难的唐僧取经。借冯梦龙《东周列国志》中的话语评价游学，就是“孔子有圣德，好学不倦。周游列国，弟子满天下，国君无不敬慕其名，而为权贵当事所忌，竟无能用之者”。

游学之旅虽然艰辛无奈，但也不是全无收获，这本身就是一场学者异地求知的长期文化活动。如前所述，在那个信息不发达的年代，游学可以极大地增长学识见闻、升华人生境界，很多真知灼见就是在游学过程中总结而出，《论语》中的名言“三人行，必有我师焉。择其善者而从之，其不善者而改之”便是最好的证明。还有孔子在第二次游历齐国途经泰山时，听闻一个妇女哭泣诉说当地虎患严重，但因交不起苛捐杂税只得和亲人住在山里，结果亲人被老虎咬死，只剩她一人的悲惨遭遇，孔子随即教育弟子“小子识之，苛政猛于虎也”[5]，这便是成语“苛政猛于虎”的由来。显而易见，若整日坐于书斋之中，怎会得出如此一针见血的真知灼见。同时，孔子是一个积极乐观的人，旅途愈艰辛，他的胸襟便愈豁达：被郑人嘲讽为丧家之狗时还能笑着自嘲“然哉！然哉”；在叶地听到叶公跟子路打听自己的为人，孔子自行答道“发愤忘食，乐以忘忧，不知老之将至”，发奋学习以致废寝忘食，快乐起来忘记忧愁忘记衰老，这算是他游学当中以苦为乐的真实写照；被困于陈、蔡之际依旧始终坚守“君子固穷”的高尚理念，甚至还创作出了叙述鲁国国史的编年体史书《春秋》，被司马迁在《报任安书》中高度评价为“大抵圣贤发愤之所为作也”。

晚年归鲁后的孔子潜心著书，最后在鲁国善终。今天再来回看孔子周游列国之旅，虽然肇起于政治流亡，但在过程中又绝非单纯的政治避难。孔子始终抱有一份天下大同的救世理念，一份以道义为己任的担当意识，他的思想境界在游学当中得以升华充实，为了理想而不息奔走的事迹更被后人铭记与敬仰。而穷其一生所创立的儒学思想，即使时代更迭也未被遗留在历史角落，相反其在历史长河当中永远无可替代，熠熠生辉。司马迁青年游历时曾到曲阜参观孔子故居，恰逢有儒生在那里演习礼仪，司马迁在旁认真观看，久久不愿离去。多年后，他将这段记忆写在了《史记·孔子世家》的结尾，并以“高山仰止，景行行止。虽不能至，心向往之”之语表达了他对孔子的崇敬之情。试问，一个不愿与现实同流合污的理想主义者，一个高洁而不屈的君子，难道不是今人该敬仰的对象吗？从孔子开始，我们民族的英雄楷模世代辈出，从苏武的舍身成仁宁死不屈，到诸葛武侯的鞠躬尽瘁死而后已，从文天祥丞相的“人生自古谁无死，留取丹心照汗青”，到林文忠公的“苟利国家生死以，岂因祸福避趋之”，英雄们均以圣贤为榜样，逐渐将自己的人生臻于至善而又继续照亮后来人。我们也能够想象，假如孔子选择继续留在鲁国，那么他大抵会以一个不得志的改革家形象出现在史书当中，绝不会像今天一样被奉为无法超越的圣贤。若用老子《道德经》中的名言来概括，孔子游学之旅真的就是“祸兮福所倚”。

注释：

1《吕氏春秋·慎大》

2《史记·仲尼弟子列传》

3《且介亭杂文·关于中国的两三件事》

4《战国策·赵策三·赵惠文王三十年》

5《礼记·檀弓》

鸟飞返故乡兮，狐死必首丘

——屈原的家国情怀

屈原是中国最伟大的爱国诗人，两千多年来，他的名字历经沧桑却日久弥新，百姓也一直用包粽子的方式来纪念他。关于屈原的故事，记载最多的就是《史记》，如果司马迁在《史记》中未给屈原列传，那么今人对屈原的认识就会十分浅显，对其生平研究也会失去重要依据。

司马迁在《史记·屈原列传》中称屈原叫“屈平”。“平”是他的名，“原”是他的“字”，而且“屈”不是他的“姓”，而是“氏”。春秋时期的人以“氏”来开头称呼自己，而不是像今日以“姓”来开头。“氏”和“姓”最大的不同是“氏”可以更换，像是鲁班，鲁班原名公输班，因为常年待在鲁国，所以将自己的氏由“公输”改成了“鲁”；还有商鞅，原叫公孙鞅，到秦国后被秦王赐予商地的食邑，所以他又改叫商鞅。而屈原原本姓芈，芈是楚国国姓，历代楚王都姓芈。《史记·楚世家》载，春秋时期楚武王将自己的儿子熊瑕封在了屈地（今湖北秭归），熊瑕便将自己的氏由“熊”改作“屈”，屈原正是熊瑕的后裔。

屈原的生卒年代约为公元前340年到公元前278年，差不多是战国初期末到中期的一个时代。在屈原出生的十多年前，也就是公元前356年，秦国重用商鞅开始变法图强，数年间就成为了楚国的头号强敌，换言之，等到屈原出仕时楚国已经到了一个外患极其严重的时期。后来的事我们也都知道，楚国在与秦的交战中也一败再败，最后国都被秦军攻破了，绝望的屈原投汨罗江殉国。

在《史记·屈原列传》中，司马迁大致讲述了屈原生平中的三件事。

第一件事是说屈原受小人排挤，志不得伸。当时屈原任左徒，后来战国四公子之一的春申君黄歇就担任过左徒。关于左徒的职能，史载“入则与王图议国事，以出号令，出则接遇宾客，应对诸侯”[1]，既参与国家方针大计的制定、颁布，又负责接待诸侯各国来使，职能几乎等同于今天的国家总理。但因小人进谗，楚怀王又为人昏聩，于是乎屈原被罢免流放。恰是在忠心许国却遭冤屈、满腔悲愤无法宣泄的境遇下，如同司马迁乃至再后来的苏轼、辛弃疾那样，屈原找到了中国文人士大夫在饱受排挤甚至迫害后最有力量的反抗武器——写作，或者说，是屈原为后世的仁人志士们开了一个榜样。他创作出了震古烁今的文学巨著——《离骚》，用诗歌这种特有的方式抒发自己政治上的愤懑。司马迁对“离骚”二字的解释为“离忧”，遭遇忧愁的意思。这首诗两千四百多字，其长度可谓前无古人后无来者。在《离骚》中，屈原用形态美观的香草和美人自比，将权贵宵小比作恶草和杂花，把政治写成了情场，让整篇诗充满了芳草芬芳之感，他在诗里面盼望着楚怀王能够回心转意任用自己，如果说这部作品要有一个特定阅读对象的话，那这个对象就一定是怀王。但悲剧在于，考察楚怀王后面的种种作为，这位君王一则平庸，并不具备大国明君的眼光，没有出众的政治才能，二则昏聩，往往分不清孰忠孰奸，总是把别人顺情说的好话当作真理，最终自作自受。如此一来，《离骚》再具有宣泄的功能，也只是屈原理想与现实的严重对立下的产物，自己为宵小与昏君所不容；既在昏君治下注定无法作为，可又不愿弃国离去。但即使是左右为难，他仍表示要坚守正义九死不悔。《离骚》中有很多名句，目睹百姓离乱之苦的“长太息以掩涕兮，哀民生之多艰”；执着追寻理想、不与世俗同流合污的“亦余心之所善兮，虽九死其犹未悔”，多被后世的仁人志士吟诵自勉。伟大领袖毛主席喜读《离骚》，且敬重屈原。他曾写过“屈子当年赋楚骚，手中握有杀人刀”的诗句，将《离骚》的思想境界大幅拔高。在毛主席心中，屈原并非那个盼着楚王回心转意的苦情诗人，而是一个勇敢的战士；《离骚》也不仅是宣泄不甘的诗作，更是“杀人刀”——刺向腐朽统治阶级的一把利刃！值得一提的是，《离骚》虽然最终没有挽回屈原的政治生命，但国家不幸诗家兴，借着《离骚》，他将南方楚文化带入文学殿堂，最终形成了《楚辞》，让《楚辞》与《诗经》一起成为中国文学的两大源头。梁启超先生就曾说过：“吾以为凡为中国人者，须获有欣赏《楚辞》之能力，乃为不虚生此国。”

第二件事是讲楚怀王一再拒绝听从屈原的正确意见，结果被秦国君臣玩弄于股掌之中，接连失地陷城，最后连他本人都被骗到秦国成了阶下囚，让楚国颜面尽失。当时的秦国也把楚国当作绊脚石，秦国首先要做的就是在外交上破坏齐楚联盟，然后再挫楚的锐气。楚怀王十六年（前 313），秦惠文王派舌辩之士张仪出使楚国，以秦愿割六百里土地为条件要楚与齐断交，楚怀王欣然允诺。六百里土地的割让无凭无证，在你死我活的国家政治斗争中，这种信口开河算是基本的“游戏规则”。当楚与齐断交后张仪便立刻翻脸不认账，羞辱索地的楚使“仪与王约六里，不闻六百里”[2]，震怒的楚怀王于第二年（前312）遣军伐秦，双方于汉中丹阳（今河南淅川县丹水和淅水交汇处一带）展开大战，丹阳之战也是秦、楚两大强国的首次大规模正面交锋。结果楚军大败，秦军“斩甲士八万，虏我大将军屈匄、裨将军逢侯丑等七十余人，遂取汉中之郡”[3]，折损了包括王室将领在内的八万甲士，加之汉中六百里之地尽失，除却最后的秦灭楚之战，这应该是楚国在战国时代伤亡最惨烈的一次战争。不甘失败的楚怀王再次举倾国之兵伐秦，双方在蓝田（今陕西省中部、西安市东南）展开第二次大战，楚军再次大败，而韩、魏两国则趁火打劫，“闻楚之困，乃南袭楚，至于邓（今河南漯河市召陵区）”[4]，虽然史书中没有交代这次同时面对着三国打击的楚国又折损了多少将士，但却记载了楚国在万般无奈之下只能再以割让两座城池为代价才与秦国讲和的结局，因而能够断定二次惨败所带来的打击绝对不会比第一次小。局势发展到这里并没有结束，秦、楚虽然休兵，但东方的齐国恼怒楚国在外交问题上反反复复，也趁此时落井下石，取代秦国联络韩、魏继续组织联军伐楚谋取利益。这件事《史记》无载，但被收录于《战国策·秦策四·秦取楚汉中》中。两番惨败的楚国无力抵御新一轮的三国联军，遣使向秦国求援。秦国乐见六国内斗，自然选择袖手旁观。最后结局显而易见，“三国并力攻楚……大胜有功”，三国战果辉煌，楚国遭遇了第三次惨败。

一年之内三场惨败，楚国国力为之大损，虽然在东方六国中还有大国之名，但其实已无力和秦抗衡。在外部环境极其不利的情况下，清醒一些的楚怀王重新任命屈原为使让他联络齐国，希望通过修复两国关系共同对抗强秦。不愿看到齐楚结盟的秦国又开始二次破坏活动，决定割让汉中的一半土地安抚楚国，楚怀王予以拒绝，表示“不愿得地，愿得张仪而甘心焉”，更可恨的是，张仪听到这个消息后还真敢继续出使楚国，在买通了楚国权臣靳尚和怀王宠妃郑袖后，又一次油嘴滑舌地将怀王蒙骗，令怀王答应两国互换太子为质子与互相联姻的提议。待到屈原返回楚国后听说张仪来使，便问楚怀王为何不杀张仪，怀王这才清醒，而张仪早就已逃之夭夭了。其实张仪两次出使楚国，任何局外人都看得出其骗术并不高明，但楚怀王却屡屡中招，究其原因，怀王本人目光短浅与耳根软是一方面，楚国的朝堂上也是一片乌烟瘴气，当张仪第一次出使答应献出六百里土地时，表面上如此丰厚的“大礼”，其中内里必有问题，但朝堂之上却是“群臣皆贺，而陈轸独吊”[5] 的景象。能站在朝堂上的绝非等闲之辈，试问谁敢断言“皆贺”的群臣里面没有看穿张仪骗局的？但直言进谏的忠臣却只有陈轸一个人。这里需要明确的是，即使是陈轸，也未必全是出于忠心才会当直言进谏的愣头青。《史记·张仪列传》记载，当初陈轸和张仪俱事秦惠文王，二人“皆贵重，争宠”。所谓一山不容二虎，《战国策·秦策一》中某一篇的题目就叫“张仪又恶陈轸于秦王”，两人在秦王面前彼此诋毁攻讦，最后张仪胜出，陈轸只能另投楚国效力。换言之，陈轸更有可能是出于个人私怨，才说了一次真话实话。楚国高层已堕落至此，楚怀王称霸战国已经是痴人说梦了。不过，楚国也不是没有翻盘的机会。从楚怀王十八年(前 311)至二十二年(前 307)，秦国连换两位国君，特别是年轻的秦昭襄王继位后，秦国大权尽归宣太后所有。宣太后原本是楚人，出于亲缘关系，又出于为了稳定秦国局势，其不愿与楚交恶，在楚怀王二十五年（前 304）时还将上庸地（今湖北竹山）退还。对楚国来说，宣太后掌权的这几年可说是反攻夺回失地的大好时机，可这一时机也让楚怀王白白错过。待到秦昭襄王王位稳固后，就又开始对楚国下手。楚怀王三十年（前 299），秦国以通婚之名邀请怀王赴秦，屈原给出的意见是“秦，虎狼之国，不可信。不如毋行！”[6] 这次楚怀王依旧没有听从，进入秦国领地后便被扣押为人质，拒绝割地的他过了三年囚徒般的生活，其间逃跑又被抓回，最后在秦国病逝。试想下，只有在阶下囚的日子里，或许楚怀王才会真正清醒，真正明白孰忠孰奸，倘若一直重用屈原，对外与齐结盟互为救援，对内罢黜奸佞整军备战，自己王位与楚国国力当有磐石之固，又怎会落得今日失地身俘的下场！

第三件事是讲屈原在楚国最后的时光。楚国新君顷襄王依旧不信任屈原，之前的宵小继续诋毁，屈原二次遭到放逐，根据《九章·哀郢》与《史记·楚世家》的对比考证，这次放逐长达十六年。某次屈原在江边遇到渔父，即一打鱼老者。渔父心疼屈原，劝其明哲保身，屈原做出了舍身守志式的回答：“宁赴常流而葬乎江鱼腹中耳，又安能以皓皓之白，而蒙世之温蠖乎！”[7] 自己宁可投江葬身鱼腹，也不让自己的高洁品质蒙受世俗尘垢！司马迁对屈原的评价是“以彼其材，游诸侯，何国不容，而自令若是”[8]，在那个各国君王都思贤若渴变法图强的时代，大量自负才学技能的游士纵横各国之间以期名扬天下封妻荫子，这本是件很平常的事。以屈原的才能，去任何一个诸侯国效力的结果都会比留在楚国要好得多。但和廉颇晚年在楚国效力时常常感慨“我思用赵人”[9] 类似，屈原对楚国有着发自内心的无比热爱，让他如张仪般去他国效力是不可能的事情。“鸟飞返故乡兮，狐死必首丘”，这是《九章·哀郢》中的诗句，也可以看作是屈原最后的呼唤：鸟飞行千里之后，最后还是会返回到自己的鸟巢之中；狐狸在马上要去世的时候，头部总是会朝着自己出生的小山头。动物都懂得不能忘本的道理，人难道连动物都不如吗？屈原是这么写的，最后也是这么做的，所谓不忘初心的家国情怀，即是如此。楚顷襄王二十一年（前 278），楚国都郢都为秦军所破。在写完《九章·哀郢》后，绝望的屈原抱石自沉于汨罗江，终年六十三岁。

屈原去世后，相传百姓为防鱼虾毁其尸身，便用艾叶包裹粮米投入汨罗江中，慢慢衍生出了今天端午节吃粽子的习俗。故事有几分虚构，但能看出屈原在百姓心中的地位。在能力上，屈原具备宰相才干，一心要让楚国富强，不被强秦欺压，却不幸遇到了同僚宵小和昏庸的君王，使他志不得伸，大半生都被流放，最后不愿逃离苟活而殉国。在人格上，屈原更是个伟大的人，不论任左徒时的居庙堂之高，抑或遭到流放时的处江湖之远，他始终都在忧国忧民，九死未悔。《离骚》中的名句“路漫漫其修远兮，吾将上下而求索”，何尝不是后世仁人志士拼搏奋斗的真实写照呢？人活于世，趋利避害乃是本能，所以屈原这种敢于直面痛苦且执着不悔的人生更令世人钦佩，他的人生经历激发了后人高尚的爱国情怀、激励了后人为求真理而勇往直前。一言蔽之，屈原的思想和品质不只是中华优秀传统文化的精华，更是千百年来国人取之不尽的精神源泉。

注释：

1、6、7、8《史记·屈原贾生列传》

2《史记·张仪列传》

3、4、5《史记·楚世家》

9《史记·廉颇蔺相如列传》

骑射易，胡服难

——赵武灵王的军事改革

1903年11月2日，深痛于清政府自鸦片战争以来割地赔款丧权辱国的梁启超先生借《史记·赵世家》以喻今，在其创办的《新民》杂志上发表了一篇名为《黄帝以后第一伟人赵武灵王传》的文章，盛赞改革图强的赵武灵王是中国古代的“彼得大帝”。梁启超先生在文章中先是叹息自商、周以来四千余年，在与北方游牧民族之间的战争中，中原民族“劣败者九而优胜者不及一”，“痛哉！耻哉！”而后指出：

> 其稍足为历史之光者，一曰赵武灵，二曰秦始，三曰汉武，四曰宋武（刘裕），如斯而已！如斯而已！而四役之中其最足为吾侪子孙矜式者，惟赵武灵。

在历史上，多次出现过为应对外部恶劣环境而进行的国家级军事改革。这些改革中，或专门成立特种作战部队以御外寇，如东晋谢安主持成立的北府兵，梁启超先生提及的四位“历史之光”中的宋武刘裕早年便曾担任过北府兵的基层军官；又或从头做起进行全方位多领域革新，如晚清的洋务运动。在战国时代，也有一次让弱国变强的著名军事变革，这就是梁启超先生盛赞的赵武灵王赵雍在位期间力主的胡服骑射。

(一)虽驱世以笑我,胡地中山吾必有之

作为战国初年从晋国分割而出的赵国,其国土疆域大致相当于今天河北省南部、山西省中部、陕西省东北隅以及内蒙古的阴山以南的部分。从当时的环境来看,赵国正处在四战之地,自赵襄子建国伊始便要面临恶劣的生存环境。当初智伯率韩、魏两国合围固守晋阳的赵襄子,“岁余,引汾水灌其城,城不浸者三版。城中悬釜而炊,易子而食”(《史记·赵世家》,以下引文凡无注明皆出于此),晋阳城一度弹尽粮绝将要沦陷。幸亏赵襄子暗通魏桓子和韩康子联手反杀智伯,才使赵国得以保全。此后赵国国都多次迁移,至赵敬侯元年(前386)正式以邯郸作为国都,但也是从这年开始,赵国与周边国家的战事更加频繁,如今日汉语成语“围魏救赵”,说的就是赵成侯二十二年(前353)魏国围攻赵都邯郸、齐国发兵救援一事。虽然魏军被齐军击败,但都城邯郸还是被魏人攻占,直到两年后“魏归我邯郸,与魏盟漳水上”,不用说,肯定又是一通割地赔款,魏国才会归还赵都。

赵武灵王于公元前326年(赵肃侯二十四年)其父赵肃侯去世后继承王位。肃侯去世时,司马迁《史记·赵世家》中留下了一条意味深长的记载——“秦、楚、燕、齐、魏出锐师各万人来会葬。”五国各出锐师万人前往赵国参加肃侯葬礼,这种“黄鼠狼给鸡拜年”的做法像极了金庸先生《倚天屠龙记》中各大门派以庆贺张三丰百岁寿诞为由上武当山问罪的情节,无论怎么看都不像是真正来送葬的。今天已经无从得知赵武灵王当时是如何退去前来瓜分赵国的五国之师,但必定是让出了相当一部分利益。换言之,赵武灵王从继位之初,便深刻体会到了周边诸侯国的满

满恶意。武灵王八年（前 318），魏、赵、韩、燕、楚五国第一次组成联军合纵攻秦，最终被秦国击败。当时五个诸侯国互相承认对方君主王位时，担心树大招风的赵武灵王则表示“无其实，敢处其名乎”，反而下令取消王的称号，让赵国国人称自己为君。但即使如此低调谦卑，夹在秦、齐两个大国中间的赵国仍逃脱不了两国的军事打击。第二年（赵武灵王九年，前 317），赵国选择与韩、魏联盟对抗秦、齐，结果“秦败我，斩首八万级。齐败我观泽”，落得丧师失地的惨败结果。八万将士的阵亡只是一个开始，秦国在未来的几年里接连对赵国发动攻势：武灵王十年（前 316）“秦取我中都及西阳”；十一年（前 315）“秦败我将军英”[1]；十三年（前 313）“秦拔我蔺，虏将军赵庄”。上面提到的也仅仅是秦国一国对赵国的不断侵蚀，在赵国东北方向，即今河北省中部太行山东麓有一个由夷狄建立起来的中山国，几乎把赵国南、北两部分领土分割开来，一直被赵国视为心腹之患。论整体国力，中山国比不过北方的燕、赵，但由于是夷狄出身，中山人向来以善战著称，《战国策·齐策五·苏秦说齐闵王》载中山国曾以一敌二，“悉起而迎燕、赵，南战于长子，败赵氏。北战于中山，克燕军，杀其将”，合燕赵两国之力都无法战胜中山国。中山国还倚仗齐国的威势对赵国发动猛攻，用武灵王的话说，中山国“负齐之强兵，侵掠吾地，系累吾民，引水围鄗（今河北柏乡固城店镇）”[2]，这场发生在赵肃侯时代的鄗之战让赵武灵王始终深以为耻，后来武灵王还借为此战复仇的名义劝说不同意改革的叔父公子成。总而言之，除非赵国亡国，否则周边强国对赵国的入侵“你方唱罢我登场”，受欺凌的局面绝不会有尽头。赵武灵王十九年（前 307）春正月，在和父亲赵肃侯留下的托孤大臣肥义商讨了五天后，赵武灵王正式决定实施改革。宣布政令前的他针对赵国恶劣的外部形势有过一段沉痛的发言：

> 今中山在我腹心，北有燕，东有胡，西有林胡、楼烦、秦、韩之边，而无强兵之救，是亡社稷，奈何？夫有高世之名，必有遗俗之累。吾欲胡服。

四面都是敌人，而自己却无强大国防，赵国的局面已如逆水行舟，不进则退。任何一位赵国国君想要有所作为，就必须具备抵御严峻外部形势的能力，这项能力只能源自强大的军事力量，所以军事改革势在必行，而一句“吾欲胡服”便定下了这次改革的基调：背离习俗传统，改向胡人学习，穿胡服，习骑射，提升军事实力，向腹心之患的中山国复仇！武灵王立场坚定地对肥义言道：“虽驱世以笑我，胡地中山吾必有之。”中国自古以来便有内华夏外夷狄之说，胡人向来被中原诸侯国视为蛮夷，下定决心向蛮夷学习，类似于晚清时代的“师夷长技以制夷”，势必会遭到极大的内部阻力，不管未来改革能否成功，这种敢为天下先的雄心壮志首先就绝对值得称赞。

在春秋战国时代，由于马鞍尚未出现，除却步兵外，战场上的敌我双方都以战车为主要作战工具。由四匹马搭载三名甲士的战车相当于古代的“装甲车”，特别是在弩还未被量产装备的时代，战车在高速冲击之下可以肆意撕裂敌方的步兵方阵。在战场上战车数量的多少基本可以决定战事的胜负，衡量一个诸侯国强大与否的标准也往往视战车数量而定，秦、楚等强国都被冠以“千乘之国”或“万乘之国”的称呼。即使进入战国后期，各国还是装备有规模庞大的战车部队，战国四公子之一的春申君给秦昭襄王上书时就称呼秦、楚两国国君为“两万乘之主”[3]。不过，战车虽然威力巨大，但缺点同样不少。首先，由于体积笨重，战车对战场环境要求非常高，只能在较为平坦的地形作战，这就大大限制了战车的使用范围。其次，战车软肋明显不易防护。搭载的三名成员（御者、车左、车右）中，最中间的被称为御者，专职驾驶战车。御者本身只携带短武器防身，不参与战斗任务，这就需要左右两侧的车左、车右两位士兵对其进行保护，一旦御者被骑射手射杀，这辆战车就基本丧失了战斗力，车左、车右也会沦为“鸡肋”。在《史记·宋微子世家》中还记载了御者叛变，驾车将主帅送至敌方的极端事例。最后，如果和骑兵相比，无论是生产成本，还是战场灵活度，战车都远远落于下风。

鉴于此，抛弃笨重落后的战车，改为与胡人一样学习骑射技能是提升战力最为有效的方式，即使是像赵武灵王叔父公子成那样的守旧大臣也认可这一观点，支持军事革新。但彼时中原人的服饰都是宽袍长裙，根本不适合骑射训练，想要习骑射，就必须穿着胡人的窄袖上衣和死裆裤。换言之，在军事改革之前，首先要做的是思想文化上的“大翻转”。论难度，“胡服”的改革要远高于“骑射”革新。公子成坚决不从，他给出的观点是中原文化“贤圣之所教也，仁义之所施也，诗书礼乐之所用也”[4]，如果抛弃中原文化改穿胡服那就属于“变古之教，易古之道，逆人之心”[5]。放眼历史，赵武灵王所面对的问题，和晚清洋务运动时面对的问题如出一辙，这也正是为何梁启超先生会借赞扬赵武灵王而喻今的原因——其改革彻底且成功。自第二次鸦片战争后，晚清政府以京师沦陷、国土沦丧的惨烈代价深刻领教了西方侵略者船坚炮利的巨大优势，也愿意投入巨额财政去购买坚船利炮。但买来的坚船利炮只能换来一时的稳定，科技思想文化落后于人，就会永远受制于人。不过即便明白这个道理，清政府给出的解决方案依旧是“中学为体，西学为用”。军舰可以买，洋枪可以换，架设电线杆使用电报都没问题，但祖宗之法绝不可变，脑袋后面的辫子剪不得，这也正是洋务运动最终以失败告终的深层原因。赵武灵王的可贵之处在于，他不像商鞅变法时以严刑酷法的手段来强制推广改革，而是带头更换胡服以身作则。对于托病不出的叔父公子成，则亲自登门动之以情晓之以理，以赵国所面临的严峻外部环境，特别是“先王丑之，而怨未能报也”的那场鄗之战敲打了叔父的心灵。最终公子成“明日，服而朝”，为了赵国不再饱受侵略和欺凌，他突破思想桎梏，选择站在了侄子这一边。

守旧派的思想问题解决了，军事改革便顺理成章。赵武灵王从林胡处购买马匹，让代相赵固掌管胡地，负责招募胡人作教官。胡服骑射的效果十分明显，至赵武灵王二十一年（前 305），经过短短两年的训练，赵军的战力显著提升。毕竟赵国地广人众，整体国力远非中山国所能比拟，只要选对了军事改革的方向，便能在短时间内形成明显的对敌优势。也正是在这一年，赵国的复仇之战正式开始。赵军分兵多路，赵袑领右军，许钧领左军，公子章领中军，武灵王作为总指挥统率三军，另以牛翦领战车和骑兵，赵希领胡与代地的士兵，多路并进对中山国发动进攻。后来赵国名将赵奢评价此战“赵以二十万众攻中山”[6]，可知赵军动员兵力高达二十万人。几路大军中，赵希与诸军通过隘口，到曲阳会师，攻取丹丘（今河北曲阳西北）、华阳（今河北曲阳）、鸱上关塞（今河北唐县）。武灵王一路则夺取鄗城（今河北柏乡固城店镇)、石邑(今河北石家庄鹿泉区)、封龙(今河北石家庄鹿泉区南封龙山下)、东垣(今河北石家庄东古城)。抵挡不住的中山国“献四邑和”，赵武灵王应允，收兵停战。

赵武灵王二十三年(前303)、二十六年(前300)，赵国又连续两次对中山国用兵，“攘地北至燕、代，西至云中、九原”，基本将今日河北、山西北部及内蒙古的部分地区纳入赵境，还于赵惠文王二年(前297)收编了楼烦骑兵。而中山国在连番打击之下已是日薄西山，最终于赵惠文王三年(前296)被赵国所灭。

司马迁在《史记·赵世家》中用了“北地方从，代道大通”八字来形容攻灭中山国后的赵国外部环境，而《战国策·赵策二·王破原阳》亦载“至胡中辟地千里”，赵国北部国土大为拓宽，且再无腹心之患。更显而易见的是，在吸收了中山国夷狄士兵后的赵军战力必定会更上一层楼。纵横家苏秦就曾评价赵国“山东之建国莫强于赵，赵地方二千余里，带甲数十万，车千乘，骑万匹，粟支数年”[7]。至战国后期，赵军还发展出了多兵种协同作战的能力，如抵御匈奴的名将李牧镇边期间“乃具车得千三百乘，选骑得万三千匹，百金之士五万人，彀者十万人，悉勒习战”[8]，组织了包括战车、骑射手、步卒、弓弩手等十多万人的联合军事演习。

(二)赴秦侦察

在攻打中山国期间，赵武灵王一直思考如何面对真正的强敌秦国。早在武灵王取消王的称号那年(前318)，在纵横家苏秦的联络下，楚国带领各国对秦国展开了一次攻势。和历次合纵伐秦的结果类似，因“百二秦关”函谷关的存在，六国联军始终没有进展，秦国“出兵击六国，六国兵皆引而归”[9]。想要伐秦，必须另辟蹊径，赵武灵王根据赵国的地理位置想到了一个新的伐秦路线，即采用大迂回战略，绕经云中、九原即今日内蒙古托克托、包头两地南下袭取秦国。为此武灵王将王位传于其子惠文王，待一切安排妥当后，自己假扮成赵使，亲自出使秦国进行暗中考察。《史记·赵世家》载，见到这位赵使的秦昭襄王“怪其状甚伟，非人臣之度”，待到得知其真正身份时，武灵王早已完成侦察出函谷关许久了。

云中、九原位于黄河转弯处，从理论上来说，武灵王的伐秦新策略是一个可行方案，后来的匈奴人也验证过这条进军路线。在《史记·匈奴列传》中曾多次记载有匈奴从内蒙古地区向南奔袭杀入关中的记录，尤其是汉文帝十四年(前166)，匈奴斥候骑兵一度抵达了甘泉宫。汉文帝二十三年(前157)，匈奴“复绝和亲，大入上郡、云中各三万骑，所杀略甚众而去”，这次出击的路线之一就是云中郡。不过，即使可以迂回出击过云中郡且斩获颇丰，武灵王的策略中依然存在很多亟待解决的现实问题：首先从军事力量的考量来看，匈奴“控弦之士三十万”，远胜于文帝时期的汉军，可以肆无忌惮地反复杀入关中地区，这是武灵王的赵国所不具备的，所以赵国的奔袭策略只能是可一不可再，必须趁秦国无备做到一战而定，即使无法灭亡秦国，也要使其在一定时间内无法东山再起。如其不然，一旦秦国加强北部防御，奔袭就只能成为空耗国力的无意义行为。这就引申出了下一个问题：匈奴侵入关中地区单纯为了劫掠财富，而非长久占领，也不具备攻下城池后长久占领的能力，那么同样是靠骑兵奔袭的赵国就一定具备吗？显然不太可能，即使靠着突袭拿下部分关中地区，一旦秦国调集重兵来援，赵军能否独自应对，其他诸侯国能否再适时攻函谷关缓解赵国压力，这一切都是未知数。换言之，从云中、九原南下袭秦的策略或许可以给秦国当头一棒，如匈奴那样掠夺人口财富，让这次军事行动的消耗与收益成正比，不至于变成“赔本买卖”，但以赵国的实力，还不足以给秦国致命一击。如果想实现这个策略，就必须对云中、九原进行持久经营，囤积物资、扩充骑兵，再联络其他诸侯国，选择适当时机于云中、九原方向和函谷关方向同时对秦用兵，让秦国无法兼顾，但这恐怕不是一代人所能完成的。赵惠文王四年（前295），随着武灵王死于赵国内部王室政变，这一奔袭战略最终化为泡影。

虽然赵武灵王因为王室继承人问题处置不当死于非命，但他胡服骑射的军事改革无疑是成功的，效果也是显著的。赵军整体战力的大幅提升，廉颇、赵奢、乐乘、李牧等名将不断涌现。廉颇成为赵国柱石，赵奢阏与之战大破秦军，乐乘在长平惨败后尚且能击败曾围攻邯郸的秦军统帅王龁，李牧更是在最后的秦灭赵之战中两番击破秦军。强劲的军事实力一定程度上延长了赵国的存续时间，用《战国策·赵策三·说张相国》中的话概括就是“尝抑强齐，四十余年而秦不能得所欲”，赵国已经成为了秦、齐都不可小觑的军事强国。综合而言，赵武灵王胡服骑射改革提升了军力、提高了国力，改善了外部恶劣的生存环境，避免了像韩国那样过早沦落至边缘弱国的可悲下场，他在改革过程中对待守旧派的动之以情晓之以理的怀柔方式也值得效仿。哪怕放眼整个封建历史，赵武灵王也是一位了不起的君王。

注释：

1《史记·六国年表》

2、4、5《战国策·赵策二·武灵王平昼闲居》

3《史记·春申君列传》

6《战国策·赵策·赵惠文王三十年》

7《史记·苏秦列传》

8《史记·廉颇蔺相如列传》

9《史记·楚世家》

“卧薪尝胆”的燕昭王

越王勾践卧薪尝胆一事尽人皆知，他在伐吴失败后忍辱负重，甘愿给吴王夫差做奴役，在骗取夫差信任后终于安全回国，进而开始了那段凄苦却又坚定的复仇之路。《左传》中称勾践“十年生聚，而十年教训”，在积蓄二十年国力后，勾践终于攻灭吴国，报了当年的亡国之仇。在勾践之后，有一位同样为报亡国之耻而忍辱负重励精图治的君王，勾践为复仇积蓄国力二十年，他则积蓄了国力二十七年，这个人就是战国时期燕国第三十九代君王燕昭王姬职。

（一）恶劣的生存环境

在提燕昭王之前需要简单讲述一下燕国历史。作为周朝诸侯国之一，疆域主要范围在冀北、辽西的燕国脱离中原主体疆域，其存在感略低。今天学界划定的春秋五霸中没有燕国君王，战国七雄中燕国勉强算一个，战国时代的燕国，或许最出名的一件事就是荆轲那次失败的刺杀行动。司马迁在《史记·燕召公世家》（以下引文凡无注明皆出于此）末尾提到“燕外迫蛮貉，内措齐、晋，崎岖强国之间，最为弱小，几灭者数矣”。燕国的存在感极低是有客观原因的，《史记评议》中给出的解释是“太史公作《燕世家》，较之其他世家颇为简略。盖以燕僻处北边，与中国聘问者少，其君之名谥与国内政事多所未悉，故仅举其兴亡大略著之于篇”。但纵观燕国早年历史，“僻处北边”带来的负面作用不仅仅是“与中国聘问者少”，更因近胡而几乎亡国。

燕国的建立要追溯至公元前11世纪西周灭商后，周武王将宗族、功臣分封中原各地，其中武王的兄弟召公便被封在了燕地。换言之，不管是春秋时期还是战国时期，燕国虽不以强大著称，但论血统却是最为纯正的，历代燕君都是周王室的后裔。召公受封的燕地大致相当于今天包括京津一带在内的河北省东北部地区。彼时京津是古代少数民族山戎的势力范围，《汉书·地理志》中称之为无终国或无终子国。无终，即今天的天津市蓟州区，根据考古发现，山戎建立的无终国甚至在武王伐纣之前就已经出现了。

燕国作为后来者，与无终国在势力范围上接壤重合，争端在所难免，故而在燕国历史上，“山戎病燕”是一件大事，就是指燕国长期遭受山戎侵扰，早在春秋时代到来前的西周时期就处于衰败状态。进入春秋时期后，燕国国力每况愈下，几乎滑向亡国边缘。当时五霸之首的齐桓公以“尊王攘夷”作为政治口号，自然不会容许山戎这个“北夷”如此放肆。齐桓公二十三年（前663），春秋五霸之首的齐桓公率军亲征山戎，帮助燕国存活下来。《汉书·刑法志》中记载了齐桓公对周王朝的两条功绩，第二条便是“北伐山戎，为燕开路，存亡继绝，功为伯首”。

不过，外患已除的燕国并没有振兴太久，而是约在春秋中期又陷入了来自北方的另一个古少数民族狄的巨大威胁当中。狄远比山戎强悍，据说山西大同与河北蔚县一带的代国就是狄所建（一说代国为商所封的诸侯国）。更意料不到的是，昔日相助自己的“老大哥”齐国反与狄合攻弱燕，结果“燕不胜，十万之众尽，胡人袭燕楼烦数县，取其牛马”[1]，十多万人口以及无数牲畜的损失无疑给了燕国一记重创。燕国这种夹缝求存的局面直到春秋与战国的交替之际才有所改观：公元前475年，赵国的赵襄子请代王赴宴，在宴会上杀死代王，并出兵攻占代地。狄被赵国解决后，燕国才正式将都城迁至蓟地（今北京市）。在此之后百余年间的燕国历史，《史记》中记载不多，只知燕与齐之间偶有战事，互有胜负，直至燕昭王时的向齐复仇。

（二）重金求贤

燕昭王复仇，这一切要从昭王父亲燕王哙在位时酿成的政变“子之之乱”（前316—前314）说起。

子之是燕国国相，《史记·燕召公世家》载其“贵重，主断”，即位高权重、独断专行，基本上把燕王哙架空了。即便如此，子之依旧不满足，他觊觎着燕王之位。子之先后收买了出使燕国的齐使苏代、燕臣鹿毛寿，这二人便劝燕王哙继续重用子之，甚至还劝燕王哙效仿尧传位于舜一样将君王之位让与子之以博得仁君之名，此时燕王哙年事已高，为人昏聩，竟真的答应了，于公元前316年正式禅位，自己甘愿成为臣属，燕国国事“皆决于子之”。如果子之是诸葛武侯那样的贤臣，那燕王哙的禅让倒可成为堪比昭烈帝白帝托孤的佳话，但子之偏又是利欲熏心的权臣，禅让一事本就是他给燕王哙设下的局，也让这出禅让变成了彻头彻尾的阴谋。再说燕王哙，他所信奉的上古尧舜禅让只是古老传说，那个时代连文字也没有，口耳相传下来的故事具体是真是假谁也不清楚，但纵观整个封建朝代的历史记载，君王在世时心甘情愿禅位臣子的，唯他燕王哙一人而已。这位君王和春秋五霸之一的宋襄公类似，恐怕是生错了年代，他所处的是崇尚霸道的战国，而非上古传说时代。试想，三百年前宋襄公的时代礼乐便已开始崩坏，他居然要在弱肉强食的战国时代效仿上古禅让制，这种做法比宋襄公的仁武还要不切实际，只会让人觉得燕王哙的精神出了问题，他这种务虚名的天真做法也让整个燕国付出了惨重代价。

子之当政，最大的受害者显然便是燕王哙的太子姬平。齐湣王派人暗中联络姬平支持他夺回王位。公元前 314 年，也就是子之统治燕国的第三年，姬平联合将军市被攻打子之，意图夺回王位，双方在王宫外展开混战，结果将军市被临阵倒戈，太子平阵亡，而市被又被子之除去。这场大战波及甚广，“因构难数月，死者数万，众人恫恐，百姓离志”。燕国发生内乱，恰恰给了齐国可乘之机。齐国以解放者的名义举大兵直取燕都蓟城，燕军“士卒不战，城门不闭”，既无心更无力抵抗。齐军进入燕都后立刻暴露出真面目，开始大肆杀戮，劫掠财物，燕王哙、子之都被杀死，在整个燕国内乱中齐国反成了最大的赢家。或许是担心列国干预，齐军只是劫掠而还，并未占领燕地。赵武灵王听闻燕国内乱之事后，向韩国索要了居韩为人质的燕王哙庶子姬职，第二年派兵护送姬职返回燕国继位，是为燕昭王。（按《史记·燕召公世家》与《史记·六国年表》记载矛盾，前者记载太子平攻打子之不成选择逃亡，第二年回国继位为燕昭王；后者则记载太子平政变不成反而丧命。而赵武灵王送庶子姬职回燕继位一事出自《史记索隐》注解中引用的古本《竹书纪年》。）

试看子之之乱，肇始于齐使苏代劝说燕王哙重用子之，齐国脱不了干系；乘燕国内乱攻破燕都杀死燕王哙并大肆劫掠，齐国更是罪魁祸首。对于燕昭王来说，都城被破、父王被害，于国于己，和齐国都有切齿之仇，故而自继位之初，燕昭王便有复仇之心。齐强燕弱，自春秋以来数百年皆是如此，想要复仇谈何容易。将《史记·越王勾践世家》与《史记·燕召公世家》中相关史料对比来看，两位打算复仇雪耻的君王做法高度一致：当年受辱的勾践想要对吴复仇，首要做的就是“振贫吊死，与百姓同其劳”，不再做高高在上的王，而是体恤百姓，和百姓同甘共苦，而燕昭王同样是“吊死问孤，与百姓同甘苦”；勾践为招揽人才“折节下贤人，厚遇宾客”，燕昭王亦听从老师郭隗“千金马骨”的建议，“卑身厚币以招贤者”。想要对抗齐国，招揽人才是关键。燕昭王在易水之滨建造了一座高台，台上置有黄金用以招揽四方贤士，这个高台被命名为“黄金台”。据今河北省保定市定兴县的《定兴县志》中记载，这座黄金台就位于定兴县下辖的高里镇北章村，遗址至今尚存。简而言之，在优厚的物质待遇以及极高的政治礼遇下，日后连下齐国七十余座城池的名将乐毅从魏国前来投奔燕国，立刻被委以重任，后面乐毅之子乐间也成为大将，父子两代人都为燕国效力；学者邹衍自齐国来，并带来了先进的农业技术，负责改良燕国的农业生产（“燕有寒谷，不生五谷，邹衍吹律，寒谷可种。燕人种黍其中”，出自王充《论衡·寒温篇》）；军事家剧辛自赵国而来，此后在燕国效力四十余年，直至战国末年为燕国战死沙场。

这里还要重点提及对燕国有恩的纵横家苏秦。苏秦早年曾出游数岁，结果一事无成大困而归，落得个被身边亲朋耻笑的下场，这段落魄经历让他无地自容。在家闭门苦读一年后，苏秦二次游历,但或许是早年留下的名声太差,二次游历的他在周显王、秦孝公、赵肃侯处依旧碰壁,直至来到燕国后被燕王倾心重用。《史记・鲁仲连邹阳列传》载,苏秦担任燕相后,有人向燕王进谗,燕王"按剑而怒,食以駃騠",非但呵斥进谗之人,还将自己才能享用的上好马肉赏赐苏秦。所以说燕王对苏秦有知遇之恩,苏秦则以生命作为报答。他以燕国间谍的身份混入齐国庙堂之上引导齐王做出错误决策,为后来的燕军伐齐立下大功。至于重用苏秦的燕王是谁,《史记》中的记载是混乱的。按《史记・燕召公世家》时间记载,苏秦大约活动在燕王哙之前的燕文公、燕易王时期,在燕王哙继位的那年(前 320)就已被齐人所杀,但这又和《史记・苏秦列传》相冲突,该传记载苏秦亡于齐湣王继位的那年(前 301)。司马迁在《史记・苏秦列传》结尾指出:"然世言苏秦多异,异时事有类之者皆附之苏秦。"即司马迁虽然梳理了苏秦的生平为其作传,但他自己也无法确定所作传记是否就是真实历史。近代以来,钱穆先生在《先秦诸子系年》中考证苏秦生平时也提到了"所谓苏秦、张仪,一纵一横,其说皆子虚,由后之好事者附会为之也"。1973 年,长沙马王堆三号汉墓出土了一批帛书,其中有一部类似于今本《战国策》的书,整理后定名为《战国纵横家书》。该书共 27 篇,其中很多章节都和苏秦相关,且与《史记》记载相悖,所以现在学界认定是苏秦的活动年代大约在公元前 312 年至前 284 年,他以燕国间谍身份扰乱齐国朝堂发生于齐湣王时期,要比《史记》中记载的苏秦活动时间向后推了近三十年,即对苏秦有知遇之恩的正是立志复仇的燕昭王。

苏秦乱齐最大的成果就是煽动齐湣王灭宋(按《史记・苏秦

列传》中记载乱齐是苏秦死后由其兄苏代所为)。按照当初他的设想“齐虽强国也,西劳于宋,南罢于楚,则齐军可败,而河间可取”[2],燕昭王从其言,资助车马让他前往齐国。《史记·田敬仲完世家》载,公元前288年,齐国准备与秦国结盟,两国约定在政治上并称东、西二帝,军事上共同出兵伐赵。但苏秦却提出“放弃称帝”与“伐赵不如伐宋之利”的独特见解:一者共同称帝天下只会尊秦而不尊齐,于齐无利;二者共同伐赵同样对秦利大而对齐利小。在他一番巧妙的说辞之下,齐湣王表示认同,拒绝和秦一并称帝的主张,同时改为举兵灭宋。宋弱齐强,战果没有悬念,殊不知这样做的后果打破列国之间的平衡,让齐湣王成为众矢之的,更让齐国开罪于秦。公元前285年,在灭宋一年后,秦军直接跨境对已经疲惫的齐国展开攻击,“拔列城九”。换言之,秦国在燕国组织联军伐齐的前一年便已率先对齐作战。

重新审视燕昭王重金求贤一事。燕国一时之间群贤毕至,剧辛、乐毅练兵,苏秦在外交上替燕国谋利,邹衍提高农业生产水平。诗仙李白对燕昭王重金求贤一事十分赞赏,在他的诗作中多次提到过这件事,如《行路难·其二》中的“君不见昔时燕家重郭隗,拥篲折节无嫌猜。剧辛乐毅感恩分,输肝剖胆效英才”;《古风·其十五》中的“燕昭延郭隗,遂筑黄金台。剧辛方赵至,邹衍复齐来”。总之,燕国就是在一众贤才的扶持之下逐渐强大起来的。

(三)改善生存环境

除却招揽贤才,燕昭王在位期间还做过两件改善燕国生存环境的事,一是修筑长城,二是北破东胡。

试想，燕国的复兴是一个漫长的过程，其间仍然要面对齐国的军事压力以及北部游牧民族的威胁。燕国曾修筑过南北两道长城。北长城主要用来抵御东胡等游牧民族，南长城主要是为防御齐国而建。北长城后来融入万里长城之中，有关南长城，网上大致可以查询到些许信息，如《子之之乱与燕南长城关系新探》一文中援引学者徐浩生《燕国南长城调查报告》等资料指出：

> 燕南长城的起点是易县科罗头山北麓的狼窝尖山顶，大体沿东南（或南）方向延伸，经过易县、徐水、容城、安新、雄县，到达文安，再向东行，到达大长田村东南端分为东西两支。两支长城分别向南进入大城县后，于刘固献村汇合。长城继续向南，到东马村遗迹消失。大城县的东马村可以说是终点。易县、徐水、容城三个县境内的 71 公里地面上，可见长城墙体 15248 米。长城沿线分布有多处遗迹，有军事设施，也有一般的古迹。

今天学界对燕南长城修建完成的时间下限基本达成了共识，即至迟完成于燕昭王时期。燕南长城的修建，意味着一旦齐军来犯，燕国方面可以最大限度地迟滞齐军脚步，避免再次出现齐军直扑燕都、燕军来不及组织有效防卫的困局。

攘外必先安内，这一国策自古皆然。燕国终究是小国，国境北面还有时常来袭扰的东胡等游牧民族，与齐、胡两面作战势必力有不逮，甚至还有亡国之患。鉴于此，伐齐之前的燕昭王采取怀柔策略，以互换人质的方式与东胡暂时修好，不过却得到了一个意外收获。交换到东胡那里的人质中有一个叫秦开的人，他就是日后随荆轲刺秦的勇士秦舞阳的祖父，司马迁在《史记·匈奴列传》中称他为“燕贤将”。秦开在作人质期间与东胡人相处得十分融洽，后来他借机脱逃重回燕国。为彻底解除日后伐齐时的北方隐患，燕昭王便以熟悉东胡情况的秦开为将命其率军北击，而秦开也不辱使命，“袭破东胡，东胡却千余里”，大大拓展了燕国的安全空间。而燕北长城大致是在战后修建，西起造阳（今河北赤城西北），东至襄平（今辽宁辽阳），置上谷（郡治今河北怀来）、渔阳（郡治今北京密云）、右北平（郡治今天津蓟州）、辽西（郡治今辽宁义县）、辽东（郡治今辽宁辽阳）五郡以拒胡，防止东胡卷土重来。

（四）复仇

《史记·燕召公世家》载，经过长达二十七年的厉兵秣马和励精图治，至燕昭王二十八年（前 284）伐齐前夕“燕国殷富，士卒乐轶轻战”，全国上下已经做好了大战前的各项准备工作。正式开战前，名将乐毅提出了伐齐意见：

> 齐，霸国之余业也，地大人众，未易独攻也。王必欲伐之，莫如与赵及楚、魏。[3]

想伐齐，单靠燕国还不够，必须组建军事同盟。这些年的齐国也在不断对外扩张炫耀武力，与列国间冲突不断，特别是苏秦怂恿齐国灭宋一事为燕国建立军事同盟创造良机。待军事同盟建立后，伐齐大战终于拉开帷幕，乐毅指挥燕、秦、楚、三晋等六国联军攻入齐土，齐湣王战败出逃，后为楚将所杀。伐齐之战至第五年时（前 279），乐毅“下齐七十余城”，特别是在攻入齐都临淄后，燕军“尽取齐宝，烧其宫室宗庙”，终于一雪当年的亡国之耻，这也是整个燕国历史当中最为辉煌的功业。大仇得报的燕昭王亲至济水前线慰劳将士，并将齐地昌国（今山东淄博市张店区东南）赐给乐毅。

令人扼腕叹息的是，恰在这个时候，燕昭王病逝了。一代名将乐毅因燕昭王重用而得以大展宏图，可亦因贤君的病逝而遭废弃，感到有性命之忧的乐毅改投赵国。前线燕军内部，也因主帅乐毅被新继位的燕惠王罢黜而士气大减，齐人在得以喘息后依托最后的两座城市即墨和莒城发动反击，最后收复失地成功复国。燕军连下齐七十余城的辉煌，最终变成了昙花一现。

综合来看，观燕昭王的人生，在位三十二年，用二十七年积攒国力，花五年一雪前耻，不是在复仇，就是在为复仇做准备，复仇，成了他一生的执念。二十七年如一日的励精图治、举贤任能，也非常人可以做到。假使燕昭王大限未至，乐毅顺利灭齐，燕国取代齐国成为东方大国，那么最后秦能否一统天下都还未可知。后来身在赵国的乐毅追忆往日辉煌，在写给燕惠王的《报燕惠王书》中亦称其父是“贤圣之君”“蚤知（有先见）之士”。也恰恰是因贤君燕昭王的存在，燕国也从边陲小国一举跻身战国七雄之列，有了可以征战的资本。

注释：

1《战国策·齐策五·苏秦说齐闵王》

2《战国策·燕策一·苏秦谓燕昭王》

3《史记·乐毅列传》

同样的贵族，不同的人生

——评战国四公子

《史记》战国人物列传中，情节最为跌宕起伏、故事最为引人入胜的莫过于孟尝君等战国四公子的列传。四公子的列传几乎囊括了从秦国对外扩张至秦灭六国前的整个战国中后期历史，也倾注了司马迁颇多笔墨。这四篇既不像苏秦、张仪、鲁仲连等收录传主长篇大论的列传那样显得枯燥乏味，也不像后面秦王扫六合时那样仅以百余字记载一带而过，而是具有强烈的文学色彩。从四公子的故事中还衍生出了“鸡鸣狗盗”“毛遂自荐”“窃符救赵”等汉语成语，单是从了解成语出处、欣赏历史典故的角度来看，四公子的列传也是值得一读的。

“战国四公子”的概念，在《史记·吕不韦列传》中完整出现过一次，其云：

> 当是时，魏有信陵君，楚有春申君，赵有平原君，齐有孟尝君，皆下士喜宾客以相倾。

四人除春申君外均是各国王室成员，如《吕不韦列传》中所言，他们利用自己的贵族身份广招门客，供养士人，借各种人才的力量扩大自己的势力并为国君抵御外敌，信陵君还曾挽大厦于将倾，一度改变战国历史走向。西晋文学家张华在五言古诗

《游侠篇》中曾盛赞四人“翩翩四公子，浊世称贤明”；“食客三千余，门下多豪英”。

(一)鸡鸣狗盗之雄耳

按照列传顺序，在《史记》中首先登场的是齐国孟尝君田文(《孟尝君列传第十五》)。论年龄，孟尝君是四公子之中最为年长的，处在战国中期阶段，他去世之后又过了二十年才发生著名的长平之战。孟尝君的父亲田婴与齐国第五代国君齐宣王是异母兄弟的关系。战国前期，齐、魏争雄。田婴曾和齐国大将田忌、孙膑一起参与了进攻魏国的马陵之战，杀死魏国大将庞涓，俘虏魏太子申。此后，田婴又多次出使韩、魏两国，让两国归服齐国。由于功劳卓著，田婴被齐宣王任命为相国，并且一干就是十一年。齐宣王去世后，齐湣王继位。湣王在继位的第三年(按依《竹书纪年》及今人考订，实为齐威王三十六年，前321)将齐国境内的薛邑(今山东滕州官桥镇境内)封赐给了田婴。

田婴香火旺盛，共有子四十余人。因母亲身份低贱，田文并不被看好。田婴迷信地认为这个儿子有碍门户，甚至让田文生母将刚出生的他扔掉。田文母不舍，偷偷将儿子抚养长大，这一切都不为田婴所知。田文在没有父亲的环境下长大是件很不幸的事，但也因此磨炼出少年老成的性格。待到田文成年后，母亲带他去见父亲田婴，田婴这才发现这个儿子确实很不一般，开始对他另眼相看。田婴让田文主持家政，接待宾客。随着田文的名声与日俱增，田婴又将他立为自己的继承人。田婴去世后，田文顺利接手薛邑，被称作“孟尝君”。

在四公子中，孟尝君以聪慧善辩著称，且为招揽门客最不吝惜钱财。他每与门客谈话时，都会悄悄派人专门记录谈话人的家庭情况，事后据此赠送门客家属礼物以收买人心。《史记·孟尝君列传》(以下引文凡无注明皆出于此)又载其“舍业厚遇之，以故倾天下之士”“食客数千人，无贵贱一与文等”，给予门客财富和地位的双重优待。与另三位公子不同的是，对于一些犯罪潜逃的人前来投奔的，孟尝君同样来者不拒。司马迁在《孟尝君列传》结尾时提到，他游历到薛邑时发现“其俗闾里率多暴桀子弟”，这里居民的特点是大都充斥着暴戾之气，有知情人解释“孟尝君招致天下任侠，奸人入薛中盖六万余家矣”，作奸犯科之人来得太多，以至薛邑民风都变得乌烟瘴气。通过这句话也可看出，孟尝君招揽门客的数量在最高峰时或许远不止数千人，他也是四公子中唯一一个因大量养客导致入不敷出经济拮据的。孟尝君所招揽的这些下九流的人后来发挥了至关重要的作用。齐湣王二年(前 299)，孟尝君出使秦国被扣留，一度有性命之忧，正是靠着一位门客半夜像狗一样潜入秦国府库盗得白狐皮裘献与秦王宠妃才被放行，又是靠着另一位门客模仿鸡鸣之声赚开城门得以脱身，这便是成语“鸡鸣狗盗”的由来。

钱钟书先生《围城》中有这样一个情节：抗战时，主角方鸿渐一行五人前往浙江三闾大学任教，同行的一位李梅亭教授不顾自己高级知识分子身份，一路上勾引寡妇，与市井之人吵架，后来在旅费用尽之际，李梅亭又暴露出了吝啬本性，不肯将随身携带的一箱药品变现救急，可谓丑态尽出，为其他几人所不齿。但后面一件事一度改变了众人对他的印象：五人行至半路因战事无法买到车票，正一筹莫展之际，李梅亭与站街女勾勾搭搭，居然通过站街女联系到了可以搭载几人的军车。当时李梅亭仿若打了大胜仗的将军，对另几人不无炫耀地说："这就是孟尝君结交鸡鸣狗盗之徒的用意。"李梅亭的故事和孟尝君脱困一事极为相似，起初孟尝君把这两人安排在宾客中时，别的宾客无不感到羞耻，待二人救孟尝君脱困后"客皆服"。门客们之所以佩服，一方面是鸡鸣狗盗之徒的下九流技能在危急时发挥作用，另一方面更佩服的则是孟尝君的远见，所以李梅亭的话没有问题。不过，结交是可结交，某些特殊时刻也的确可以起到剑走偏锋之效，但这只是权宜之计，不代表主人公可以自降身份与鸡鸣狗盗之徒为伍。或许是和鸡鸣狗盗之徒相处日久，孟尝君也沾染了戾气，他从秦国出逃后路过赵国，同为公子的平原君隆重款待了他。孟尝君哪怕不心存感激，却也不能在人家地盘上做出穷凶极恶之事。可孟尝君路过赵国一个县时，因被嘲笑身材瘦矮，竟心胸狭隘到和门客一起大开杀戒。这群土匪"斫击杀数百人，遂灭一县以去"，将整个村镇的人都屠戮殆尽，哪里还有乐善好施的长者做派？所以王安石在《读孟尝君传》中斥其为"鸡鸣狗盗之雄耳"，得出"孟尝君不是一个能招贤纳士的人"之观点。哪怕鸡鸣狗盗之徒确有功劳，但三观不合，真正的士人必定还是会耻与他们为伍，所以"鸡鸣狗盗之出其门，此士之所以不至也"。

孟尝君出使秦国是齐湣王要求的，湣王为此感到愧疚，便以孟尝君为齐国相国。在战国时代，出将入相虽然很荣耀，可也并不易维系。民间俗语"伴君如伴虎"，今天位极人臣，明天可能就被贬为一介布衣甚至阶下之囚。加之那个时代的纵横家即今日称之为"说客"的人非常多，这些舌辩之士往来各国之间，靠着三寸不烂之舌游说国君、离间挑拨。而且国与国之间也不是简单的同盟、敌对关系，有着种种错综复杂的利益掣肘，这一切都加速改变着位极人臣的将相们的命运。即使像秦国白起、商鞅、范雎等相国、名将也无法避免在人生巅峰时突然跌入谷底乃至丧命的遭遇。特别是齐湣王并非仁君，所以孟尝君也不例外，在一系列的变故之后还是被齐湣王免除相国职位，回到了薛邑。此时全靠一名叫冯谖的门客才让孟尝君的命运峰回路转。

严格来说，《史记·孟尝君列传》中有关孟尝君的故事到此结束，该传后半部分的主角是门客冯谖，讲述的全是冯谖如何帮助孟尝君脱困之事。他作为该列传中的二号人物，也是司马迁重点描述的对象。关于冯谖，《史记》和《战国策》的记载略微不同，但脉络大体一致。简单来说，孟尝君做齐相国时，冯谖穿着草鞋，带着一把用草绳包裹的破剑前来投奔。冯谖岁数大，无技能，却不断要求食要有鱼、出要有车，还要钱养活自己家中老母。孟尝君一一满足。因供养门客数量太多，经济上已有些吃紧，孟尝君派冯谖去自己的封地薛邑收债。冯谖来到薛邑，聚集了欠债的百姓，当着众人的面将债务契约烧掉。事后孟尝君很是生气，冯谖却表示烧毁债券时百姓无不欢呼，这是在替孟尝君“购买”仁义。孟尝君被罢免相国返回薛邑时，身边的门客早就离他而去，但百姓们扶老携幼出城百里相迎，此时孟尝君切身体会到当初冯谖所说的仁义。冯谖又向孟尝君索要车子和礼物前去秦国。到秦国后，冯谖以孟尝君特使的名义见到秦昭襄王，向其表示齐湣王听信谗言罢免了自己主人，如秦国能够厚待孟尝君，那么有关齐国的一切情报都可以尽在掌握。秦昭襄王“乃遣车十乘黄金百镒以迎孟尝君”。冯谖找个理由脱身，赶在秦国使者之前返回齐国，又将秦昭襄王高薪聘请孟尝君的事告知齐湣王，齐湣王派人去边境打探，果然得到秦使已经入境的消息，于是齐湣王立即恢复孟尝君相国职位，并增加他的食邑(《战国策·齐策四》中为冯谖游说魏惠王)。孟尝君失势时门客全都树倒猢狲散，得势时又都前来投奔。孟尝君想好好地侮辱下这些人。冯谖又以市集为例劝阻孟尝君：白天人们抢着去赶集，晚上却都不愿意回头看一眼。这并不是因为喜欢白天讨厌晚上，而是晚上已经收市。宾客们现在回来，不值得因此埋怨他们。孟尝君向冯谖拜了两拜，言道："敬从命矣。闻先生之言，敢不奉教焉。"

看冯谖的故事，最开始他身无长技却要求食有鱼、出有车，这和故意把鞋子扔下桥让张良去捡的黄石公没什么区别，先提出各种无理要求，借以考察这些贵族是沽名钓誉还是真的礼贤下士，如果是后者，那么则愿意为这些贵族提供帮助和效力。重要的是，冯谖虽然没有什么具体实际技能，但一把年纪的他早已活得通透，懂得洞察君王人心，这就已经胜过了世间万般技能。他知道孟尝君缺的是什么，更知道齐湣王与秦王缺的是什么，从而帮助孟尝君东山再起。

不过，齐湣王还是没能容下孟尝君，最终打算除掉他。孟尝君逃到魏国担任相国。为复仇，他"西合于秦、赵，与燕共伐破齐"，促成了伐齐联军的组建。齐湣王四十年(前284，按齐湣王在位十八年，《史记·田敬仲完世家》中是以齐湣王年龄计算，故而作"齐湣王四十年")，燕国大将乐毅率领秦、赵、魏、楚五国联军进攻齐国，孟尝君也参与其中。联军攻下齐国七十多座城市，仅剩下即墨和莒邑没有被攻破，齐湣王本人亦被楚将淖齿所杀，齐国几乎亡国，最后靠着齐国大将田单的力挽狂澜才得以复兴。齐湣王被杀后，继位的齐襄王害怕孟尝君，就和他亲近示好，此时的孟尝君"中立于诸侯，无所属"。但这一做法却显得不那么高明，比起自己的父亲田婴也差了许多。

《战国策·齐策一》中有一则名为《海大鱼》的故事，讲的正是孟尝君父亲田婴如何处理自己与齐国的关系。田婴也担任齐国相国多年，他在薛邑筑城，很多人都来劝阻。田婴让手下人拦住前来劝阻的人。有个请求拜见的人表示就说三个字，多一个字就甘愿受烹煮之刑。田婴同意了。那人快步进来说："海大鱼！"然后转身就跑，田婴将那个人叫住，允许他说完。那人以海中的巨型鱼类作比喻，鱼在水中"网不能止，钩不能牵"，可一旦到了岸上"则蝼蚁得意焉"，而齐国就是"水"，受到齐国的庇荫就没必要筑城，如果脱离齐国，就算将薛邑的城墙盖得像天一样高也无用，田婴认为这个人说得非常有道理，停止了筑城。

现下齐湣王已死，齐襄王即位，又主动向孟尝君示好，这本是重新回到齐国的好机会，但孟尝君并不是田婴，没有做出回归齐国的实际行动。廉颇也曾因被君王猜忌而流亡楚国，直到去世时也念念不忘指挥赵国士兵。孟尝君比起廉颇，既是王室贵族身份，又没有伍子胥那样的杀父兄之仇，招外敌报私仇攻打齐国在前，不愿回归齐国在后，这一点令其受到后人诟病。清代学者吴见思《史记论文·孟尝君列传》便指出孟尝君"怨湣王而与燕伐齐，为私计残宗国，孟尝殊非人类"。或许孟尝君可以凭借自己的名望震慑一时，让诸侯国不敢打他的主意，但他的年岁也大了，只要他一去世，薛邑就危险了。

齐襄王五年（前 279），孟尝君去世，其后代的下场十分悲凉。《史记·孟尝君列传》载："诸子争立，而齐魏共灭薛。孟尝绝嗣无后也。"假使有智谋之士像劝田婴那样劝他回归齐国，他未必不会听，但再没有冯谖那样的人提出良言。如李景星《史记评议》中所言:“养士三千,仅得一士之用,其余纷纷,并鸡鸣狗盗之不若也。”也难怪王安石会斥其为“鸡鸣狗盗之雄”,几个儿子争权一事更印证了其后代也沾染了暴戾之气,没有良好的家风传承,也没有政治远见,只在薛邑内部争权,被灭也是迟早的事。

(二)善于改错的平原君

按照《史记》列传顺序,第二位登场的是赵国平原君赵胜(《平原君虞卿列传第十六》)。赵胜是赵国诸公子中最为贤德有才的一位,还曾数次担任过赵国相国。司马迁给予他“翩翩浊世之佳公子”的好评,至少从个人品行上,平原君绝非鸡鸣狗盗之雄的孟尝君可以比的。

在讲述平原君功绩之前,司马迁记载了一件平原君为博得门客信任杀掉自己爱妾的事:平原君爱妾在家宅楼上看到一位跛子门客打水,跛子行动不便的样子引起爱妾嘲笑。跛子要求平原君杀掉爱妾,平原君只是口头答应但并没有去做。一年后,平原君家中的门客走掉大半,问他们原因,离开的人给出“以君为爱色而贱士,士即去耳”(《史记·平原君虞卿列传》,以下引文凡无注明皆出于此)的答案,就是因未杀爱妾之故。知道原因后,平原君将爱妾杀掉,提着爱妾的头去向那位跛子道歉,离开的那些门客才陆续回来。

战国时代人们的价值观念与今人大不相同。且不说今日法律健全,任何人都没有权力私自剥夺他人生命,单就事论事来说,都会觉得跛子和众门客的要求实在过分,爱妾耻笑他人身体残疾固然有错,但就要为此付出生命代价的观念简直荒谬。但在那个时代,除了女性没有社会地位外,男性的自尊心极强、重视个人脸面，甚至强到了“要脸不要命”的地步。譬如诸葛武侯最喜欢的齐地民歌《梁父吟》，歌中就传唱着“二桃杀三士”的故事：齐国有三位功高震主的将军参加国宴，相国晏子故意将两个名贵的桃子分给功劳次大的将军公孙接、古冶子，功劳最大的田开疆为此愤而自杀，公孙接、古冶子见状羞愧难当，也相继自杀。晏子正是利用三人好脸面的性格弱点，没费吹灰之力为齐王解决了这三个功高震主的将军。此外《史记·孟尝君列传》中因错怪孟尝君搞饭菜分级而羞愧自杀的门客，《史记·刺客列传》中将太子丹的叮咛误读为自己身为长者却不被信任进而愤然自杀的侠客田光，都说明了“为脸面尊严可以置生命于不顾”在当时是件很正常的事。对自己生命尚且如此轻视，何况对一女子？但无论如何，平原君直接杀掉爱妾还是太过欠妥，这件事只是跛子一面之词，安知一年前的笑声就不能是爱妾燕居笑语？退一步来说，即使爱妾真的是在嘲笑跛子，平原君对内严责爱妾，对外拆掉家楼，以严内外之防，也未尝不是一种解决方案。借爱妾之头而沽名一时，绝不是什么上佳方案。

司马迁对平原君一个负面评价就是“然未睹大体”，即今日所说的一个人眼界不高。或是出于为传主避讳，他在《廉颇蔺相如列传》中给出了佐证事例：平原君家人曾经拒绝交租，被负责征收租税的官吏赵奢依法处死了九个主事之人。平原君大怒，欲杀赵奢，但在赵奢一番“君家不奉公则法削，法削则国弱，国弱则诸侯加兵，诸侯加兵是无赵也”的言辞之下，平原君才醒悟过来。更难得的是，平原君还向赵惠文王推荐了贤能的赵奢，赵奢也没有让平原君失望。赵惠文王三十年（前 269），秦国进攻韩国，军队驻扎在阏与（今山西和顺西）。惠文王打算救援，先后召见廉颇、乐乘两员大将，二人均以“道远险狭”为由表示难以增援，但赵奢认为可行，给出了“其道远险狭，譬之犹两鼠斗于穴中，将勇者胜”的肯定回答，汉语成语“狭路相逢勇者胜”便从这句话中衍生而出。赵奢率军离开都城三十里便扎营休整，这一休整就是二十八天，让负责监视赵奢的秦军间谍彻底放松警惕。在迷惑敌人后，赵奢以两天一夜的急行军迅速奔赴阏与，并率先抢占了战场制高点的北山。阏与秦军攻山不成，居高临下的赵奢“纵兵击之，大破秦军。秦军解而走，遂解阏与之围而归”。此战后，赵奢一举成名，“于是与廉颇、蔺相如同位”，成为赵国一代名将。

在孟尝君的时代，秦国是强国，但其统一天下之势尚不明显，六国合纵刚刚开始。但平原君时代则不同，秦国不断加快了统一六国的步伐，其灭六国之势显而易见。自楚国国都被白起攻破后，仅有赵国尚能抵御秦兵，随之而来便是秦、赵之间爆发了著名的长平之战。与阏与之战类似，长平之战同样起于援韩。赵孝成王四年（前 262），秦军攻占韩国野王（今河南沁阳），使得韩国上党郡（今山西长治）沦为飞地，与韩国本土失去联系。上党守将冯亭不愿投降，将上党地区的十七座城邑献给赵国。赵孝成王与平阳君赵豹、平原君、大臣赵禹三人商议此事。赵豹认为冯亭无力抗秦，却将灾祸转嫁给赵国，不同意接受上党；而平原君和赵禹认为“发百万之军而攻，逾岁未得一城”[1]，现在唾手而得十七城，不能丢掉这个大便宜。赵王同意了平原君两人的建议，选择发兵接收上党，并派廉颇驻扎在长平（今山西高平西北）提前备战。

两年后（前 260），秦军还是攻占了上党，上党百姓逃往赵国，廉颇在长平负责接收，长平之战也就此正式爆发。《史记·白起王翦列传》载，从当年四月开始，双方试探性接触并发生小规模冲突，“赵军士卒犯秦斥兵，秦斥兵斩赵裨将茄”。六月，战况逐渐激烈，秦军“陷赵军，取二鄣四尉”；七月，赵军筑垒壁而守之，秦军“又攻其垒，取二尉，败其阵，夺西垒壁”。作为防守的一方，赵军在两个月内连吃败仗，壁垒阵地接连失守，廉颇见秦军如此凶悍，选择固守不战以消磨秦军士气。再后来就是人们耳熟能详的事情：赵孝成王中了秦国间谍的离间计，派赵奢的儿子赵括换掉廉颇，而秦军内部也悄悄换上了名将白起为帅。赵括上任后始终不知道秦军换帅，他一改廉颇固守做法，主动向秦军发起攻击，却误入白起的“口袋阵”被团团围困。四十六天后，内无粮草外无救兵的赵括突围而死，余下赵军选择投降，除了二百四十名未成年的赵军士兵被释放外，其余全部被活埋。秦军此役“前后斩首虏四十五万人，赵人大震”，为此赵国几乎陷入灭国的绝境。孝成王非常后悔当初没有听从赵豹的建议，司马迁也批评平原君“利令智昏”，被冯亭迷惑才让赵国损失那么惨，连都城邯郸都差点失陷。

司马迁对平原君“利令智昏”的评价历来饱受争议。复盘长平惨败这件事：首先，在战前讨论是否接收上党地区时平原君给出的“发百万之军而攻，逾岁未得一城”的观点不是全无道理。在冷兵器的时代，一座有完备城防工事的城邑是易守难攻的天然重武器，历朝历代的史书中都有关于攻城作战伤亡惨重却无法破城的记载，在攻城武器并不发达的春秋战国时期尤甚。《孙子兵法》中的《谋攻篇》指出：“上兵伐谋，其次伐交，其次伐兵，其下攻城。攻城之法为不得已。”因为古代制造攻城用的战车和大盾牌，三个月才能完成；堆积土山也要三个月才能完工。将帅控制不住愤怒的情绪，驱使士卒像蚂蚁一样去爬梯攻城，士卒伤亡三分之一而不能攻克，这便是攻城所带来的危害。《墨子·公输》中记载鲁班和墨子模拟城邑攻防的故事。鲁班向来以擅长制造攻城器械著称，相传云梯就是他发明的。墨子为阻止鲁班帮助楚国进攻宋国，就用腰带在地上围一圈模拟城墙，以木片表示各种攻城器械，同鲁班演习各种攻守战阵。鲁班组织了多次进攻，结果都被墨子击破，鲁班攻城器械用尽，墨子守城器械还有剩余。此外还有战国四公子之一的信陵君，《战国策·魏策四·魏攻管而不下》中提到他率五国联军合纵攻秦，在战场上击败秦军名将蒙骜，却无法拿下秦国管邑（今河南郑州市一带），逼不得已的信陵君只得挟持管邑守将之父逼其投降。以上事例均说明了城池不易取，以孙武、鲁班、信陵君之能尚且无可奈何，拱手送敌实在可惜。其次，如果秦、赵关系向来良好，那么赵国接收上党确实是惹祸上身，但事实恰恰相反，秦、赵自战国初年以来就一直处于频繁交战状态，当年苏秦就说过“秦赵五战，秦再胜而赵三胜”[2]，双方大致打成平局，赵国还略占优势。而自赵武灵王于公元前 307 年（赵武灵王十九年）开展胡服骑射军事改革后，赵国在军事力量上一度可以和秦国相抗衡，被秦国视为劲敌。待赵惠文王继位后，秦国不断向周边的三晋（赵、魏、韩）发动进攻，其中对赵国的进攻十分频繁，从蔺相如携和氏璧使秦至长平之战前夕，《史记·赵世家》与《史记·廉颇蔺相如列传》中提到的秦国入侵赵国的战争就有六次，分别是赵惠文王十七年（前 282）的“秦怨赵不与己击齐，伐赵，拔我两城”、十八年（前 281）的“秦伐赵拔石城（今河南林州西南）”、十九年（前 280）的

“复攻赵，杀二万人”、二十五年（前274）的“秦将白起破我华阳（今河南郑州市管城区南四十里），得一将军”、三十年（前269）的阏与之战以及赵孝成王元年（前265）的“秦伐我，拔三城”。秦、赵先后六战，但这些年却是赵国一胜五负。换言之，赵国十多年间一直遭到秦国的不断蚕食，秦、赵之间一场生死存亡的大战不可避免，就算赵国不接收上党地区，秦军攻占上党后一样会进犯死敌赵国，一样会进取长平。从地理环境来看，上党处在邯郸西面，狄子奇《国策地名考》曰“地极高，与天为党，故曰上党”，地势高拔道路艰险且属于太行之险中转站的上党可谓捍卫邯郸的天然壁垒，对赵国存亡关系重大。赵国只要扼守太行山一线，就可以阻挡秦军东进的脚步，而秦军若轻取上党，赵国或许可以获得短暂安定，但这无异于将原本有利的防御之势拱手让于秦国，秦军随时可以居高临下威胁太行山东侧的赵都邯郸，也可以北上挥兵截断邯郸与代郡、雁门郡、云中郡等北部地区的联系。因此，与其听任秦占领上党后占有绝对主动权，倒不如己方先占据上党有利地势积极进行战略防御。最后，赵国的几位大将中，赵奢虽然已病故，李牧远在北方抵御匈奴无法抽身，可廉颇、乐乘二人尚在。廉颇在长平的纵深梯次防守也是秦军最为头痛的，后来秦国大将王翦灭楚时同样是用此法将楚军锐气消磨殆尽，而后一战成功。倘若秦军强攻赵营，即便得胜也要付出惨重的代价。试想，在长平战事初期赵军堡垒虽然被连续攻破，但秦军伤亡肯定更为巨大，所以兵力折损上赵军也没有吃太大的亏。而双方进入持久对峙后，四十余万赵军的后勤供应让赵国逐渐有些吃不消，“赵无食，请粟于齐，齐不听”[3]，而秦国又对魏国做出“许以垣雍”的割地承诺[4]，魏国也不愿援助赵国。故齐国、魏国拒绝提供援助才是长平之战的转折点，胜利的天平逐渐开始向战场与外交场都占优势的秦国倾斜。但即使最后赵军真的因军粮不济被迫放弃长平，有廉颇坐镇，也断不至于在撤退中被秦军占到太大便宜。而赵孝成王中离间计，不听蔺相如和赵括之母的警告，非要用公子哥赵括将廉颇替掉，致使四十余万赵军为之陪葬，这主要是赵王自己的责任。所以综合评判长平惨败，平原君最大的问题不是提议接收上党，而是他和赵王一样才能平庸，没能识破秦人以赵括替换廉颇的离间计策，但这件事是赵王占主要责任，平原君承担次要责任。当然需要指出，赵括麾下四十万赵军作绝境困兽之斗，让作为战胜一方的秦国也付出了巨大伤亡，白起就曾点评此战“今秦虽破长平军，而秦卒死者过半，国内空”[5]，秦军如果要想吃掉多达四十万的赵军，那么己方投入兵力恐怕得达到秦灭楚的六十万人，既然“死者过半，国内空”，那么折损二三十万人也是完全有可能的。《吕氏春秋·审应·应言》亦载“秦虽大胜于长平，三年然后决，士民倦，粮食竭”。可见，即使是打赢了长平之战，但秦国无论是军事实力还是经济实力也都遭受了重创。

长平之战后，秦国不顾民穷兵疲，又集结兵力继续向赵国发动进攻，意图一举灭赵。秦昭襄王四十九年（前 258）十月，秦军正式围困赵都邯郸，攻城战前后持续了一年多。先是秦将王陵猛烈进攻，但战事进展不大，“陵兵亡五校”[6]。至昭襄王五十年（前 257）正月，秦昭襄王改派王龁进攻，耗时八九个月也没能攻下。不过邯郸城内的赵国军民也极度不乐观，百姓们用死人骨头当柴烧，交换孩子吃，武器用光了只好削尖树枝代替。赵孝成王派平原君向楚国求援，平原君在自己门客中挑选二十位能文能武的人随同前往，选来选去只选了十九个人。此时门客中有一位叫毛遂的普通门客主动要求前往，并以布袋和锥子作为比喻，表示出使楚国就是将锥子放进袋子展示自己的好机会，这就是“毛遂自荐”这个成语的由来。正是这个毛遂，以胁迫与激将的方式促成赵、楚结盟，让楚王决定遣四公子之一的春申君出兵救赵。

平原君返回赵国后，将毛遂提升为上等门客。此时派去魏国求援的使臣也完成任务，魏国信陵君的十万援军奔赴赵国。不过在两国援军抵达前，邯郸城内各种物资都已告罄，能否守住仍然是个未知数，为此平原君十分焦急。《史记·平原君虞卿列传》载，当时邯郸城馆驿某位李姓官吏的儿子李同劝平原君“能令夫人以下编于士卒之间，分功而作，家之所有尽散以飨士”，平原君听完立刻惊醒，将家中粮食财物分与守城将士，让夫人以下的女性全都参与到守城事务中。李同也帮助平原君招募了敢死队三千人，带着三千死士出城与秦军交战。秦军被这突然袭击打蒙了，“为之却三十里”，此时信陵君的魏军趁机从后面杀来，给予秦军致命打击。秦军败逃，邯郸城终于保住了，可是深明大义的李同却在作战中阵亡，为表彰其功劳，李同的父亲被赐封为李侯。

邯郸保卫战以赵国的胜利告终，赵孝成王论功行赏，平原君搬来救兵功劳很大。游说之士虞卿也打算据此为平原君争取更多的城邑作封地。此时平原君门客、战国时代大名鼎鼎的舌辩之士公孙龙认为此事不妥。公孙龙认为，平原君因是王室成员，平时就能得到很多赏赐，而这次打了胜仗又打算邀赏，就等于平时以特权的身份占了很大便宜，现在又想按普通人论功行赏的标准再要一份赏赐，这种做法非常不合适。平原君听后就拒绝了虞卿的建议。赵孝成王十五年（前251），也就是邯郸保卫战的六年后，平原君去世。

通过《史记·平原君虞卿列传》可以看出，平原君虽然才能一般，但只要别人说话在理，他便欣然接受甚至是积极改正。税吏赵奢、普通门客毛遂、平民李同这三人的事例无不如此。假使平原君倚仗王室贵族身份怒杀赵奢，就没有阏与之战的大捷，赵奢更不可能成为名垂青史的名将；如果平原君嫌弃毛遂和李同的低微身份，压根不给二人发声的机会，那邯郸城必定会被秦军攻破。所以从这点来看，平原君的虚怀纳谏是十分难能可贵的，很大程度上弥补了他才能一般眼界不高的不足，也使得平原君的一生都没有太大的过失，与为一已私怨勾结他国攻打自己国家的孟尝君相比更可谓是天上地下。他死后，子孙后代都继承了爵位，直到赵国被秦国攻灭，后代也随着赵国一起断绝。

（三）一人生，六国存；一人死，六国灭

战国四公子中，魏国公子信陵君最为杰出，也最得司马迁褒奖。仅从《史记》的列传方式，便可见一斑。例如汉武帝时期抗击匈奴的几位汉朝将军中，战功卓著、身为主角的卫青、霍去病两人事迹合在一个传记里，名为《卫将军骠骑列传》，其余的将军如公孙敖、赵破奴等没有自己的传记，只是在《卫将军骠骑列传》的最后交代下大致生平。而被司马迁高度评价为“桃李不言，下自成蹊”的飞将军李广却可以享受单独列传的资格，名为《李将军列传》。同样，这种列传特点在四公子中也有所体现，四人中只有信陵君的传记篇名为《魏公子列传》，司马迁在传中对信陵

君也以“魏公子”相称呼，而其余的孟尝君、平原君和春申君的列传篇名和内容则都是本名称谓。

魏公子和孟尝君父亲田婴身世相近，都是前任国君的幼子、现任国君的异母弟。魏国国君魏安釐王继位后封异母弟魏无忌为信陵君。《史记·魏公子列传》(以下引文凡无注明皆出于此)载信陵君“人仁而下士，士无贤不肖皆谦而礼交之，不敢以其富贵骄士”，也是一个宽厚仁爱、礼贤下士的优秀贵族。值得一提的是，在几乎无岁不征的战国时代，也只有两个人能做到让别的国家听到自己名字就不敢来犯。其中一位是韩国昭侯时代的相国申不害，申不害为相十五年(前351—前337)，内修政教，外应诸侯，“终申子之身，国治兵强，无侵韩者”[7]。另外一个则正是魏公子信陵君，诸侯“以公子贤，多客，不敢加兵谋魏十余年”，犹如当年的申不害治韩一样。司马迁提出这个论点后又举一事例加以印证：某次信陵君与安釐王下棋，忽然接到了“赵寇至，且入界”的情报。安釐王感到恐惧，信陵君则说这只不过是赵王在边境狩猎而已。过一会儿又有情报送来，果然和信陵君说的一样。原来，信陵君在赵王身边安插了门客，可以获悉赵王的一举一动。正是这份连君王都比拟不了的神通广大，让安釐王开始对信陵君有所忌惮，不再让他掌管国事。

相比于孟尝君善于使用人才、平原君肯于听劝改错，魏公子信陵君擅长发掘人才，即使这些人才隐身于市井之中也会被其识别。在魏都大梁东城门处看守大门的七十多岁老头侯嬴，还有集市上的屠夫朱亥，信陵君都主动结交，甚至在王室贵族出席的家宴上也给足了两人面子。后来，此二人在信陵君救赵时发挥了至关重要的作用，得以以一介布衣青史留名。李白《侠客行》中就盛赞二人“千秋二壮士，烜赫大梁城。纵死侠骨香，不惭世上英”。

在整篇《史记·魏公子列传》中，司马迁大书特书的就是长平之战后赵都邯郸被秦军围困，信陵君在侯嬴、朱亥的帮助下窃符救赵的故事。邯郸被困后，魏将晋鄙率十万军队救赵。此时邯郸战事胶着，秦昭襄王见前线秦军猛攻不克，又恐魏、楚救兵抄秦军后路，就遣使威胁魏、楚两国国君“诸侯敢救者，已拔赵，必移兵先击之”。为了不招惹秦国，魏安釐王急令晋鄙驻扎在邺城（今河北临漳），静观秦、赵交兵。作为平原君姐夫的信陵君劝魏王尽快进兵，安釐王没有听从。另一方面，平原君不断派使者赶到魏国催促和责备信陵君，让信陵君十分愧疚，他召集门客聚集战车百辆，决定前往邯郸和赵国共存亡。在路过大梁城门时，信陵君将赴邯郸一事告知侯嬴，侯嬴反应冷淡，令信陵君非常不快，也非常不理解。于是信陵君半路返回又找到了侯嬴，侯嬴笑着表示“臣固知公子之还也”，接着提出了救赵策略：以区区百辆战车对抗秦军就如同把肉扔进老虎嘴里一样毫无意义，但前线的十万魏军却不一样。若想救赵，就得让统帅晋鄙交出十万魏军的指挥权，这就需要调动大军的兵符，而兵符就藏在魏王卧室之中。当初魏王的爱妾如姬父亲被害，信陵君派门客为其父报了仇，所以可请如姬盗出兵符。结果正如侯嬴所说，如姬为报答当初信陵君的恩德，将兵符盗出，这就是成语“窃符救赵”的出处。侯嬴又预料到统帅晋鄙看到兵符也未必肯乖乖交出兵权，便让信陵君带上屠夫朱亥一起去。最后，侯嬴和信陵君约定：自己年事已高无法同行，但会计算日期，等到信陵君差不多到达晋鄙军营的时候，便以一死为公子壮行。后来信陵君到达晋鄙军营的那一天，侯嬴果然对着北方刎颈自杀。

侯嬴老先生本该是救赵行动中功劳最大的一位，但他却用自己的所作所为为这次救赵添上了悲壮的一笔。或许如他所说自己年事已高，但战国时代的人们就好像武侠小说中的侠客一样，凡事以“义”字为先，舍生取义、杀身成仁。他们对于死亡有明确的认识，对于死亡并不是那么的害怕，怕的只是不能死得其所，不能忠人之事。所以，豫让为刺杀赵简子以报智伯之恩，宁肯选择吞炭涂漆自毁容貌；高渐离在眼睛失明后依然用筑掷始皇为荆轲报仇。在这点上侯嬴也是一样的，为报答信陵君对自己这个老朽的恩情，刎颈自杀也在所不惜。

信陵君到达邺城前线魏军军营后，果然如侯嬴预料，晋鄙承认兵符是真，但没有魏王正式手书，依旧不愿交出兵权。此时朱亥忽然出手用铁椎砸死晋鄙，信陵君随即用兵符和自己的声望接管魏军，并从中筛选出了八万精兵。就这样，信陵君带着八万魏军，或者说带着赵、魏等国长久以来被欺压的不甘与愤怒，向秦军发动了猛攻。秦军此时刚被从邯郸城内杀出的李同等三千死士击退三十里，后方又杀出八万魏军，随后春申君率楚军也加入战局，三方联军共同出击，本已疲惫的秦军完全抵挡不住诸侯军的怒火，被逐个分割击溃。《史记·白起王翦列传》载“春申君及魏公子将兵数十万攻秦军，秦军多失亡”，一个“多失亡”足以证明秦军自长平惨胜后又一次遭受重创。《史记·范雎蔡泽列传》亦载秦将郑安平“为赵所围，急，以兵二万人降赵”，最后只剩下秦军主帅王龁率领残部逃脱。

值得一提的是，前线秦军的惨败甚至还牵扯到了大将白起和相国范雎的命运，在两人的列传中记载了事件详情：起初，白起在长平歼灭四十万赵军后曾要求立即进攻邯郸灭赵，相国范雎担心白起灭赵后自己地位不保，于是劝说秦昭襄王与赵和好，从此范雎、白起二人交恶。两年后，昭襄王决定出兵围攻邯郸，本想让白起担任秦军统帅，但白起认为错过最佳伐赵时机，借口生病无法担任，昭襄王改以王陵为统帅。后来王陵攻城不克折损过多被昭襄王撤掉，白起则再次拒绝担任统帅，相国范雎趁机向昭襄王进谗言，愤怒的昭襄王将白起贬为士卒并驱逐出咸阳，随后仍觉不解气，便又遣使赐白起自尽。白起作为打遍六国无敌手的一代名将，最后因性情耿直死于政敌谗言。而范雎除去白起后看似风光，但他的仕途也即将走到尽头：范雎向昭襄王保举郑安平为攻打邯郸的秦军统帅，结果郑安平刚抵达战场就被赵军包围，他选择投降；范雎又保举王稽任河东郡守，王稽在任期间反被六国收买成为间谍，后因事泄被处决。推荐的人都成了叛徒，范雎自觉脸面无光，被迫明哲保身辞去相国之位。所以综合来看，长平之战以及两年后的邯郸之战，从军事力量、经济状况乃至庙堂人才，秦国都遭遇了重大损失。

邯郸解围后，信陵君估计窃取兵符和杀死晋鄙的事无法被魏王原谅，便将兵符交给晋鄙部将让他们自行回国，自己则留在赵国。信陵君在赵国受到了英雄般的待遇，平原君亲自为其引路进入邯郸，赵孝成王更是盛赞“自古贤人未有及公子者也”，还要把赵国的五座城邑封赏给他。信陵君起初有些骄傲自满，但在门客的提醒下立刻变得谦逊起来。居住在赵国以后，信陵君和以前一样依然礼贤下士、发掘人才，因为信陵君的眼界、名声都要高过平原君，就连平原君的门客“半去平原君归公子，天下士复往归公子”。信陵君在赵国一住就是十年，直到秦国攻打魏国时才正式返回，安釐王授予信陵君上将军之职，各国也纷纷来援。魏安釐王三十年（前247），信陵君率五国联军伐秦，此战“破秦军于河外，走蒙骜。遂乘胜逐秦军至函谷关，抑秦兵，秦兵不敢出”。对比《史记·秦本纪》与《史记·魏世家》中的历次秦、魏交战记录，魏国自秦商鞅变法后的百年间一直被强秦欺凌，仅击败过秦军两次。一次是信陵君救赵大破秦军，另一次还是信陵君率联军击败蒙骜追击到函谷关，即信陵君两次遏制了秦国统一天下的脚步。可惜好景不长，秦国收买了晋鄙门客再次使用离间计策，并多次有意在魏国间谍面前提及信陵君将取代魏王一事，安釐王最终罢黜了信陵君。这一次信陵君彻底心灰意冷，过了四年醉生梦死的生活后于公元前243年去世。回想一下，无论是信陵君还是赵国大将廉颇、李牧，他们不曾在战场上被秦军打败，但最后无一例外地倒在了秦人间谍的离间计策下，也让后人平添了一分“长使英雄泪满襟”的感慨与无奈。信陵君死后，蒙骜复攻魏国。魏国再也没有像信陵君一样能力挽狂澜的救世主，各国也不再增援，魏国的国土像桑叶被蚕食一样一块块地被秦国吞并。十八年后的公元前225年，魏都大梁城破，魏国被秦国所灭。

在《史记·魏公子列传》的结尾，司马迁提到汉高祖刘邦每次路过大梁城都要祭祀信陵君，后来平定英布叛乱的刘邦再次路过大梁时“为公子置守冢五家，世世岁以四时奉祠公子”。我们也能看到，信陵君一个人甚至能影响山东六国的整体存亡。试想，在战国后期六国岌岌可危之时，信陵君尚且能够联结诸侯摧折强秦锋芒，让秦军不敢再出函谷关，假使魏安釐王最开始就能任用信陵君联结赵国，赵国焉能遭遇长平惨败，秦国也未必能一统天下。单凭这一点，信陵君便远非其他三位公子所能企及。

(四)从大智大勇到利令智昏

四公子中最后一个出场的是楚国的春申君黄歇(《春申君列传第十八》)。与其他三位公子不同的是，黄歇不是楚国王室成员，其“游学博闻，事楚顷襄王”(《史记·春申君列传》，以下引文凡无注明皆出于此)。《春申君列传》是一篇“泾渭分明”的文章：以春申君出任楚相为分界点，前期的春申君大智大勇救国护主，后期则利令智昏丧身覆族，判若两人。

《春申君列传》开篇便提到黄歇上书游说秦昭襄王，劝其不要攻打楚国。此前，秦国攻占包括郢都在内的大量楚国领土，并以和谈为名诱骗顷襄王父亲楚怀王入秦并将其扣留，怀王最终死在秦国。楚顷襄王继位后(前 298)担心秦国军队随时来犯，所以春申君给秦昭襄王写了一封信讲明利害关系。信的内容很长，大致是说秦、楚都是万乘的大国，互相争战就相当于两只猛虎在一起格斗撕咬，这样只会让魏、韩、齐等国坐收渔翁之利。即使最后秦将楚灭掉，可还要再以疲惫之师面对兴盛起来的魏、韩、齐，根本得不到实惠。相反若秦楚两个大国结盟，那么“关内两万乘之主注地于齐，齐右壤可拱手而取也”，算是为秦昭襄王“画了一张大饼”。昭襄王看罢，认为春申君说得在理，也就没有再打楚国的主意。秦、楚两国重新和好并签订盟约。楚顷襄王让太子完到秦国做人质，春申君也作为太子老师一同跟随。

楚顷襄王三十六年(前 263)，顷襄王病重，太子完如果不能及时赶回，那将无法继承王位，为此太子完很是着急。太子与秦国相国范雎交情很深，范雎亦劝昭襄王，昭襄王仅同意让春申君先行返回。鉴于此，师生两人商议了一个瞒天过海的大胆决定："楚太子因变衣服为楚使者御以出关，而黄歇守舍，常为谢病。"几天后，春申君估计太子完早已走远，这才向昭襄王报告此事，昭襄王欲杀春申君，因范雎劝诫，才将其一并放回楚国。从这件事能看出，春申君黄歇不但知识渊博堪为人师，还是一个有勇有谋的人，比起孟尝君、平原君在危难时刻要借助门客才能化险为夷，春申君的个人能力确要比他们更胜一筹。

春申君回楚不久，顷襄王病逝，太子完顺利继位成为楚考烈王。为感激春申君，考烈王封他为楚国相国，并赐予城邑作封地。在担任相国前期，春申君还有一定的战功：春申君担任国相的第五年，赵国邯郸为秦围困，"楚使春申君将兵往救之，秦兵亦去，春申君归"；春申君担任国相的第八年，"为楚北伐灭鲁"，让楚国重新兴盛起来。楚考烈王二十二年（前 241），以楚国为首的五国联军（三晋、楚、卫）合纵伐秦攻至函谷关，秦国也出动倾国之兵迎战。秦军重点打击目标就是五国之首的楚军。楚军一战即败，联军即刻溃散，当权主事的春申君难辞其咎，这也让盟主楚考烈王脸上无光，考烈王"以咎春申君，春申君以此益疏"，春申君从此时开始被考烈王疏远，这也是他命运的转折点。

楚考烈王一直无法生育，春申君同样为此发愁，进献了不少适龄女性也无济于事。而这件事却让一个叫李园的赵国人看到了机会，春申君和整个楚国后来的命运都因此改变。李园这个人工于心计，设计了一盘大棋，并逐步开始实行：首先投到春申君门下，接着借故请假回家，超过期限许久才返回。春申君询问原因，李园假称齐王打算迎娶其妹，所以耽搁了。春申君得知齐王的订婚礼物还没有送来，就抢先纳下李园之妹，这也正中李园下怀。随着李园妹怀上春申君骨肉,李园的计划也开始进入第二阶段:李园妹建议春申君把自己献给考烈王,一来刚刚怀孕不易察觉,二来考烈王无后,如果生下的是儿子,那等考烈王百年之后这个春申君的儿子就会继位为楚王,那样春申君可以永享富贵。春申君完全赞同,后来的一切也都如李园设计的那样,李园妹妹得到考烈王宠幸被封为王后,后来生下一个儿子也被立为太子,李园本人也被考烈王器重,能够参与楚国朝政。

在这个计划中,春申君是否获利要等考烈王百年以后见分晓了,但眼下李园却借着妹妹平步青云,已通过这盘大棋赚得盆满钵满。不过毕竟春申君是此事的知情者和参与者,是一个存在的隐患。李园暗中训练刺客,准备寻找机会杀掉春申君,这件事在楚国国都中有一些人是知道的。楚考烈王二十五年(前238),考烈王病重,春申君此时已经担任了二十五年的相国。春申君麾下的门客朱英含蓄地提醒他:"世有毋望之福,又有毋望之祸。"见春申君不解,朱英一语道破:春申君名义是相国,实际就是楚王,考烈王去世后还要辅佐幼主处理朝政,这就是不期而至的福;李园现在大权在握,私下豢养刺客,这就是不期而遇的祸。等到考烈王去世后,他可以抢先入宫杀掉李园。春申君听罢没有采用朱英的意见,因为他根本不相信李园是那样阴险的人。朱英恐怕将来祸及自身,于是逃走了。

故事讲到这里,我们来回看下这件移花接木之事。此事并非孤例,在春申君谋划未来当"影子皇帝"的同时,在秦国也上演着如出一辙的一幕,这个想当秦国"影子皇帝"的就是吕不韦。《史记·吕不韦列传》记载,当年吕不韦在邯郸认识了秦昭襄王之孙子楚,具有敏锐政治嗅觉的他断定子楚是一件可以囤积的

“奇货”，当即拿出家财交由子楚结交达官贵人、贿赂秦国宗室。子楚看上了吕不韦身边的邯郸歌女，吕不韦隐瞒歌女已经怀孕的事实，将其送给子楚。由于吕不韦重金运作，子楚顺利被选作接班人，后来继位为秦庄襄王。歌女肚子里的那个孩子，即未来的秦始皇嬴政也被立作太子，吕不韦也如愿做了秦国相国，几方皆大欢喜。但等长大亲政后的嬴政知道了整个事件真相后，便对这个血缘上的父亲吕不韦下手。秦王政十年(前 237)，嬴政免去吕不韦相国职务，将他赶到蜀地，吕不韦在蜀地畏罪自杀，落下一个悲剧收场。而楚国的这件事自始至终是李园设计，他既是导演又兼任演员，春申君起初并不知情，但当怀有身孕的李园妹提出这个计划时，春申君满口答应，一下子由一个局外人变成了知情者、参与者。吕不韦本是韩国大商人，他不在乎秦国会怎样，只是从商人的角度觉得这是一笔将整个秦国收为囊中物的大买卖。而春申君辅佐了顷襄王、考烈王两代国君，任楚相国二十五年，但对这并不光彩的欺君盗国行径也表示认同，理应受到谴责。

我们都知道三人成虎的道理，即便这件事本身就是子虚乌有，如果说的人多了，也就很难不信了。春申君是战国四公子之一，麾下门客三千余人，加上任楚相国二十五年，如朱英所说名义是相国，其实就是楚王，这也是其他三位战国公子比拟不了的。就凭这样的权势，仅有富贵的李园根本无法比拟，其刺杀春申君的计划原本毫无胜算。但如同孟尝君门客三千可用的仅冯谖一人而已，春申君麾下也只有一个朱英敢说真话。只能说，此时的春申君完全是被未来巨大的利益所蒙蔽，脑中想的只是保有自己在楚国的权势地位。司马迁曾经评价平原君“利令智昏”，这个词语用在春申君身上更加适用：因为巨大的利益，春申君同意了这个不光彩的计划；因为巨大的利益，春申君身边不可能会有忠贤之人；又因为巨大的利益，春申君在朱英献策后直接拒绝，甚至都没有派人去核实此事。天作孽，犹可恕；自作孽，不可活。朱英献策的十七天后，重病的楚考烈王去世。李园埋伏下杀手在王宫棘门处将春申君杀害，随即又派人杀光了春申君的全家。春申君和李园妹妹的那个孩子继位为楚幽王，李园代替春申君掌握楚国朝政。

凡事都有因果报应，李园和她妹妹最后也死于非命。根据《史记·楚世家》和《列女传》中的记载，幽王继位十年后去世，李园妹妹的另一个儿子楚哀王继位。即位两月，楚哀王被庶兄负刍的党徒所杀，包括妹妹在内的李园一家人也都被灭族。负刍成为楚王。五年之后(公元前 223 年)，楚国战败，为秦所亡。

(五)司马迁的态度

分别回看这四位公子的列传。孟尝君身为齐国王室贵族却金玉其外败絮其中，论个人私德，他因身材被嘲笑而屠杀整个县城，其行径比强盗都要恶劣；对于天下奸邪之人的来者不拒抵消了他礼贤下士的英名，更导致薛地民风直到两百年后司马迁所在的时代都还乌烟瘴气。司马迁最不能容忍的就是孟尝君对齐湣王罢黜自己相国之位怀恨在心，为泄私愤竟联合外敌前来灭齐，致使齐湣王死于战火，相较于同样被罢黜却始终心系家国的楚国王室贵族屈原，二人优劣高下立判。

对于平原君的评价，司马迁则客气许多，虽然指出平原君目光短浅的缺点，但也认可他知错就改的一面，更肯定了他保全赵国的功绩。且不说他是名将赵奢的伯乐，单是邯郸被围一事，平原君的诸多作为可圈可点：前往楚国求援的平原君出发前就表示“使文能取胜，则善矣。文不能取胜，则歃血于华屋之下，必得定从而还”[8]，即如果无法说服楚王，哪怕以挟持的手段逼迫楚王出兵也必须完成任务，毛遂也正是在胁迫手段下晓之以理才让楚王同意发兵。回到邯郸后，平原君又听从李同建议散尽家产劳军，让家人参与守城事务，如果没有他的以身作则，又何来愿意出城决死的李同等三千壮士。故而平原君之于赵国，尽了身为王室成员的本分，且是功大于过的。

魏公子信陵君于私于公，都最为司马迁所钦佩。于私，信陵君懂得礼贤下士挖掘人才，四位公子均是门下食客三千，但孟尝君麾下鸡鸣狗盗之徒甚众，一旦孟尝君失势，门客立刻树倒猢狲散，他一直以来的舍业厚遇毫无作用，而平原君与春申君门客则以穿戴争胜，可见亦多沽名钓誉之辈，唯独信陵君门客水平最高，以真才实学著称，能够为魏国争雄带来助力。于公，他更是一位可以左右历史进程的人物。信陵君没有平原君的短视缺点，深谙赵、魏唇齿相依的道理。假使侯嬴在邯郸被围前病故，无人献出窃符救赵良策，但可以看到，哪怕明知羊入虎口，信陵君依旧率战车百辆奔赴邯郸，誓与赵国共存亡。这份将个人生死置之度外的大义情怀最为难能可贵，司马迁将他排在四公子之首是理所应当的。

至于最后的春申君，论个人能力，他应排在平原君、孟尝君之上，但他之于楚国，前期是复兴功臣，后期却是盗国之贼，恶劣程度不亚于招外敌泄私愤的孟尝君，最后利令智昏身死族灭，成为四公子中唯一一个没得善终的人，也可看出无止境的欲望终究还是会害人的。

通过战国四公子的列传，我们能够发现司马迁在讲述四人故事的过程中同步表达出了他自己强烈的爱憎情绪。总的来说，司马迁歌颂在六国危难之际挺身而出的信陵君与资质平庸却虚怀纳谏的平原君，鄙夷为一己私利损害国家利益的孟尝君和窃国大盗春申君，也为后人留下了正确的是非评判标准和做人准则。

注释：

1《史记·赵世家》

2《史记·苏秦列传》

3《史记·田敬仲完世家》

4《战国策·魏策四·长平之役》

5、6《史记·白起王翦列传》

7《史记·老子韩非列传》

8《史记·平原君虞卿列传》

刺客的百味人生

《刺客列传》是《史记》中战国历史部分的最后一篇，但其时间跨度不止战国。司马迁在《刺客列传》中给五个人物立传，分别是曹沫、专诸、豫让、聂政和荆轲。前三人生活在春秋时期，后两人才是战国时期的人，他们都以刺杀而青史留名，时间跨度达四百余年。在中国传统文化中，刺杀属于上不了台面的行为，向来为人所不齿。事成，刺客不会得到公开表彰，享受不到功成名就的荣耀；事败，往往又成了身后雇主撇清关系的“弃卒”，始终处于一种不上不下的尴尬境地。但司马迁在《刺客列传》中讲述的几位刺客，他们的刺杀行为里面还包含了报恩、道义乃至正义等值得称颂的因素，这让他们本人得以名垂青史，也提高了刺客这一职业的身份。

(一)挟持与行刺

《刺客列传》中首先出场的是春秋鲁庄公麾下的将军曹沫。在公元前 681 年齐鲁会盟上，曹沫公然挟持齐桓公，要求齐桓公归还已侵占的鲁国土地。

这里有一个有关曹沫身份的问题，自《史记》问世后，曹沫便被质疑就是《左传》中指挥鲁军在长勺以弱胜强大破齐军的曹刿，甚至《索隐》中也提到此论。考察《左传》中对于曹刿的描述，不论是严守军阵待到彼竭我盈时的后发制人，还是下达追击命令前仔细观察齐军战车车轮痕迹、凭高眺望齐军阵形的做法，都反映出他是一个沉稳心细的指挥官，且整场战斗曹刿都与鲁庄公一直处于安全的后方坐镇指挥。而《刺客列传》（以下引文凡无注明皆出于此）中曹沫是“以勇力事鲁庄公”“与齐战，三败北”的形象，大体是一个只懂得冲锋陷阵的悍将武夫，鲁弱齐强，正面硬拼胜算不大，所以才会“三败北”。且据《左传》载，长勺之战发生于鲁庄公十年（前 684）春。当年夏，齐国联合宋国再次来犯，结果鲁军“大败宋师于乘丘，齐师乃还”，第二次取得保卫战的胜利。转年（前 683）夏，鲁军三败来犯的宋军，直到又两年后的齐鲁会盟上缔结和平条约，不存在所谓的“三败北”。所以不管是人物形象比对还是战争胜负事实考据，曹沫与曹刿并非一人，即使确有被史书漏记的鲁军“三败北”失地陷城之事，也与曹刿无关。

两国国君将要宣誓结盟时，曹沫突然拔出匕首劫持了齐桓公，要求齐桓公退还侵占土地。“两国交锋不斩来使”是古往今来战争双方都会遵守的通则，更何况是劫持他国国君，还发生在最重礼法的两国盟会上。曹沫此举太过出人意料，他给出的理由是“齐强鲁弱，而大国侵鲁亦甚矣”。在他看来，既然强齐一直侵略鲁国，那这种以暴制暴的反制行为就有其正义性的一面。齐桓公当场答应了曹沫的要求，事后又听从管仲建议，出于取信天下的考虑确实把侵占的土地归还了，于是“曹沫三战所亡地尽复予鲁”。

像曹沫这样在谈判过程中使用挟持手段，《史记·平原君虞卿列传》中还有一例：长平之战后随平原君赴楚国求援的门客毛遂，见楚考烈王不肯发兵，忍无可忍按剑而上，以打算出手伤人为要挟，先让楚王被迫直面自己，再以楚国王都被秦军攻破、国君被俘的屈辱历史不断刺激楚王神经，最终觉醒的楚考烈王与平原君、毛遂歃血为盟，发兵救赵。曹沫、毛遂的做法十分相近，先是搞突然袭击，以力挟之，而后再以理服之，都获得了想要的结果。事情能成功，固然与曹、毛二人胆气过人有关，同时亦因齐桓公、楚考烈王也都是有信义的君王，若换做素来狡诈的秦王嬴政，就该另当别论。刺杀秦王失败的荆轲在死前说了句“欲生劫之，必得约契以报太子”的话语，即没打算要秦王嬴政的命，是想效仿曹沫那样挟持嬴政逼他退还六国领土。这或许只是荆轲死前自我排解，倘若真是如此想法，未免有些天真。春秋时代各诸侯国国君的最高目标是当上霸主，而非战国时代的兼并天下。齐桓公作为春秋霸主，为不失信于天下可以答应曹沫的条件，而荆轲刺秦时东方六国中的赵、韩均被秦国攻灭，整个天下都即将是秦的囊中之物，纵使嬴政盟誓立约答应退还六国土地，一旦脱离危险，又怎会执行这么荒谬的约定呢?

曹沫的作为只是一次临时性行动，后面吴国的专诸才是一名真正的刺客，或者说是公子光专门为刺杀豢养的死士。按照吴国前代国君定下的王位继承顺序，吴国国君之位原本该是公子光的，但被吴王僚所得，公子光一直寻找能人替自己夺回王位，在这个背景下，专诸被伍子胥推荐给了公子光，公子光“以善客待之”。

公元前 516 年，吴王僚趁楚国国丧之际派遣两个弟弟带兵伐楚，却被楚军截断后路。用专诸的话说，吴王僚已是“外困于楚，而内空无骨鲠之臣”，刺杀他的机会已经到来。公元前 515

年四月，公子光宴请吴王僚，专诸作为佣人先将匕首藏于烤鱼中，于上菜之际刺杀得手，但其本人也被迅速反应过来的吴王僚身边护卫所杀。吴王僚死后，公子光成为了吴国新任国君，为感念专诸，"乃封专诸之子以为上卿"。专诸只是一名普通的死士，替自己的主人出头夺回本该属于主人的王位，勉强算是一种合理性，他以生命为代价完成了刺杀，也为自己的后代谋求了富贵。

(二)士为知己者死

从豫让开始的三名刺客，都是司马迁重点描写的对象。他们都有着自己的理想信念，并愿意为之献身。

晋人豫让处于春秋与战国的交替阶段，在这个历史时期，社会环境已经发生了很大变化。各国贵族"好客养士"之风逐渐盛行，个中缘由不难理解：由于贵族子弟长期处于养尊处优的生活中，已不具备一技之长，所以大量掌握各项技能的普通人得以进入贵族家中开始自己的职业生涯，这类人群被称为"门客"，包括刺客也是门客的其中一种，只不过刺客承担的任务往往比其他门客更隐蔽也更艰巨。在这个特殊的时代，拥有各式各样技能的特点也让门客这一新兴阶层开始迅速崛起，如孟尝君麾下那两位擅长鸡鸣狗盗的门客，虽然掌握的是口技、盗窃等下九流技能，但危急关头确实能够替主人解难保命；又如毛遂这样的门客因救赵功勋还得以名垂青史，而豫让则亦因其悲壮的行刺事迹被记录了下来。

春秋末期，晋国的六大家族赵氏、魏氏、韩氏、智氏、范氏和中行氏争夺晋国王权之位。范氏、中行氏争权失利率先退场，其余四家，以智氏的智伯势力最为强大。智伯带领韩、魏两家进攻赵家的赵襄子，赵襄子反而说服韩、魏两家联合灭掉智伯，智伯的头颅被赵襄子做成了饮酒器。作为智伯门客的豫让无力改变主人被害的事实，只能通过刺杀仇家赵襄子的方式为主人复仇。换言之，豫让虽然也身怀武艺，但并非专诸那样的专职刺客。

> 嗟乎！士为知己者死，女为说（悦）己者容。今智伯知我，我必为报雠而死，以报智伯，则吾魂魄不愧矣。
>
> 范、中行氏皆众人遇我，我故众人报之。至于智伯，国士遇我，我故国士报之。

这两句话是豫让不顾一切要去刺杀赵襄子的逻辑，也是支撑他后来极端行动的理想信念，其中“士为知己者死，女为悦己者容”这句追求名节之语沿用至今。身为智伯的门客、身为智伯麾下的一位“士”，智伯“知我”，待自己有如国士，那么自己现在就要以命相报。

豫让的信念在今天看来并不陌生，每个人的潜意识里都把自己当作“千里马”，都期待着自己人生路上的伯乐，一旦真的有幸遇到了，只要存有良知，就自然想方设法地报答知遇之恩。豫让曾在范氏和中行氏处效力，但得不到应有的待遇，甚至很有可能都得不到认同，但在智伯这里，该得的全都得到了，而且是破格的国士待遇。所以豫让已经将自己和智伯的关系从职业关系上升到了伦理情感关系，他不再把自己看作是“门客”这样纯粹的职业者，他要的是在精神道义上取得价值，刺杀赵襄子就是取得价值、完善自我人格的最好方式。

但我们也要看到，这种要在精神道义上取得价值的观念也成了刺杀的束缚和累赘。在寻常人眼中,过程与方式不重要,取得预期结果才最重要。但有的人在复仇时必须把自己塑造成一种“殉道者”的形象。如同哈姆雷特担心仇人死后会上天堂,所以不会选择在仇人最无防备的祈祷时刻行刺一样,出于对智伯的忠心耿耿,豫让拒绝了友人“假意投靠赵襄子再伺机而动”的良谋,他把自己扮作刑徒,去赵襄子的宫中修整厕所,再找机会刺杀赵襄子。也是赵襄子命不该绝,上厕所时感到自己心跳异常,派人进厕所搜查,逮捕了豫让。豫让也不隐瞒身份,大声高呼“欲为智伯报仇!”刺杀虽然失败了,但为智伯报仇而死,自己殉道者的人格也算是变相实现了。赵襄子赞赏豫让的忠诚,称呼他为义人、贤人,将其释放。无法死得其所的豫让应该很郁闷,于是又展开了第二轮行刺活动。

由于担心被认出导致再次失手,豫让采取了极端的办法改变容貌,他“漆身为厉,吞炭为哑,使形状不可知,行乞于市”,皮肤溃烂、声音嘶哑,这种超越生理极限的自残手段非有大信念的人不可为。但很遗憾,这次刺杀依旧失利,赵襄子虽然敬重豫让,但也不打算再放过他。豫让对赵襄子表示理解,并提出了一个请求:“愿请君之衣而击之,焉以致报雠之意,则虽死不恨。”赵襄子满足了豫让所要求的象征性结局,豫让三跃而起击斩其衣后伏剑自杀。从最后的结局可以看出,其实两人都对对方十分钦佩,都通过各自行为成就了对方,只是可惜无君臣之缘。

(三)自我加戏

魏国人聂政的故事和专诸有几分相似,他们的雇主都是以行刺为目的在四处网罗死士。聂政的雇主是和韩国国相侠累有仇的严仲子，严仲子来到齐地寻找人才，齐人推荐了为躲避仇家而带着母亲和姐姐隐藏在齐国市井之中的屠夫聂政。严仲子经过多次求见，终于见到了聂政。为博得聂政好感，严仲子特地准备酒席，同时“奉黄金百溢，前为聂政母寿”，并私下说明了来意，但聂政以母亲需要赡养为名拒绝了严仲子的请求，当然也拒收了百金巨款。直到母亲去世后，聂政亲自登门找到严仲子表示愿意以身相报。而后聂政独自来到韩国成功刺杀侠累，接着自毁面容而亡。韩国悬赏千金征求刺客身份，得知消息的姐姐聂荣猜出是弟弟聂政所为，来到韩国公开聂政身份，告诉韩人弟弟自毁容貌就是担心姐姐的生命安全，作为姐姐不能因为贪生埋没弟弟英明，所以要公开聂政的身份，说完亦死在聂政身旁。

司马迁在开篇就交代了聂政的身世，“杀人避仇，与母、姊如齐，以屠为事”，他原本是有仇家的，但具备报仇能力的他没有去报自己的私仇，而是心甘情愿地当了严仲子的死士。如聂荣说的“士固为知己者死”“严仲子乃察举吾弟困污之中而交之，泽厚矣”，因为这份超规格结交的知遇之恩，所以聂政也要履行为知己者而死的“士”的责任，这一点和豫让的逻辑颇为相似。但我们必须搞清楚，智伯无仇家需要刺杀，他以国士对待豫让纯粹出于爱才，而严仲子更像是公子光，在四处寻找死士。两人不同的是，公子光贵为吴国王室公子，即使没有伍子胥，也会有其他臣下引荐死士；而严仲子不及公子光，他人至多是推荐，推荐后则需要严仲子自行结交，所以他的行为有极强的目的性，看《史记》中的原文记载便知。“臣有仇，而行游诸侯众矣”“臣之仇韩相侠累”，试想，严仲子曾贵为诸侯卿相，在请求市井屠夫聂政为自己复仇时却自降身价，对着聂政一口一个“臣”地称呼自己。如此反常举动，怎能没有刻意的结交目的？且黄金百溢无损于严仲子，能换一个为自己复仇的死士，无论怎么想这笔交易都是划算的。

不过，聂政却不这么认为，也不会将其看作是在交易。聂政和姐姐、母亲被迫藏在市井之中，生活于社会最底层，其地位是低贱的，但聂政并非凡夫，这就让他非常看重和自己交往的群体。试想，聂政起初是由齐人推荐给严仲子的，那么认识聂政的齐人当中定有识才之人，未见聂政对这位牵线伯乐有过何种表示。显而易见，聂政看上的是严仲子曾任卿相的社会地位，且重名不重利，黄金不算什么，社会地位越高的人来结交自己，就越能体现自己被埋没的价值，这也就足够了。打一个不太恰当的比方，《阿Q正传》中的阿Q被赵老爷骂了一声“滚”后都会以此为谈资，欣喜若狂地向众人炫耀赵老爷同他讲话了。赵老爷的一声“滚”和严仲子的声声“臣”，实质上没有太大区别，都被受众给“自行加戏”了。在这个故事里，最值得称道的其实是聂荣，如果没有聂荣，那么聂政真的就成了“被人卖了还在帮人数钱”的无名之辈。聂荣舍身来到韩国，只为让弟弟的人格更加完整，最后毅然倒在聂政身旁，“烈女”之名名副其实。

仅用了一顿酒席，严仲子就达到了自己的目的，但对聂政、聂荣来说却是十足的悲剧，富人报人以财，穷人报人以义，无故而得重赂，确实不是什么好事。

（四）志士

《刺客列传》中最后一位登场的是荆轲，他的名字在今天基本已经成了刺客的代名词。在五位刺客中，豫让、聂政是报知遇之恩，专诸是替主人出头的死士，前三人都是替人报私仇，只有曹沫和荆轲是为国事出手。但这二人又有区别：曹沫是鲁将，挟持齐桓公属于使用极端办法将功折罪，而荆轲是个居无定所的游士，秦灭六国的历史进程其实和他本人没有太大关系，也不影响他的游历生活。荆轲答应舍身去刺杀秦王，完全是从道义、正义乃至理想主义的角度出发，即单纯地不愿看到六国被强秦所并。又因秦始皇的名气太大，所以司马迁对荆轲重点描述，篇幅占整个列传的三分之二，让他有了十分完整的履历和个体精神面貌。

荆轲"好读书击剑"，但好像都不是十分精通：好读书，"以术说卫元君"，卫元君不用；好击剑，与高手盖聂论剑，被盖聂称为"不称者"，行刺秦王失败后也被一个认识他的叫鲁句践的游侠批评"不讲于刺剑之术"。不过，荆轲在燕地却受到追捧，被燕人称为"荆卿"，燕国的智者田光评价荆轲"神勇之人，怒而色不变"。

燕太子丹一方面与秦王嬴政有私仇，更重要的是不愿看到燕国乃至天下尽归于秦。在当时的客观形势下，想要在战场上打赢秦军不太现实，山东六国中任何一个诸侯国都没这个能力。最初太子丹的老师鞠武给出的建议是"西约三晋，南连齐、楚，北购于单于，其后乃可图也"，且不说燕国一直处于中原边陲，原本没有什么号召力，合纵能否成功都是未知数，就单以燕军战力来看，长平之战后的燕国曾两次偷袭赵国，但令人无法想象的是，毫发无损的燕军居然打不赢处于养伤状态的赵人，甚至被赵军反杀至燕都，最后被迫割地求和。以这样的战力想和秦军对抗简直就是痴人说梦，想阻止秦灭六国，就只能另辟蹊径，这个办法就是刺杀。这里需要补充一点，派刺客行刺敌方君王或重要人物不是太子丹的“专利”，秦国在占据绝对军事优势的前提下，同样派出大量说客、刺客潜入六国朝堂之中制造混乱。《史记·李斯列传》中便记载秦王派游说之士带着金玉宝物去游说诸侯，“诸侯名士可下以财者，厚遗结之；不肯者，利剑刺之”，可见秦国的刺客也干掉了不少六国中的坚定抗秦派。现下燕太子丹通过鞠武的举荐找到智者田光，又通过智者田光的举荐认识了荆轲，便委托荆轲刺杀秦王。即如前所述，荆轲的刺杀行动被赋予一个重大历史使命——拯救六国。

这次刺杀行动是庄重且悲壮的，在刺杀前，两个人就已献出了生命：一个是智者田光，太子丹嘱咐田光不要走漏谈话内容，在太子眼中这只是一句普通叮嘱，但自尊心强的田光却认为自己身为长者却不被太子信任，结果拔剑自刎。田光与太子丹虽然称不上是知己，但因是太子老师鞠武所引荐，他又举荐了荆轲，也勉强可以看作是为太子效力的一个“士”。今天看来，士人田光的自杀太过草率，但这种事情在那个年代很常见，《史记·孟尝君列传》还记载了一个更加荒谬的自杀事件：孟尝君和门客一起用晚餐，某位门客认为饭菜有别而发怒，孟尝君端着自己的饭菜和他比较，门客见到饭菜相同后非常愧疚，自己自杀了。再从先前豫让宁肯自毁身体也不愿假意投靠一事也可看出，彼时士的自尊心极强、要脸面，对于高尚精神和完美人格的追求甚至到了“要脸不要命”的地步。另一个选择自杀的是流亡在燕的原秦国叛将樊於期。荆轲打算用樊於期的头颅作为觐见秦王的见面礼，并将计划告知他。樊於期的家人为秦王所杀，其“每念之，常痛于骨髓”。为给荆轲刺杀秦王提供方便，也为给被害的家人报仇，樊於期慨然自尽，为这次刺杀增加了献祭的色彩。

出发时，荆轲于易水河畔放声高歌“风萧萧兮易水寒，壮士一去兮不复还”，这一场景与后面项羽被围垓下时的高歌何其相似，司马迁用文字再现了这一场景，营造了一种悲壮肃杀的氛围，也成功塑造了荆轲这个悲情刺客。荆轲死后，他的好友高渐离在双目失明的情况下依然选择刺杀秦始皇，可以看作是荆轲形象的延续，从而使荆轲由一个悲情刺客成为了历史英雄，也让刺客这一群体具有了较高的社会声望。

五位刺客最后的结局有成有败，但他们把个人的生死得失抛于脑后、九死不悔的无畏精神却是相通的。他们对国家的尽忠、对道义的追求、对知遇的报答、对理想的付出，纵使千年之后也令人由衷钦佩，如陶渊明《咏荆轲》中所言：“其人虽已没，千载有余情。”不只是荆轲，其余四人亦如此。

成也仓鼠，败也仓鼠

越是有过山车般沧桑经历的人，就越值得后人剖析与深思，秦朝丞相李斯就是这样一个大起大落式的人物。作为楚国文书小吏的李斯于战国末年入秦，先从吕不韦的门客做起，历任客卿、廷尉，直到成为秦朝一人之下万人之上的丞相。秦从一统天下至灭亡共十五年，李斯担任丞相就达十四年，非大才、大智之人莫能如此。但就是这么一个举足轻重的人物最后落得腰斩咸阳的可悲下场。回看李斯的整个人生：前期的他洞察力强、策略高明；但后期的他曲意逢迎、尸位素餐，最后仍难逃杀身之祸，究其根源，其成败皆系于"仓鼠哲学"。

（一）

仓鼠哲学，是司马迁在《史记·李斯列传》开篇记录的李斯通过老鼠处境感悟人生的故事，这个故事后来发展成了名为"仓鼠哲学"的一种理论：谁都愿意像粮仓里的"上等老鼠"，悠闲自得地享用着一辈子都吃不完的粮食，生命安全也有保障；谁都不愿意做厕所里的"下贱老鼠"，只能吃着污秽之物，还要随时担心被人打狗逐，故而"人之贤不肖譬如鼠矣，在所自处耳！"（《史记·李斯列传》，以下引文凡无注明皆出于此）人跟老鼠一样，贫富贵贱和所处的环境地位有直接关系，即今人常说的"位置决定命运”。平心而论，追求人上人的想法没有问题，尤其身处“逆水行舟，不进则退”的官场和职场，都需要这种思想作为前进的动力。但人与老鼠不同，老鼠可以只贪图果腹，而人是有理想价值的。孔子放着“俸粟六万”的鲁国国相不做，而是选择四处游学传播思想，甚至在游学中还屡有生命危险，晚年不顾体衰多病还要著书立说，其目的是拯救天下苍生；和李斯同时代的李牧、项燕等六国名将明知不敌强秦但仍要力战到底，因为他们心中也有一份坚守的信念。倘若人人抱着“仓鼠哲学”的观点选择当一个投机主义者，天下就不会出现可歌可泣的仁人志士了。故而处贱位时，“仓鼠哲学”是向上攀登的指导思想，也是前进动力；但处高位后只知贪恋权力、地位和财富，“仓鼠哲学”就沦为桎梏。李斯一生都贪恋功利和财富，他的人生最后也诠释了“成也仓鼠，败也仓鼠”。

老鼠可以凭借一次两次的运气侥幸潜入粮仓，从此过上“躺平”的日子，但人却不同，想当上位者单凭运气是不够的，需要首先选对本事做敲门砖。选本事是有讲究的，就是先要认真辨别哪种本事可以“进粮仓”。当时还是布衣的李斯“从荀卿学帝王之术”，拜当时著名的儒学大师荀子为师，直接将治国之道、统御天下之术作为自己的主修科目。荀子是儒家学派的代表人物之一，他的帝王之学是通过改变帝王而改变天下，但李斯学到手的帝王之学“变了味”，变成了专为迎合和维护帝王的学说，后来为维护秦朝统治而提出焚烧《诗》《书》等百家之语的文化灭绝政策的正是李斯。学成后，下一个问题就是要辨别哪里才是适合自己的“粮仓”。李斯“度楚王不足事，而六国皆弱，无可为建功者，欲西入秦”，具备敏锐洞察力的他判断出天下一统的局面即将到来，统一天下的非秦即楚。相比于当时士人们朝秦暮楚犹豫不定，李斯更清楚楚国的外强中干，只是徒具大国之名而已，秦强楚弱自不待言。且秦国打算一统天下势必要招揽天下人才，所以处于兼并战争食物链顶端的秦国是最好的选择。李斯辞别荀子时说了一番话，里面某些内容依然可以看作是"仓鼠哲学"的翻版："诟莫大于卑贱，而悲莫甚于穷困。"就像厕所中的老鼠，卑贱和穷困都是一个人最为耻辱的事情，只有富贵才是唯一的奋斗目标。现在"敲门砖"有了、也清楚"粮仓"的位置，时机又恰到好处，如果不去当个"仓鼠"就太愚蠢了。

李斯至秦国时，也正是秦王嬴政继位之际（前 247），因嬴政年仅十三岁，秦国大权实际掌握在秦相吕不韦的手中。李斯便投身吕不韦，从一个底层门客做起，后升为郎官并得到机会进入宫廷，大约用了十年时间最终做到客卿，即秦国对有贡献的六国人士授予的一种高级官职。之所以用了约十年，并非李斯在秦国不显眼，而是嬴政从继位到除权臣嫪毐罢免吕不韦后独立亲政也用了十年。李斯凭着自己的知识与口才迎合了嬴政统一天下的主张，为秦国做了两件大事：

第一，上《论统一书》劝嬴政"灭诸侯，成帝业，为天下一统"。李斯分析了当时天下"诸侯服秦，譬若郡县"的利好形势，建议嬴政将兼并战争正式纳入秦国议程，特别是"请先取韩以恐他国"[1]，通过兼并地寡兵弱的韩国来震慑其他国家，而不要再白白消耗时间坐等六国继续结盟抗秦。嬴政认同李斯之说，派遣大量间谍潜入六国朝堂之上，或收买或离间或刺杀，分化抗秦力量，待得手后再进行军事打击。只是在具体目标上稍作调整，鉴于韩国弱小可一战可定，嬴政先将打击目标更换为精兵良将犹存的赵国。秦王嬴政十一年(前 236),秦国选择趁赵、燕交兵之际出兵赵国,“王翦、桓齮、杨端和攻邺,取九城”[2],秦王嬴政十三年(前 234),再次出兵赵国,“攻赵平阳,杀赵将扈辄,斩首十万”[3],给予了在长平惨败后刚刚有些起色的赵国又一记重拳,为公元前 230 年正式发起兼并六国战争扫清障碍。

第二,上《谏逐客书》进谏嬴政不要驱逐在秦为官的六国人士。嬴政误中韩国间谍、水利工程专家郑国“疲秦”计策,倾全国之力花费十多年修建大型水渠。在施工的过程中,郑国的间谍身份暴露。秦国宗室大臣原本就和在秦为官的六国人士存在利益冲突,便借此事诋毁他们,震怒的嬴政也听从宗室大臣意见,下令驱逐所有在秦为官的六国人,李斯也在其列。好不容易花十年时间爬到客卿位置当了“仓鼠”,“一夜回到解放前”,这是李斯不能接受的,于是便有了著名的《谏逐客书》。《谏逐客书》是一篇优秀的议论文,李斯雄辩的逻辑和说话的艺术至今依然不过时,耳熟能详的名句“泰山不让土壤,故能成其大;河海不择细流,故能就其深”便出自其中,该篇后来还被收录进清代《古文观止》与今日统编版高中语文课本中,供后世学子学习。这篇文章共有三个部分,第一部分从秦国先代历史讲起,秦国历史上耳熟能详的名臣百里奚、商鞅、张仪、范雎等人没有一个是秦人,但秦穆公等先代秦君照样信任他们重用他们,让这些人才为秦国的强大做出巨大贡献。上述历史事实指向了一个结论:“客何负于秦哉!”其实道理谁都懂,嬴政的逐客令或许也只是一时气愤才做出的决定,不过面对他这样的虎狼之君,与其空洞说教,不如搬出他的老祖宗后再讲道理。引用历史后,李斯在文章第二部分又细数了秦王宫中的各式珍宝物件与嬴政宠幸的美人,这些也没有一个是秦国的。嬴政不拒绝六国的美人与珍宝，却不问是非曲直驱逐客卿的做法是在搞双重标准，此举“非所以跨海内制诸侯之术也”。在第三部分，李斯郑重讲明了驱逐客卿的做法等同于“借寇兵而赍盗粮”，即相当于拿自己的武器和粮食去资助敌人，一旦被驱逐的人才重新回到他们各自的诸侯国，就只会造成“内自虚而外树怨于诸侯”的下场。说到底，秦国要想成就统一大业，就必须不分国界地域，广泛招纳贤才。《谏逐客书》是李斯的名作，其高明之处在于通篇都是从秦国利益的角度去分析逐客令的利弊，迎合了嬴政打算一统天下的雄心，而丝毫没有提到自身利益。此外，《谏逐客书》的文学价值也非常高，鲁迅先生曾评价该文“秦之文章，李斯一人而已”[4]。这篇文章呈上后的结果显而易见，嬴政阅后“乃除逐客之令，复李斯官，卒用其计谋”，他的“仓鼠”身份保住了，还被升为廷尉。从这件事可以看出，论政治远见，李斯是在嬴政之上的。但假使当初的逐客令名单上没有李斯，他是否还会劝嬴政收回这项荒唐的命令？恐怕未必，看他对待韩非子的态度就知道了。在这一时期，李斯最令人诟病的地方便是害死自己的同门师弟韩非子。

由于嬴政听从李斯建议开始对韩国用兵，韩王无奈遣宗室成员韩非子使秦劝说嬴政重新建立两国友好关系。论出身，韩非子王室血统带出来的贵族气质不是李斯一介布衣能比拟的；论见识，韩非子“喜刑名法术之学，而其归本于黄老”[5]，即他眼中的法家是杂糅了道家学说的集大成思想，非商鞅、李斯那种以简单粗暴手段管理百姓的法家可比；论才华，早在二人同门学习时李斯“自以为不如非”。韩非子毕竟是韩国宗室，一心想为韩国效力，但韩王并不重用他，于是他转而著书立说。今人通过这些流传下来的著作能确定韩非子在总结前任商鞅、申不害等人法家思想的基础上形成了自己的法家理论，甚至嬴政读后亦发出"寡人得见此人与之游，死不恨矣"[5]的感慨，向韩王开出了得到韩非子本人便休兵的条件，这更是李斯万万不及的。只不过当初对韩国还抱有希望的韩非子选择留在韩王麾下效力，而李斯认准强秦，所以才会出现今天的差距，换句话说，在仕途上李斯选择的是"粮仓"，而韩非子选择的，在李斯眼中只能算是一个"厕所"。现下嬴政欣赏韩非子，一旦他受到重用就必然会威胁到自己的"粮仓"，这是李斯所不能接受的。这时李斯的仓鼠心理再次发作，早将《谏逐客书》中不拘地域用人的观点抛之脑后，他下决心要除掉这位后来居上的竞争者，便借韩非子的身份恶意中伤他"非终为韩不为秦，此人之情也"[6]，建议嬴政除掉这个不会忠于大秦的外乡人。加之上卿姚贾同样嫉妒进谗，对李斯言听计从的嬴政将韩非子下狱，于是李斯"使人遗非药，使自杀。韩非欲自陈，不得见"[7]。由此可见，后来李斯答应赵高篡改始皇遗诏并非被逼无奈，而是半推半就。个人利益要高于秦国利益的想法，早在他还未位极人臣时就已经扎根内心了。

（二）

嬴政统一天下成为秦始皇后，李斯起初依旧担任廷尉，但不久就取代王绾成为新任丞相，在是否分封子弟、焚书坑儒等重大国策问题上屡屡发表自己的观点并被采纳，还成为实行郡县制、车同轨、书同文等政策的制定者和执行者，为维护秦朝中央集权统治尽心竭力。与此同时，他的权势到达顶点，可以比肩甚至超越秦国建国五百年来的任何一位国相。李斯的子女全部和秦始皇的子女联姻，他的家族在秦国枝繁叶茂，举行家宴时“百官长皆前为寿，门庭车骑以千数”，用李斯自己的话说“当今人臣之位无居臣上者，可谓富贵极矣”，早将王翦、蒙恬等为秦国效力三代攻灭六国的武将家族远远甩在后面。

截止到这一阶段，李斯对秦国的忠心耿耿与他谋取个人财富权势的欲望并不矛盾，而且他还将二者平衡得十分到位，哪个也没耽误。此时的他也发出“物极则衰，吾未知所税驾（归宿）也”的担忧，对现实有着清醒认识。从常理讲，李斯不必过于悲观，今人对秦始皇的评价两极分化，欣赏他的赞其是雄主，贬低他的斥其为暴君，但不管是褒奖还是贬损，没人认为他是一个不辨忠奸的昏君。试看为其打下江山的蒙家和王家，秦始皇“甚尊宠蒙氏，信任贤之”[8]，蒙恬率军三十万辅佐扶苏常年镇守北方，其弟蒙毅官居上卿常为内谋，兄弟二人都得到了重用。而王氏家族在王翦、王贲两代人去世后，第三代人王离也继续担任执掌兵权的要职，可见秦始皇没有刘邦那种兔死狗烹滥杀功臣的嗜好，反而放心大胆地使用。假使李斯短命，在位极人臣的巅峰时溘然离世也是个不错的归宿。但遗憾的是，先离世的反而是年龄小的秦始皇。靠山没了，李斯被迫开启了短暂的人生下半场。

下半场刚刚开始，赵高就给李斯出了一个难题，这或许是他任丞相后所要面对的第一个人生岔路口：是按照遗诏立在外驻守的扶苏为帝，再等着扶苏免掉自己的丞相位置让亲信蒙恬取而代之；还是同赵高一起私立胡亥然后继续稳稳当当地做自己的丞相？这其实就是忠心和利益的交锋。如前所说，李斯的那份忠心是出于维护自己富贵权势的需要，而非融进骨子里的人生信念，和后世诸葛武侯《出师表》里“贞良死节”式的忠臣完全不可同日而语。现下秦始皇没了，没人能保证他未来的富贵权势，赵高就是用李斯的这一弱点不断攻击他的心理防线。《史记·李斯列传》里详细记载了赵高劝说李斯的话语，两个人唇枪舌剑地争论了五个回合，李斯从听到这件事后发出"安得亡国之言，此非人臣所当议也"的惊呼与怒斥，最后到"独遭乱世，既以不能死，安托命哉"的妥协叹息，谁让"仓鼠"的印象太深，"粮仓"的诱惑太大，他的心理防线被赵高"洞穿"了。有了李斯的支持，胡亥顺利登基，扶苏、蒙恬都被赐死。三人开始驾驶着名为"秦"的马车驶向了不归路，当然最先下场的就是李斯。

胡亥成为秦二世后，秦朝内有赵高日益得宠，为报私怨胡乱杀人，外有胡亥继续推行苛刑暴政，山东义军揭竿而起。开弓没有回头箭，这时的李斯明知会有亡国之祸，但出于自保，还是违心写下了自毁身价的《行督责书》，赞同胡亥施行严刑峻法来督察责求臣下。比之当年的《谏逐客书》，从本质上来说，两篇文章都是出于自保，但前者是一言兴邦，后者却是一言丧邦。上有好者下必甚焉，在胡亥严刑峻法的统治下，一时之间"刑者相半于道，而死人日成积于市。杀人众者为忠臣"，秦朝二世而亡已无悬念。因赵高打算独揽大权，李斯又卷进了和他的权斗当中，一个是早有预谋暗自谋划，一个是后知后觉被迫应战，胜负结果不难猜出，李斯被扣上暗通义军的帽子下狱。最开始的他坚称自己被冤，但后来"榜掠千余，不胜痛，自诬服"，在拷打之下只得招认。李斯对于秦二世的继位有大功，抱有怀疑态度的秦二世派人单独审问，此时被打怕了的李斯不敢再说实话，最终被以通敌罪名夷灭三族，他本人也被处以腰斩的酷刑，此时距胡亥登基不过两年。行刑前，李斯对一同受刑的儿子说："吾欲与若复牵黄犬俱出上蔡东门逐狡兔，岂可得乎！”走在行刑的路上，连回故乡牵着狗打猎都成了一种奢望。李斯为他当初犯下的错误付出了惨烈的代价，若还用老鼠来比喻，已经是在厕中食粪苟活而不得，活活地被别的猛兽撕成碎片。

李斯的一生和秦始皇类似，都是大功大过毁誉参半的人物。他命运的成败和秦国的兴衰紧密相连，任他前半生辅佐始皇并位极人臣，在最后的两年时间中还是污点连连晚节不保，落得悲惨下场。这里不去评判李斯的历史影响，单从其个人奋斗史来看，出身布衣的李斯不甘心蜗居底层，为此去学习功利性的帝王之术，学成后带着追逐权势富贵的欲望奔赴秦国终于如愿以偿，这些并没有错。但为保住地位，他不惜残害同门师弟韩非子以及篡改始皇遗诏，可见在他身上也展现了不择手段的人性阴暗面。最终害了他自己的正是这个阴暗面，这种起落人生印证了一个简单却难以做到的道理：人不可以有私，私则蔽明。李斯之所以前智后愚判若两人，答案就在于此。或许在他将自己看成是一只老鼠，以寻找粮仓作为自己的终生追求时，他的命运之路就已经注定了是一条机会主义者的不归路。

注释：

1、2、3《史记·秦始皇本纪》

4《汉文学史纲要》

5、6、7《史记·老子韩非列传》

8《史记·蒙恬列传》

气贯日月，败亦英雄

项羽是秦汉交替时期最为悲情的英雄，后人每每聊起他的故事也无不扼腕叹息，这一切要拜司马迁在《史记·项羽本纪》中荡气回肠的文字所赐。在《史记》中，本纪一般是记载帝王或天子的人物传记。项羽在灭秦后分封天下，继而自号"西楚霸王"，并未像秦始皇那样称皇帝，但司马迁没有按成王败寇的标准对待项羽，反而根据他的灭秦功业和实际社会影响将其列入本纪中。后人想深度解读项羽的悲剧人生，还是要根据司马迁对他的评语：

> 吾闻之周生曰"舜目盖重瞳子"，又闻项羽亦重瞳子，羽岂其苗裔邪？何兴之暴也！夫秦失其政，陈涉首难，豪杰蜂起，相与并争，不可胜数。然羽非有尺寸，乘势起陇亩之中，三年，遂将五诸侯灭秦，分裂天下，而封王侯，政由羽出，号为"霸王"，位虽不终，近古以来未尝有也。及羽背关怀楚，放逐义帝而自立，怨王侯叛己，难矣。自矜功伐，奋其私智而不师古，谓霸王之业，欲以力征经营天下，五年卒亡其国，身死东城，尚不觉寤而不自责，过矣。乃引"天亡我，非用兵之罪也"，岂不谬哉！（《史记·项羽本纪》。下文引文凡无注明皆出于此）

司马迁首先点评的是项羽特殊的相貌和身世。相传上古时期的舜"目盖重瞳子",又听传言说项羽和舜一样是"重瞳子",即眼睛里有两个瞳孔,从相貌上来说就不是一个平凡人,这也注定了不管是舜还是项羽的一生都不会平凡。项羽是楚国贵族、名将项燕之后,一心一意栽培项羽的叔父项梁就是项燕之子。项燕的人生轨迹处于战国末年,《史记》中关于他的记载很少,但凡是如楚项燕、赵李牧等在秦兼并战争中英勇抵抗到最后一刻的六国将军都是十分可敬的人。公元前230年,即项羽两岁时,秦国开始发动统一战争。韩、魏、赵、燕、齐均一战而定,秦军在对五国的灭国之战中未尝一败,唯独在楚国这里吃了苦头,前后耗时两年发动两次攻势方才拿下,这完全是项燕的功劳。在第一次战争中,面对来势汹汹已连下楚地十余城的秦将李信二十万大军,项燕选择避其锋芒,待李信调转进攻方向后再急行军三天三夜尾随追击,结果"大破李信军,入两壁,杀七都尉"[1],打出了楚军最后一次威风,项燕也成了六国灭亡前唯一大破秦军的名将。在第二次战争中,项燕为秦军名将王翦所击败,但哪怕在楚王负刍都已被俘的情况下,项燕仍然另立宗室成员为楚王,战至最后一刻,他的临难不屈也成了所有楚人的精神信仰。项燕的死,让楚人一直意难平,很多楚人都宁愿相信项燕只是在兵败后隐姓埋名逃难去了。后来陈胜在大泽乡起义时借的就是项燕之名,他曾说过"项燕为楚将,数有功,爱士卒,楚人怜之。或以为死,或以为亡"[2],可见楚人们都期待着有一天项燕能够回来重新举起抗秦的大旗。通过项燕的故事也能反映出在秦末起兵的人士中,项梁、项羽叔侄的担子应该最为沉重,陈胜等人是因苦秦而反,而项氏叔侄还肩负着亡国灭亲之恨。而随着项梁在战斗中为秦将章邯所杀,项羽对秦朝的恨意就更加强烈了。

在推翻秦朝的历史进程中,陈胜是打响第一枪的首难者,可惜并未成功,半年后为秦将章邯歼灭,而趁势起兵的项羽却做到了"三年,遂将五诸侯灭秦"。客观地说,秦朝施行暴政,专以奴役百姓为能,哪怕陈胜首难失败,又哪怕项羽随项梁一起意外阵亡,这样的朝代也迟早会被推翻。但项羽用了三年时间就带领各路反秦势力完成这一霸业,这本身就是一件十分了不起的事,所以司马迁用"近古以来未尝有也"一语来高度评价他。项羽是如何做到三年灭秦的,除却我们熟知的秦朝仁义不施而自取灭亡,应该说和项羽身上超越常人的勇武与霸气有莫大关系。《史记·项羽本纪》中记载他"长八尺余,力能扛鼎,才气过人,虽吴中子弟皆已惮籍矣",在秦汉时期,吴人一直以悍战著称,但司马迁在这里用了"虽""皆""惮"等字眼,更说明了项羽是强者中的强者。我们知道,项羽在读书、学剑乃至学习兵法上皆不走心,那"才气"更多的还是指他本身的武力。关于项羽的身高,《汉书·项籍传》给出了更精确的"籍长八尺二寸",秦代一尺约合今天 23.1 厘米,身高八尺二寸即相当于今天的 1.89 米以上,加上能够扛鼎的膂力,不管是什么时候,这样的"巨无霸"体魄至少在外形上就已经给人一种避之唯恐不及的感觉。故而项梁、项羽在会稽郡起事反秦时吴中人士愿意跟随他们,项梁靠的是平时就展现出的成熟稳健的领袖气质,即"吴中贤士大夫皆出项梁下,每吴中有大繇役及丧,项梁常为主办",但需要统领在一线冲锋陷阵的吴中八千青年子弟,还得靠项羽一口气杀死会稽郡守及麾下百十来守卫的"巨无霸"特性。假使项羽身体羸弱,或者没有每遇大战必身先士卒破釜沉舟的个人魅力,即使他是项燕后人，八千子弟至多会礼貌待他，认他当首领绝无可能。考察《项羽本纪》后面的记载，项羽的“巨无霸”特性一直保持到他殒命前的最后一刻。不只是家门口的吴中子弟，其展示出的气场还曾多次在战场上让他人吃惊忌惮。在秦楚决定性战役巨鹿一战大破秦军后，诸侯军主将前来庆贺项羽时“入辕门，无不膝行而前，莫敢仰视”。后来楚汉两军交锋时，刘邦麾下的神箭手楼烦射杀了三位前来挑战的楚将军。待到项羽亲自出阵对着楼烦怒目叱呵，楼烦“目不敢视，手不敢发，遂走还入壁，不敢复出”，完全被项羽的霸气压制，逃之夭夭了。在最后的垓下之战中，面对汉军重重围困，以战场作舞台的项羽“大呼驰下，汉军皆披靡，遂斩汉一将”。汉将赤泉侯杨喜不信邪，前来追击项羽，项羽再次瞋目叱之，结果“赤泉侯人马俱惊，辟易数里”。在吓跑了杨喜后，项羽继续他的斩将表演，“复斩汉一都尉，杀数十百人”，种种表现真的可以说是万军中取上将首级如同探囊取物。这样的惊人气势，或许也只有三国时代于万军之中斩颜良的武圣关公能与之相提并论。而且项羽的霸气不只体现在强劲体魄上，更是融在了骨血之中。对比他和刘邦同样见到秦始皇仪仗车队时的反应，刘邦说的是“大丈夫当如此也”[3]，这是一种常见的人生感慨，流露出的是羡慕口吻，但项羽的“彼可取而代也”却可谓是舍我其谁，二者完全不可同日而语。一言以蔽之，项羽的勇武和霸气让他最初起事十分顺畅，特别是决定楚、秦生死存亡的巨鹿之战，面对的秦军主将又是当年杀害祖父项燕的仇人王翦之孙王离，在国仇与家恨双重叠合之下，项羽靠个人的勇武霸气成功将全军士卒置之死地而后生的潜力激发到极致，因而大破秦军，俘王离降章邯，一举成就霸王之名。在这一阶段，勇武和霸气都是项羽功成名就的重要加成。

反过来说，恰恰是因为项羽霸业成就得太快，让他认为凭着勇武和霸气，无论遇见什么敌人都可以一战定胜败，无论出现什么叛乱只要屠城坑俘都可以解决一切，所以他失败的速度也是非常快的。更不用说从军事作战角度来看，个人勇武也只是取胜的重要因素，却不是决定性因素。秦亡后的楚汉战争历时四年，刘邦自己总结的胜出原因，主要靠的是后方不断提供粮饷兵员补给的萧何、屡出奇谋妙策克敌制胜的张良，以及战必胜攻必取的战神韩信，但其实有一个人同样功不可没，这个人就是专截项羽粮道的游击战专家彭越。考察楚汉对战历史进程，自刘邦打进关中后韩信便一直致力于另辟战场，转战赵、齐等地，在垓下之围前未和项羽对决过。且不说假使项羽和韩信对阵是否会重蹈龙且轻敌覆辙，就是终楚汉战争之末，以项羽的勇武始终未能消灭驻军黄河北岸不断袭扰自己后方的彭越。《史记·魏豹彭越列传》记录了彭越三次战绩：汉王三年（前 204），彭越“常往来为汉游兵，击楚，绝其后粮于梁地”；汉王四年（前 203）冬，趁项羽和刘邦在荥阳对峙时，彭越“攻下睢阳、外黄十七城”；汉王五年（前 202）秋，彭越“复下昌邑旁二十余城，得谷十余万斛，以给汉王食”，当年冬，彭越参加了垓下合围，成功困死项羽。如《史记·季布栾布列传》中所言，“方上之困于彭城，败荥阳、成皋间，项王所以不能遂西，徒以彭王居梁地，与汉合从苦楚也”，每当项羽在正面战场夺取荥阳、成皋等要地时，彭越便渡河深入敌后切断楚军粮道；项羽回援时，彭越便退回黄河以北，而刘邦也趁机反攻荥阳。在汉军众将中，彭越并不以悍战著称，论功劳也不是最大的，但他深谙“敌进我退、敌退我进”的游击战精髓，只要摧毁了楚军后方补给，项羽再勇武也无济于事。在韩信成功为刘邦拿下半壁江山前，阻挡项羽继续西进的将领中，彭越当居头功。所以这里先不谈政治决策失误会给战场带来哪些不利的影响，单是碰见彭越这种打了就跑的游击战专家，项羽的勇武霸气也发挥不出来。

而司马迁是如何看待项羽的失败呢？他在“太史公曰”中批判项羽所言的“天亡我，非用兵之罪也”这一怨天理由实属荒谬，给出了“羽背关怀楚，放逐义帝而自立，怨王侯叛己，难矣”的评价，归结为一句话，项羽还是败在政治上目光短浅。起兵反秦时，为吸取陈胜过早称王而失去号召力的教训，项梁从民间寻来了当初屈死在秦国的楚怀王之孙熊心，依旧把他立为楚怀王。哪怕熊心只是一个有名无实的傀儡，仅凭楚怀王之孙的身份就能激起天下反秦势力特别是楚人的屈辱与愤怒。所以说项羽能够灭秦，看得见的原因是他在战场上的神勇表现，看不见的原因便是熊心带来的号召力。但项羽在灭秦之后过河拆桥杀掉熊心，等于失去了道义上的庇护，给诸侯争霸留下了口实。加之项羽放弃关中，将形胜之地拱手让人，于作战之中又屡施屠城坑俘恶行，在天时地利人和俱丧的情况下，若不是依靠个人勇武和楚人本身悍战的特性还能屡次在主战场击溃刘邦，其灭亡的速度还要快上许多。此外还有一点，刘邦是一个深谙人性的老江湖，但项羽不是。和许多武人类似，年轻的项羽四肢发达，头脑却简单，用今天的话说耳根子还软。如前文所述，项家与秦国有不共戴天的国仇家恨，特别是叔父项梁被章邯击杀后，要算的旧仇上就又多了一笔新恨。但章邯在投降项羽后却被宽恕，而后还被立为王侯。试问既然项羽可以冒天下大不韪而暗中杀害熊心，可以目光短浅坑杀二十万秦军火烧秦宫殿，为何不多杀一章邯为项梁报仇？只因为章邯投降时“见项羽而流涕”，一通哭鼻子抹眼泪的表演感动了项羽，也救了自己的命，还在未来给自己博了一个王爵。鸿门宴上，刘邦在展现了一通服软乞求的演技后，项羽立刻对未来的劲敌交了底——“此沛公左司马曹无伤言之，不然籍何以至此”，直接出卖了自己的线人。再看鸿门酒宴的整个过程，刘邦如案板上鱼肉般的坐立不安、范增要除去祸患的急不可待、项庄舞剑时的步步紧逼、项伯陪舞时的以身阻挡、樊哙硬闯大帐后的英勇护主，双方明争暗斗高潮迭起，唯独项羽仿佛一个看戏的局外之人，安心吃喝欣赏表演，为何如此？“臣与将军戮力而攻秦”，“今者有小人之言，令将军与臣有郤”，还是因为刘邦见项羽第一面时便对着自己儿子辈的项羽“臣”“臣”地认怂了。昔日仇敌的痛哭乞求，潜在劲敌的假意认怂，项羽便可以搁置家仇国恨不再追究，可以无视亚父范增的警告放跑对手。相反，倘若不肯认怂会是何种下场，看项羽是如何对待后来的汉丞相王陵之母便可得知。《史记·陈丞相世家》中简单地交代了王陵的生平，王陵虽然在吕后时代贵为丞相，但他“本无意从高帝”。刘邦进入关中拿下咸阳后，王陵“亦自聚党数千人，居南阳，不肯从沛公”，直到楚汉战争爆发后才选择了站队刘邦，可那实属是“矬子里面拔将军”的无奈选择。此时王陵母被俘于楚军中，项羽让她招降儿子，陵母却托人转告儿子安心辅佐刘邦，而后自尽而亡。从常理来说，敌方统帅即使本心再厌恶这种“硬骨头”，出于笼络人心的需要，对待这样的烈母也应予以厚葬，但项羽是怎么做的呢？“项王怒，烹陵母”，只要是逆我者，哪怕你已经身死，全尸也别想留下，得知母亲下场后的王陵“卒从汉王定天下”。项羽这样的性格想坐拥天下，真的是太难了。再看楚汉争战期间战场之外的较量，刘邦从不吝啬与部下共同分享财富与地位，在垓下之围前封韩信、彭越、英布为王，得以汇合诸将兵马对项羽形成合围之势，而项羽对有功将士只知平时嘘寒问暖却不愿给予加官晋爵的实际好处，这种无聊做派被韩信斥为“此所谓妇人之仁也”[4]。一个是不吝赏赐，一个是吝惜赏赐，就双方将士的凝聚力来说，同样是不可同日而语，这也是刘邦可以不断离间项羽麾下人才的原因。陈平曾分析项羽身边的臂膀“亚父、钟离眛、龙且、周殷之属，不过数人耳”[5]，刘邦虽知陈平贪财，但依旧大方拿出四万斤黄金作为经费交由他自行使用，用于到楚营内部散布谣言也好，或者是自己想做其他事情也罢，刘邦不再过问。在陈平“孔方兄”的大力运作下，除龙且在战场上被韩信击杀外，年已七旬的亚父范增因不再受项羽信任而被气死，猛将钟离眛在垓下之围时独自逃生，驻守九江的周殷更是直接举城降汉，还率所部参与了垓下合围。相反，项羽派出的使者却无法说服韩信反汉。故而综合来看项羽与刘邦争雄天下的实力对比，项羽倚仗的只有战场上的个人勇武，除此之外再无优势，但刘邦倚仗的却是高水准的操控人心。今人每提项羽最后时刻舍弃生命不肯过江一事时，总会吟诵杜牧《题乌江亭》中“江东子弟多才俊，卷土重来未可知”来为这位悲情英雄惋惜和鸣不平，但假使项羽真的返回江东，就能够卷土重来扭转乾坤吗？恐怕大概率还是穷途末路，故而王安石的《叠题乌江亭》更为客观，也更符合历史事实：

百战疲劳壮士哀，中原一败势难回。
江东子弟今虽在，肯与君王卷土来。

但不论项羽的缺点有多致命，为人多么不成熟，司马迁还是非常钦佩这位西楚霸王的。从垓下之围到项羽自刎于乌江的经历原本只需一句“羽乘夜突围，平明至乌江，不得脱，乃自刎”便可交代，但司马迁却绘声绘色地描写了项羽与爱妾虞姬作别时的英雄气短、重围之中斩杀汉将如探囊取物般的轻而易举、乌江亭边不愿独自逃生时的大义凛然，一个悲情英雄的鲜活形象跃然纸上。后来的李清照更视不肯过江东的项羽为有气节的大英雄，以此来抨击畏敌如虎苟且偷生的窝囊朝廷。一言以蔽之，悲情英雄亦是英雄，是值得后人去歌颂和怀念的。

注释：

1《史记·白起王翦列传》

2《史记·陈涉世家》

3《史记·高祖本纪》

4《史记·淮阴侯列传》

5《史记·陈丞相世家》

刘邦建国之路

汉高祖刘邦是通过发起农民起义而建国，所以谈到汉朝开国就首先要从秦末农民起义讲起。

(一)无道

公元前230年至公元前221年，秦王嬴政用十年时间灭六国一统天下，自称始皇帝。秦朝是一个短命朝代，仅存续十五年。这十五年里，秦始皇在位十二年，于公元前210年驾崩；秦二世胡亥在位三年，于公元前207年被权臣赵高所杀；第三位统治者子婴，鉴于六国都已复国，赵高去秦帝号重新将子婴立为秦王。秦王子婴在位四十六天，杀赵高后向刘邦投降，秦亡。秦朝是被农民起义推翻的，贾谊《过秦论》中指出秦亡的深层原因是"仁义不施而攻守之势异也"，这个"仁义不施"并不是说如汉末因统治阶级大量侵占土地致使无地可耕的百姓发动起义，而是指秦始皇不懂得与民休息，在统一不久后就开始征发百姓无休止地去服兵役与徭役，最终导致天下百姓"伐无道，诛暴秦"。

当时大量征发百姓服役主要是为了三件事，分别是北征匈奴、戍守岭南和修建阿房宫与骊山墓。

北征匈奴发生于公元前215年，将军蒙恬率军三十万从匈奴手中收复了河南地(今内蒙古河套南鄂尔多斯市一带)，又于战后西起临洮(今甘肃岷县)东至辽东主持修建万里长城。

戍守岭南发生于公元前 214 年,平定百越后的秦始皇征发罪犯、商人、赘婿三类人去戍守岭南,共计征发五十万人。这里需要明确,这五十万人只是战后戍守,秦平百越之战过程异常惨烈,《史记》中对此战语焉不详,仅在《平津侯主父列传》中有一条“使尉屠睢将楼船之士南攻百越,使监禄凿渠运粮,深入越,越人遁逃。旷日持久,粮食绝乏,越人击之,秦兵大败”的模糊记载。至于具体战事过程,在西汉淮南王刘安的《淮南子·人间训》中有完整记录。这场战争始于公元前 219 年,即秦统一后的第三年。秦始皇“使尉屠睢发卒五十万为五军”,也是动用了五十万大军,仅次于动用六十万人的灭楚之战。令人意想不到的是,战事旷日持久,秦军折损巨大,越人“杀尉屠睢,伏尸流血数十万”,包括主将屠睢本人在内的几十万人阵亡,惨烈程度远超秦朝历史上任何一次惨败,堪称是秦始皇武功上的一大败笔。百越直到公元前 214 年才基本被平定。或许是士卒伤亡巨大,这才从民间征发罪犯等三类人前去戍守。

修建阿房宫与骊山陵墓发生于公元前 212 年,《史记·秦始皇本纪》载,秦始皇在上林苑建造规模庞大的阿房宫,宫殿东西五百步,南北五十丈,殿堂内可容纳上万人。又修骊山墓,墓高五十丈、回环五里,外形有如一座小山,其中藏有奇珍异宝无数,上具天文,下具地理,布置得和人间宫殿一样。这两项工程征用了“徒刑者七十余万人”,几乎等于征匈奴与百越的人数总和。

除却士兵以外,所征发的几类人中,罪犯姑且不论,商人、赘婿的家庭都属于富人阶层。秦时富人被称为“闾右”,穷人则被称为“闾左”。秦始皇把天下豪富十二万户迁徙到咸阳,先征发富人服役，但由于役戍繁多，导致“富者役尽，兼取贫弱者也”[1]，无论贫富都逃脱不了兵役与徭役，汉高祖刘邦本人就曾在咸阳服徭役。就此，三件大事加在一起，征发人数超过了两百万。今人估算秦代人口至多两千万人，在统一战争结束后的十年间便发动占全国人口十分之一的精壮男子去服兵役、徭役，且这还没有计算从事运输保障的老弱群体，如《史记·平准书》中所言的“丈夫从军旅，老弱转粮饷”，整个天下都变成了一座大型的劳力集中营，专为秦始皇的功勋和个人享受而卖命奔波。为了保持这种超高强度的压榨，秦朝制定严法来惩罚百姓，动不动就施以族诛、连坐等残酷刑罚。后来陈胜、吴广起义的导火索也正是因戍边途中遇雨误期，按律当被处死，两人这才决定揭竿而起。以汉人的评语来说，秦时天下“赭衣塞路，囹圄成市”[2]，百姓间“父不宁子，兄不便弟”[3]，普天之下囚犯挤满道路，监狱如集市一样多，以至于连父子兄弟之间都不能相互保护周全，所有人都活在一种朝不保夕的恐怖环境中。在这种随时可能丧命的环境之下，试问有哪个朝代可以做到千秋万世？滥用民力且施行恐怖统治的行为早已严重突破社会底线，故而即使秦始皇不死，秦朝也难保不亡。

（二）起义

秦末农民起义分为前后两个阶段。先是陈胜、吴广在蕲县大泽乡（今安徽宿州东南）起义，而后项羽和刘邦在各自家乡会稽吴县（今江苏苏州）与东海沛县（今江苏沛县）起义，这四人均是楚国人，也应了当时“楚虽三户，亡秦必楚”的预言。

公元前 209 年七月，陈胜、吴广等九百名戍卒按计划前往渔阳服役，至大泽乡时因大雨误了行期，按律当斩。两人不愿坐以待毙，吴广先是通过鱼腹丹书、篝火狐鸣等方式装神弄鬼制造悬疑气氛，让众戍卒逐渐相信陈胜是未来的楚王。不久，二人又趁押解官醉酒之际将其杀死，正式领导九百人揭竿而起。起义军迅速拿下蕲县，而后进展十分顺利，兵力规模不断扩大，目标直指大泽乡西北部的原楚国国都陈县(今河南淮阳)，等抵达陈县时义军已有“车六七百乘，骑千余，卒数万人”[4]。陈县攻克后，陈胜自立为楚王，国号张楚。此时“诸郡县苦秦吏者，皆刑其长吏，杀之以应陈涉”[5]，张楚政权的建立，让天下反秦力量如星火燎原之势迅速蔓延，楚以外的五国也先后复国。

不过事情总有正反两面性，如后来清末太平天国起义，林凤祥、李开芳仅率两万军从南京出发北伐，兵锋所向尚能直抵天津，若洪秀全拿下南京后继续全力北上，中国历史恐会改写，陈胜之事亦是如此。过早称王的好处是具备号召力，唤起天下的反秦力量，但坏处同样明显，陈胜一介苦力尚可为王，他人同样可以，当时的智谋之士范增、张耳、陈馀都清楚地认识到这一点，预判陈胜必亡。后面形势发展果如几人所料，称王后的陈胜派出几路偏师收复赵、魏等地，如部下武臣奉命收复赵地，他到赵地后便自称赵王，而后武臣派自己的部下韩广收复燕地，韩广也效仿武臣自立为燕王。还有就是像出于对故国怀念的魏人那样，拥护原王室后裔为王。总之派去的人成了各自独占一方的割据势力，不再听从陈胜调遣协助伐秦，由此义军内部开始分化，间接导致陈胜败亡。与此同时，西进至荥阳、关中一带的吴广、周文两支主力军战事不利，秦廷将修建骊山墓的刑徒七十万人武装起来，由少府章邯带领迎战周文。结果周文大败，撤出函谷关后在渑池（今河南三门峡）地区又被章邯追上，再次战败的周文自杀，吴广则因意见不合被义军将领田臧杀死，田臧随后也在与秦军交战中阵亡。章邯继续东进攻打陈县，连破多路义军。公元前209年十二月，陈胜放弃陈县，在败撤至下城父（今安徽蒙城）时被他的车夫庄贾所杀，至此历时半年的大泽乡起义宣告失败。司马迁在《史记·陈涉世家》结尾处对陈涉作出“陈胜虽已死，其所置遣侯王将相竟亡秦，由涉首事也”的评价，肯定了他作为革命先驱者的反秦功绩。

陈胜死后，王都陈县几度易手，先是陈胜部将吕臣集结残余义军收复陈县，抓获并处决了叛徒庄贾。而后陈县又被秦军夺去，吕臣再次联结义军夺回。而在陈胜起义的两个月后，家族世代为楚将的项梁、项羽叔侄在会稽发动起义，杀死会稽郡太守，率军队渡江北上击秦，刘邦在家乡沛县起义，不久后两支军队会合，共同抵达陈县，再与吕臣会合。项梁等人吸取陈胜覆灭教训，没有再自行称王，而是从民间寻访到楚怀王的孙子熊心，还以陈县为都立其为楚王，仍叫楚怀王。汇合后的楚军展开第二轮进攻，日后成为西汉第二任丞相的战将曹参击杀秦丞相李斯之子李由，但义军最大的统帅项梁在定陶（今山东菏泽）遭章邯偷袭而亡。章邯认为黄河以南的楚军不再具备威胁力，于是北上进攻赵国，将赵王困在巨鹿（今河北平乡西南）。赵国向已经复国的各个诸侯国求救，楚怀王决定兵分两路，一路由宋义、项羽率领北上救赵，一路让刘邦直取关中，并且约定谁先入关便可以做关中王。

宋义鉴于巨鹿秦军势大，行至半路驻足不前达四十六天之久，项羽怒杀宋义，接管其军队。为表必死之心，项羽率部渡过漳河后破釜沉舟，命士卒每人携带三日干粮，前往巨鹿与秦军主将王离交战。公元前 208 年十二月，秦、楚巨鹿会战正式爆发。王离率领的是原蒙恬麾下曾将匈奴逐出河套的精锐长城驻军，战斗力十分强悍。但自绝后路的项羽爆发出了更强大的战斗力，《史记·项羽本纪》载："与秦军遇，九战，绝其甬道，大破之，杀苏角，虏王离。涉间不降楚，自烧杀。"王离等三位秦军主将死的死，被俘的被俘，秦军主力在此战中覆灭。项羽作战时前来救援的诸侯军有十几支，大家都作壁上观，不敢出击。战争结束后，各诸侯军主将见项羽时都"入辕门，皆膝行，不敢仰视"，他们把军队交出来组成联军交给项羽统一指挥，项羽就自称诸侯上将军。章邯率领残兵驻扎在巨鹿之南的棘原，其心腹将领司马欣从咸阳逃回，言及赵高嫉妒章邯功劳意欲加害。此时的章邯前有楚军进逼，后有赵高威逼，为自保只能投降项羽。

在巨鹿激战的同时，刘邦率军从砀郡（今安徽砀山）向西推进。哪怕秦军主力都在巨鹿，以刘邦的实力想攻入咸阳也非易事，但在南阳郡宛城发生的一件事成为了战机转折点，也让刘邦成为了秦朝的终结者。宛城坚固，刘邦始终未能攻破，便放弃坚城强行推进，但出于怕被宛城守军截断后路的顾虑又返回南阳。正在胶着之际，南阳太守舍人陈恢出城与刘邦谈判，双方达成共识：刘邦保证太守生命安全与职务地位不变，太守愿意献出宛城并将城内军队交由刘邦收编，故而宛城被和平接收，太守继续任职，刘邦也获得兵员补充得以继续推进。这个"敌我共赢"的策略在后面推进过程中屡试不爽，《史记·高祖本纪》载刘邦军"引兵西，无不下者"。咸阳方面，赵高一直向秦二世隐瞒关东起义一事，后来在瞒不住的情况下杀了秦二世，改立子婴。鉴于六国都已复国，子婴不再称帝，改为称王，恢复战国局面。公元前207年十月，刘邦攻入关中，见大势不可挽回的子婴杀死赵高后向刘邦投降，秦朝宣告灭亡。

（三）相争

秦亡后，刘邦废除名目繁多的秦律，和关中父老约法三章借以收买人心。当年十一月，项羽推进至函谷关，守军接到刘邦命令拒绝其进入关中，项羽大怒袭破关城。刘、项双方展开对峙，刘邦一方明显不敌，决定向项羽一方示弱，这就是鸿门宴的背景缘由。在《史记·高祖本纪》对此事是这样记载的，先是亚父范增"劝项羽击沛公"，项羽于鸿门（今陕西西安市临潼区新丰镇鸿门堡村）整顿人马，"方飨士，旦日合战"，打算在天明后发动总攻。刘邦通过张良得到消息后"从百余骑，驱之鸿门，见谢项羽"，选择在大战爆发前夕亲身赴险向项羽请和。今日"鸿门宴"一词已经成为"不怀好意"的代名词，其实通过原始记载可以看出，是刘邦主动前往鸿门就函谷关阻挡项羽一事向其赔罪，这才有了项羽招待他的酒宴。即不管是打算除掉刘邦的亚父范增，还是手握重兵的项羽，一开始都没有打算通过设宴刺杀的方式解决刘邦。

鸿门宴后，项羽自封西楚霸王，意为诸王之长，将都城定在彭城（今江苏徐州），尊楚怀王为义帝，又封了十八个王来代替陈胜复国时的诸侯王。不久后，项羽派人杀掉义帝，成为当时最高权力的拥有者。刘邦先被项羽封在蜀地，后来在张良的游说下改封为汉中王。为监视刘邦，项羽将章邯等三位投降的秦将封王，其中雍王章邯位于长安以西、塞王司马欣位于长安以东、翟王董翳位于长安以北。刘邦听从张良建议，从子午道进入汉中时将栈道烧毁以示自己不再回来。刘邦部下多为关东人，众人思家心切，沿途大都私自离去，根本无法禁止，直到某次萧何也不告而别。今天我们都知道，萧何是去追韩信了，萧何告诉刘邦“必欲争天下，非(韩)信无所与计事者”[6]，刘邦听从萧何建议，举行隆重仪式正式拜韩信为大将，准备杀回关中。

韩信采用声东击西战法，佯装主力在子午道大张旗鼓修复栈道，迷惑三位秦王，实际由刘邦率真正的主力沿西面的陈仓道进军。公元前206年八月，刘邦出其不意地在三位秦王侧翼出现，将他们击溃，随即拿下关中作为和项羽较量的根据地。公元前205年四月，出关后的刘邦一路向东挺进，轻易攻陷彭城。此时项羽在齐国平叛，得知王都有失后立即回师大破汉军，刘邦坐车逃走，途中多次把自己的子女推下车，幸亏大将夏侯婴拼死保护才得以幸免遇难。彭城之役后，鉴于楚军强悍，刘邦改变硬碰硬的打法，决定分兵三路：自己坚壁于成皋(今河南汜水)、荥阳(今河南荥阳)一线和项羽正面对峙，虽然两地多次易手，刘邦也多次身陷险境，但项羽也未能有重大突破。大将彭越则在项羽后方进行游击作战，多次截断楚军粮道，让项羽往来奔波疲惫不堪。在正面对峙的同时，刘邦还在项羽的两翼上“大做文章”：派遣舌辩之士随何说服项羽麾下得力部将九江王英布叛楚，成功剪除项羽左翼；遣韩信、曹参率军相继扫荡已经独立的魏国、赵国、齐国，夺取半壁江山的同时也成功剪除项羽右翼。刘邦又拿出黄金四万斤交由陈平运作，在楚军内部制造谣言，成功离间项羽与智囊范增、大将钟离昧的关系，让项羽身边既无贤士为辅，又无良将为副。项羽分兵时所委派的将领曹咎、龙且全都属于勇猛有余而智谋不足的武夫，先后都被汉军歼灭，胜利的天平已逐渐向刘邦一方倾斜。公元前 203 年八月，支撑不住的项羽与刘邦讲和，约定以鸿沟为界，双方撤军。但刘邦是迷惑对手的假撤退，实则听张良的建议乘胜追击，于四个月后将项羽包围在垓下（今安徽灵璧）。项羽身陷重围，英雄末路，在爱妾虞姬自杀后连夜突围，至天明时进至乌江（今安徽和县长江北边）岸边。他拒绝了乌江亭长载其渡江的好意，自言当初的八千子弟无一生还，自己已无颜面对江东父兄，最终选择自杀。随着项羽的死亡，楚汉战争结束，刘邦正式建立汉朝。

以上便是刘邦建国之路的全过程，从顺应形势响应陈胜在沛县起兵开始，到垓下围剿项羽为终，前后八年，为时至短。《史记·秦楚之际月表》亦载“自生民以来，未始有受命若斯之亟也”，没有哪一个君王像刘邦得天下这么快。客观地说，灭秦大业由陈胜首先起事，项羽继之摧秦主力，在此阶段刘邦并未起决定性作用，这一观点从该表被命名为“秦楚之际月表”而非“秦汉之际月表”一事也可侧面旁证。刘邦最终能胜出，一方面是因为他的对手由强大的秦政权变为仅恃个人武力却缺少政治眼光的项羽。项羽将形胜之地的关中拱手相让，刘邦取天下的难度因而大大降低。再试看项羽，因鸿门宴上刘邦的假意服软便不听范增之言放虎归山，甚至还将自己在刘邦营中“线人”的名字告知刘邦，做人尚且不成熟，遑论去争天下。另一方面，如刘邦自己总结的那样，善于用人是得胜关键。其部下中，萧何与曹参是县吏，周勃是吹鼓手，灌婴是布匹商人，樊哙是屠夫，陈平和韩信都是流浪者，但这些人各有优点，在刘邦阵营里能够才尽其用，他们或指正刘邦决策失误，或足兵足食提供保障，或离间分化项羽部众，或另辟战场打下半壁江山。而项羽个人再勇武也难敌众人之力、难挡运筹之策。恰如当初巨鹿之战时宋义评项羽所言“夫被坚执锐，义不如公；坐而运策，公不如义”[7]，项羽最终就是败在了“坐而运策”上。此外道义也是重要因素，项羽歼灭秦军主力居功厥伟，但屠城坑俘、焚毁秦宫留下恶名，功成却未得人心，杀害义帝一事更是将自己置于极其不利的舆论中。相反刘邦胜在“宽仁”，约法三章告谕父老、封秦府库以待怀王之约、闻义帝死而哭吊发丧，最终赢得人心，因而赢得天下。

注释：

1《史记·陈涉世家》索隐注解

2《汉书·刑法志》

3《史记·淮南衡山列传》

4、5《史记·陈涉世家》

6《史记·淮阴侯列传》

7《史记·项羽本纪》

早年教女多仁厚，何故灭门尸血山

《史记》的十二篇帝王本纪中，有两篇是属于被破格列入的，一篇是《项羽本纪》，另一篇则是刘邦夫人吕后（为叙述方便，本文统称“吕后”）的《吕太后本纪》，如果说项羽能被破格列入本纪中是因为他是秦朝的实际终结者，那么吕后以女流身份被破格列入本纪则是因为她在刘邦驾崩后成了天下的实际掌控者，两人均是虽无其名但有其实。与此同时，《吕太后本纪》也是《史记》中唯一一部女性人物传记，讲述了吕后的发迹史以及整个吕氏家族的命运，从中也可看出司马迁对吕后执政时代的重视程度。

（一）“嫁鸡随鸡，嫁狗随狗”的贤妻良母

汉代对女性的婚姻问题虽然没有如后来明清时代那样严格的束缚，但除了像卓文君那样敢于和爱人私奔的极端个例外，女性婚姻的决定权很大程度上还是在父母手上，吕后的婚姻便是由父亲在酒席上决定的。举家迁到沛县的吕太公一眼就相中了前来蹭吃蹭喝的刘邦，吕后并非卓文君那样对爱情十分看重的人，所以不管是刘邦已过四旬和自己完全不般配，也不管别人说他轻佻好色品行不端，反正是父亲之意。父亲擅长相面之术，认为刘邦将来必定贵不可言，那就认准这个“潜力股”了。

司马迁作《吕太后本纪》时基本是以刘邦驾崩、孝惠继位作为叙事起点，至于刘邦称帝前，则以一句“吕后为人刚毅，佐高祖定天下”（下文引文凡无注明皆出自《史记·吕太后本纪》）一笔带过。孤零零一个“佐”字，其实包含了一个女性为丈夫事业所付出的种种艰辛与不易，尤其当这位丈夫还是一位沙场征战的开国皇帝，那吕后付出的就更多了。在其中，不知是吕后浑然天成的刚毅性格“佐”成了帝王刘邦，还是因为被嫁给刘邦后的艰辛“佐”出了刚毅性格，或许二者兼而有之。“佐高祖定天下”时的具体经历，在《史记》的其他人物传记中可以查到，为了刘邦一个人，吕后一家子可谓是饱尝苦难，九死一生。

刘邦称帝后曾转述父亲评价他早年间吊儿郎当不务正业的话语——“始大人常以臣无赖，不能治产业”[1]。《集解》注引中对“无赖”有两个解释：一是“无利入于家”，跟“不能治产业”类似，即市井百姓口中的“闲汉懒汉”“家中没进项”。在《史记·楚元王世家》中提到刘邦时常到嫂子家蹭饭，引起嫂子不满，《高祖本纪》又载刘邦当亭长时“吕后与两子居田中耨”，田地里的农活是吕后带着年幼的儿子刘盈、女儿鲁元公主操持，压根没刘邦什么事。二是跟今日对“无赖”的解释类似，即谓小儿多狡猾为“无赖”。不管吕太公口中的“无赖”具体是哪种解释，考察刘邦的种种作为，他应该是二者都占的，既不能养家，又还是从前那副自家亲戚都厌恶的吊儿郎当的形象。刘邦和吕后的儿子、后来的孝惠帝刘盈出生于秦始皇三十七年（前 210），那么吕太公相中刘邦至少是在这之前一年的事。试想下，刘邦从娶了吕后到秦二世元年（前 209）沛县起事还有两三年光景，这期间吕后又生了一儿一女，跟着这么个丈夫，既要主内又要主外，干完家中的活儿还要干地里的活儿，必定是吃了不少苦头的，倘若换了朱买臣之妻，恐怕早就会另嫁他人。如果只是对家庭没有贡献，为妻的恰好又能独当一面，那也罢了，但刘邦偏偏还会给家庭带来灾祸。《史记·张丞相列传》中记载一事：刘邦犯事外逃，吕后便被抓走抵罪。狱吏见吕后有几分姿色，趁机欲行不轨，就在这危急时刻，多亏还有一个叫任敖的狱吏也在吕后身旁。任敖原本与刘邦私交不错，见此情景大怒出手，"击伤主吕后吏"，这才让吕后免遭侵犯。我们不清楚彼时惊魂未定的吕后心中是怎么想的，但以常理度之，至少有那么一刻她应该是非常痛恨自己那个不顶用的丈夫的。后来吕后主政时，为感念当初的救命之恩，以任敖为御史大夫，位列三公之一。

险遭狱吏侵犯只是一个开始，接下来吕后还会面临更大的惊险和磨难。楚汉争雄开始后，刘、项双方主力的首次对决是汉二年（前205）的彭城之战，在《史记·项羽本纪》中记录了这次战事的全过程：当年四月，趁项羽在齐地平叛，刘邦率各路诸侯军共计五十六万人轻易攻占了项羽王都彭城，因战事太过顺利，所有人都置酒高会，放松了警惕，而从齐地精选了三万士兵回援的项羽则对无备的刘邦展开了凌厉攻势。这场战斗从清晨战至日中，楚军"杀汉卒十余万人"，溃败的汉军撤退到灵璧以东的睢水边时又被楚军追上，结果"汉卒十余万人皆入睢水，睢水为之不流"。两场战斗折损高达二三十万人，可以料想当时汉军的建制已经彻底被打崩，在混乱之下，士兵自相践踏各自逃生。刘邦本人的亲兵也被打散了，"乃得与数十骑遁去"，在路过沛县接家眷逃难时只找到了一双儿女，至于妻子吕后和父亲刘太公都被楚军俘获，自此两人在楚营内度过了长达两年多的人质生涯。

这两年是怎么过来的，史料没有记载，只知道刘邦的老乡审食其“以舍人侍吕后”[2]，即以家臣的身份留在吕后身边侍奉她。和后来报答任敖一样，吕后执政时以审食其为左丞相，审食其的权力大到“百官皆因决事”[3]，百官都得通过他才能决断事情。通过审食其和任敖二人地位权势的差距，反推出当初吕后两年的人质生活，很有可能是一部掺杂着血与泪的传奇。

汉四年(前203)，刘、项双方经过两年的拉锯战后依旧在荥阳相持不下，项羽打算烹煮刘太公以此逼迫刘邦投降，刘邦完全不为所动，甚至挑衅式地回答“吾与项羽俱北面受命怀王，曰‘约为兄弟’，吾翁即若翁，必欲烹而翁，则幸分我一杯羹”[4]。大怒之下的项羽打算处死刘太公，后在项伯的劝说下才打消念头。能够想象，如果刘太公真的被项羽烹了，那么吕后的下场也必定是相同的，这次和“死神”擦肩而过不代表下次还能侥幸躲过，但逃又逃不出，只能继续在楚营煎熬着，其中的滋味可想而知。吕后为人刚毅的性格应该也是在这两年当中逐渐趋近完善的。好在当初父亲吕太公的相面水平确实一流，吕后同刘邦一样命贵，虽屡有凶险却命不该绝，不久之后楚汉双方立鸿沟之盟中分天下，项羽将吕后和刘太公释放，刘邦终于跟老父和妻子团圆。

回想下自从被父亲许给刘邦后，不管是短暂的平凡生活，还是后面的刀兵四起，吕后非但没过过省心日子，还多次有身家性命之忧，如果不是坚毅刚强的个性，恐怕真的撑不下来。

(二)为了儿子而战

刘邦要做天下之主，最大的敌人是项羽，但吕后最大的敌人可不是项羽。后面的事尽人皆知，当吕后看到出现在刘邦身边的戚夫人与刘如意母子时，一个比项羽更致命的敌人就已经确定了，吕后对这个新敌人的恨意必定是要超过想杀自己的项羽。一年后，刘邦终于在垓下消灭劲敌，但吕后与戚夫人之间的“战争”却还要继续下去，这一“打”，就又是八年，直到汉十二年（前195）即刘邦驾崩的那一年吕后才正式胜出。八年时间分高下，可见这场“战争”吕后赢得并不轻松。《史记·吕太后本纪》载：

孝惠为人仁弱，高祖以为不类我，常欲废太子，立戚姬子如意，如意类我。戚姬幸，常从上之关东，日夜啼泣，欲立其子代太子。吕后年长，常留守，希见上，益疏。如意立为赵王后，几代太子者数矣，赖大臣争之，及留侯策，太子得毋废。

从理智上来说，刘盈不该被废，刘邦从泗水亭长一步步走来直至夺取天下，不止吕后本人是坚定的贤内助，其“兄二人，皆为将”，整个吕氏家族都出了很大的力，长兄吕泽在平定韩王信叛乱时更是战死沙场。用今天话说，打下来的江山里是有吕家人原始股份的。但从情感上来说，如刘邦自己所言“终不使不肖子居爱子之上”[5]，谁不希望让更有自己风范的爱子刘如意做继承人呢？在刘邦之前，战国时代的赵武灵王也面临过类似的问题，由于手心手背都是肉，迫于无奈的赵武灵王甚至计划从赵国国土中再分出一个代国来，让太子和爱子一人一个。且不说赵国之侧还有强秦虎视眈眈，这种分家做法无异于自掘坟墓，即使秦国不来入侵，赵武灵王又怎敢保证自己百年之后二子不会彼此攻杀呢？也正是因为继承人问题处置不当导致政变，一代雄主赵武灵王最后竟落得被软禁饿死的悲惨结局，司马迁对这件事的点评是“故乱起，以至父子俱死，为天下笑，岂不痛乎！”[6] 假使刘邦真的改立如意为太子，那么结局不会比赵武灵王好太多，极有可能在刘邦患病卧床之时，吕后联合掌兵的妹夫樊哙及诸吕发动宫廷政变，先杀死戚夫人与如意，再拿出事先拟好的诏书逼迫刘邦重新选择刘盈，待一切完成后对内安抚朝中重臣对外昭告天下，至于刘邦本人的死活也就没人关心了。反过来说，如意即使成功当上太子，在外有樊哙执掌兵权，在内得不到张良、叔孙通等老臣的认可和支持，戚夫人又拿什么保住儿子的太子位置呢？总不至于再向吕后日夜啼泣，道上一句“女人何苦为难女人”吧。换言之，在这场太子争夺战中，也许戚夫人会赢，吕后也有输的可能性，但输了的吕后必定还有凶狠的后招，而戚夫人却没有，双方的实力完全不对等。当然，即便如此，第一回合也十分重要，两个女人谁也不愿意第一回合就被打败。

吕后在第一回合就锁定胜局，她最感谢的人，不是献出商山四皓奇谋的张良，而是耿直敢谏的御史大夫周昌。周昌对刘邦打算改立如意一事非常恼火，但由于本身口吃，盛怒之下更加语无伦次，只得回答“臣口不能言，然臣期期知其不可。陛下虽欲废太子，臣期期不奉诏”[7]，见到忠臣如此激动，刘邦暂时打消了改立计划。当时在朝堂东厢偷听的吕后很受感动，事后跪谢曰：“微君，太子几废。”[8] 为表示感谢，竟以皇后之尊向大臣下跪，这样的行为在整个封建历史上恐怕也找不出第二次来，侧面也说明当时事态的严重性。为保住刘盈的太子之位，吕后还不惜挟持张良逼他出谋划策，张良让吕后以厚礼恳请遁世的商山四皓出山辅佐太子。这四位老先生不是凡人，刘邦一直想请四人出山而不得。且不说四人备受尊崇的身份，单是年龄，四人均已过八旬。刘邦见到四人，仿佛今人看到一百二三十岁的老寿星一般，其带来的冲击力震撼力溢于言表。这四个人愿意辅佐太子，刘邦也无可奈何，只好打消了废立念头。

最终，吕后赢得了这场太子争夺战的胜利，但她对戚夫人的恨意不会因胜利而消失，反而必定愈演愈烈，特别是儿子好几次都差点被赶下太子位置，让吕后的仇恨已经积攒到即将爆发的边缘。刘邦能预料到的是自己百年之后戚夫人与如意不会被吕后轻饶，为此特意委托周昌代为保护如意；刘邦预料不到的则是吕后内心积压许久的仇恨所爆发出的人性之恶，哪怕千余年后也让人觉得后背发凉。以项羽的残暴至多是将人烹煮，但把活人做成"人彘"的恐怖刑罚，相信项羽无论如何也想不出来。

在历史上，将政敌做成人彘的女性，除了吕后，还有武则天。后世朝代也常将二人并称"吕武"，代指凶狠毒辣的女性执政者。宫廷政斗你死我活在所难免，可做人彘这样惨绝人寰之举，即使用政治斗争作说辞也无法为其开脱，更何况吕、武二人在报仇后都没有放下屠刀，反而更进一步对皇室成员大开杀戒，也让两人留下了千古恶名，这也是吕后咎由自取。

（三）分封诸吕

公元前188年，惠帝驾崩，吕后称制代行皇帝权力。此时的她虽然贵为国家实际执政者，但当初打天下的朝廷重臣中，跟自己亲近的仅妹夫樊哙一人而已。由于身边无人可用，根基不牢，又或许是真的想把江山从"刘"姓改为"吕"姓，她大肆重用吕氏子弟，甚至是将子侄封王。

在分封前，吕后询问了朝中重臣的意见。右丞相王陵以当初高祖刘邦立誓时说过的“非刘氏而王，天下共击之”一语提出反对意见，他的坚持原则让吕后很不满，而左丞相陈平与绛侯周勃识时务地表示“今太后称制，王昆弟诸吕，无所不可”。事后，吕后将王陵明升暗降拜为太傅，其右丞相一职由陈平接任，而陈平的左丞相之位则给了亲信审食其。障碍扫清后，转年（前187）四月，吕后开始正式分封，由于首次分封还不能做得十分露骨，所以先暗示朝臣上奏请封，在朝臣的“强烈要求”下，将梁国分封给当初打天下时亡于国事的长兄吕泽之子吕台，并改梁国为吕国，吕台即为吕王。不久后吕台病逝，以其子吕嘉代替，后来吕嘉在位期间太过骄横放肆，改以吕台弟吕产为吕王。此外，次兄吕释之两个儿子吕种、吕禄分别被封为沛侯与胡陵侯，外甥吕平被封为扶柳侯。

高后四年（前 184），吕后开始了二次分封。以吕媭为临光侯、吕他为俞侯、吕更始为赘其侯、吕忿为吕城侯。

高后七年（前 181）秋，在连续除掉刘邦三子刘如意、五子刘恢、六子刘建三位赵王后，吕后将赵国封给侄子吕禄。九月，刘邦最小的儿子燕王刘建去世，吕后派人杀了他的儿子，将燕国收回中央。第二年（前 180），吕后将燕国赐给了子侄中的吕通，又以吕通之弟吕庄为东平侯，同时族中的一位子侄吕荣被封为祝兹侯。

高后八年（前 180）七月，吕后病重，驾崩前发布了最后一道将大权过渡给诸吕的诏令：“令赵王吕禄为上将军，军北军；吕王产居南军。”南、北二军皆为皇宫中的禁卫军，吕氏子弟掌控禁卫军就等于掌握了朝廷。为防意外，吕后特意叮咛二侄：“今吕氏王，大臣弗平。我即崩，帝年少，大臣恐为变。必据兵卫宫，慎毋送丧，毋为人所制。"吕后想不到的是，仅一个月后诸吕便遭灭族之祸。换言之，如果不是吕禄、吕产两个侄子为人平庸，刘姓天下势必将要换姓，到时天下又要有一场旷日持久的刘、吕相争。

大封诸吕子弟可说是吕后人生中的一大败笔，以吕禄、吕产为代表的吕氏子弟中无一出类拔萃之辈，想必吕后自己心里也是清楚的。但与其等自己百年之后让其他外戚上位，不如趁自己在世时为吕氏家族谋取权势，甚至是将刘氏江山取而代之，但矛盾的是，正因后辈子弟完全不能胜任，才导致了整个家族的覆灭。

(四)政绩难抵灭族

客观地说，作为国家的最高执政者，吕后是合格的，由于《史记·吕太后本纪》通篇还是以政治斗争为主，所以有关吕后执政的内容依然要从其他史料来搜寻。综合史料来看，吕后执政时期出台了诸多善政，其中很多值得称道。

经济上，朝廷"减田租，复十五税一"[9]，继续执行刘邦时代"十五税一"政策，减轻农民压力。与此同时，诏令郡国"举民孝弟、力田者复其身"[10]，以免除徭役为优惠措施，来鼓励农民从事生产。

司法上，惠帝元年十二月(按汉初以十月为岁首，十二月对应公元纪年应为公元前 194 年)朝廷出台免死罪政策，规定"民有罪，得买爵三十级以免死罪"[11]，允许民间缴纳一定的钱财抵消死罪。虽然这一政令有影响司法公正的嫌疑，但在百废待兴的汉初恢复时期也不宜过多杀人。高后元年(前 187)，"除三族罪、妖言令"[12]，不再是一人有罪牵连三族，也放开了社会言论自由，给百姓以安全感。

文化上，针对秦朝为愚民而采取的文化管制政策，汉惠帝四年（前191）朝廷“除挟书律”[13]，即废除私家不允许藏书的禁令，允许民间自由收藏和流通书籍。这一法令出台后，人们终于可以自由地传阅、抄写文化典籍，书籍也恢复了在社会公众之间作为思想传播媒介的功能，大大促进了思想文化的交流与发展，称得上是有利于社会进步的善政。

对外问题上，吕后依旧延续了刘邦时代忍辱负重的国策。匈奴单于闻听刘邦驾崩后，给吕后送去了一封侮辱性很强的信，大意是说你死了丈夫，而我又死了夫人，咱们两个可以在一起。《史记·季布栾布列传》载“吕后大怒，召诸将议之”，“诸将皆阿吕后意”，一场对匈奴的远征计划即将启动，但中郎将季布客观分析眼下局势后，吕后“遂不复议击匈奴事”。包括后来的南越赵佗自行称帝，还发兵袭扰长沙，汉朝也是一再忍让，未出兵打击。应该说，吕后和刘邦从普通百姓一直攀到权力顶峰，既深刻吸取了秦亡的教训，更十分清楚民间疾苦为何物，所以不敢再轻易开启战端给百姓带来负担。比较遗憾的是，如前所述，吕后也好，武则天也罢，都因人彘与滥杀留下了恶名，这个恶名甚至掩盖了她们所取得的治国成就。今人不会记得吕后执政时将百姓生活从刘邦时的“齐民无藏盖”[14]恢复到了“民务稼穑，衣食滋殖”的稳定状态，只会纠缠于她冤杀韩信坑害彭越，纠缠于她在惠帝驾崩后为夺取刘氏江山的心狠手辣。

吕后在时，周勃、陈平等“老革命”敢怒不敢言，到了吕后去世后，这些人有了替高祖刘邦夺回江山的想法。刘邦长子刘肥的儿子朱虚侯刘章此时留在朝廷，也打算诛杀诸吕，便暗中联系兄长齐王刘襄率军进攻长安。吕禄、吕产派灌婴前往镇压，灌婴同样是当初打天下的“老革命”，不愿为诸吕卖命的他“留屯荥阳，使使谕齐王及诸侯，与连和，以待吕氏变，共诛之”，于是乎两军处于一种默契的静默状态，大家都在等长安的消息。论权谋手段与掌控朝堂能力，吕禄、吕产比姑姑吕后差很多，对内无法震慑周勃等元老，对外不敢亲征，拿“消极怠工”的灌婴也毫无办法。周勃派和吕禄有交情的郦寄去做他的思想工作，劝吕禄、吕产交出兵权返回各自封国，失去出兵理由的刘襄自然会撤军回齐，如此一来所有人都可以相安无事。吕禄为人庸常，将这件事通报吕产及诸吕老人，吕氏一族在一起商量，“或以为便，或曰不便，计犹豫未有所决”，也拿不出一个统一的意见，这样的家族实在没有掌控天下的能力。吕氏一族中，唯吕后妹妹吕媭头脑清醒，闻讯大怒的她警告侄子“若为将而弃军，吕氏今无处矣”。可以看到，一个多月前吕后的临终叮咛此时完全成了耳边风，吕禄一点也没往心里去。至八月庚申日，周勃再次派郦寄威胁吕禄“急归将印辞去，不然，祸且起”，听话的吕禄将兵权交出。周勃用兵符控制北军后迅速发动政变，朱虚侯刘章一马当先，连杀吕产、长乐卫尉吕更始，而后“遣人分部悉捕诸吕男女，无少长皆斩之”，包括吕禄、吕媭等吕氏族人全无幸免，此时距吕后去世仅一个月。

回想当年的吕太公，他一眼相中了将来贵不可言的无赖刘邦，执意要将还未出阁的吕后嫁与他，结果几十年后让整个后代家族为他的决定“买单”。对此，南宋诗人徐钧作诗点评道：

父识英雄婿沛公，家因骄横血兵锋。

始知善相元非善，不是兴宗是覆宗。

但若仔细想来，徐钧此诗的格局还是小了。覆宗的结局真是因为一开始相面造成的吗？相面只是一种技能，技能害不了人，害人的从来都是那颗贪婪骄横的心。

父是贪婪女更贪，岂因善相起祸端。早年教女多仁厚，何故灭门尸血山？

注释：

1《史记·高祖本纪》

2、3《史记·陈丞相世家》

4《史记·项羽本纪》

5《史记·留侯世家》

6《史记·赵世家》

7、8《史记·张丞相列传》

9、10、11、13《汉书·惠帝纪》

12《汉书·高后纪》

14《史记·平准书》

汉初政坛三太后

汉初政治的一大特点是有女性参与其中，从高祖刘邦至武帝执政初期的近半个世纪莫不如此。除宣布称制代行皇帝职权的吕后外，在其之后的薄、窦、王三位太后在汉初政坛中同样扮演着重要角色，对朝廷决策的制定及颁布有一定的话语权。透过《史记》，我们还能看到她们处于某些人生节点时的选择，不管是对了解汉初政治，抑或以古鉴今抉择人生都有一定作用。

（一）

《二十四孝》中有一个名为“亲尝汤药”的故事，其主人公是汉文帝刘恒。故事大致讲的是薄太后患病三年，文帝“目不交睫，衣不解带，汤药非口亲尝弗进，仁孝闻天下”。在所有的封建帝王中，刘恒也是少有的以宽厚仁慈著称的帝王，他的仁孝宽厚与薄太后对他的言传身教是分不开的。

薄太后的事迹主要见于《史记·外戚世家》，另《文帝本纪》与《绛侯周勃世家》中各收录一部分，其姓名失考，在成为太后前，司马迁称其为“薄姬”，她原是魏王豹夫人。秦末自陈胜、吴广起义后，六国纷纷重新复国，魏国也不例外。作为原魏国宗室成员的魏豹从楚怀王处借兵收复魏地，自立为王。楚汉战争爆发后，魏国朝汉暮楚，一直处于摇摆不定的“墙头草”状态，后为韩信所灭，作为魏王豹夫人的薄姬也被当作“战利品”收编，送入织造府从事劳作。《史记·外戚世家》(下文引文凡无注明皆出于此)载某次刘邦“入织室，见薄姬有色，诏内后宫，岁余不得幸”。看这条史料，刘邦对薄姬的第一印象也就是今人所谓的“眼缘”，看对眼了。至于后半句“诏内后宫，岁余不得幸”更类似于今日的冲动消费，先买下再说，至于买下带回家后什么时候使用，或者说究竟用还是不用，只有天知道。后宫最不缺的就是女人，进入后宫就等于进入冷宫，至多生活条件比在织造府时略好。又是某次意外，刘邦从其他佳丽口中得知薄姬的存在，于是乎“汉王心惨然，怜薄姬，是日召而幸之”。这一天过后，“薄姬希见高祖”，薄姬又回到了从前的冷清状态。总而言之，她和刘邦的关系或许只是几面之缘外加一夜风流，但就是那一晚后，薄姬顺利怀上了文帝刘恒，最终母以子贵当上了汉帝国的太后，让人不得不感叹命运的无常。

汉高祖十一年(前 196)，时年八岁的刘恒被刘邦册封为代王。我们可以试想一下，在这八年里，几乎见不到刘邦的薄姬必定是一种边缘化的存在，偏偏她又为刘邦生下儿子，这就会引起吕后或者其他夫人的嫉妒。第二年刘邦驾崩，吕后在执掌天下后开始对这些“妹妹”和她们的“贱种”进行疯狂清算：先是“诸御幸姬戚夫人之属，吕太后怒，皆幽之，不得出宫”，只要是被刘邦宠幸过的，全部限制人身自由，而后便是为人熟知的戚夫人“人彘”事件。戚夫人的下场很惨，惨到博得后世无数同情。但她确有可恨的地方，正因为不知天高地厚的她一再和吕后争权，倘若不是周昌等大臣拼命维护，戚夫人几乎让如意夺嫡成功，这才激起了吕后的恨意与变态般的报复，同时也牵连到了其他的姬妾。

除掉戚夫人后的几年中，吕后接着害死刘如意、刘恢、刘友三位皇子，并一度打算加害刘邦的私生长子齐王刘肥，恰巧因意外而作罢。唯独对薄姬和刘恒母子俩，吕后没有任何想法，甚至破天荒地允许母子二人返回封国代地，《外戚世家》给出的解释是“薄姬以希见故，得出，从子之代，为代王太后”。这个“以希见故”可谓塞翁失马焉知非福，当年的冷宫生活居然成为了此刻的保命符。但吕后不杀薄姬，固然她不受刘邦宠幸是主因，薄姬温良的品性想必也是不可或缺的原因，如其不然，薄姬也会像另几位夫人一样被幽困宫中。吕后自己也不会想到，她破天荒发次善心的做法间接促成了后来大汉的文景之治。

《史记·吕太后本纪》载，诸吕被杀后，丞相陈平、太尉周勃等大臣商议新帝人选。按道理说，刘肥的儿子在此次宫廷讨逆中立有大功，其中朱虚侯刘章杀死吕产，章兄齐王刘襄率军也在奔赴长安的路上，且刘襄作为刘邦长子之长孙，完全有资格继承帝位，但其中有些大臣给出了一个让众人都沉默甚至害怕的理由:“齐王母家驷，驷钧，恶人也。即立齐王，则复为吕氏。”因为被吕氏一族吓坏了，刘襄被排除出帝王人选，此时刘邦仅剩下刘恒与刘长两个皇子，刘长“母家又恶”，同样是因为外戚品行低劣被排除。而大臣们对薄姬、刘恒母子的评价是:“(刘恒)最长，仁孝宽厚。太后家薄氏谨良。且立长故顺，以仁孝闻于天下，便。”夫唯不争，故天下莫能与之争，如果说当年刘恒能够平安返回代国得益于母亲薄姬温良品性的话，那么现下刘恒能够无功而继帝位同样是上天对薄姬仁善的最大褒奖。

刘恒顺利登基，是为汉文帝，薄姬也自然成为了太后，其弟薄昭也被封侯。后来周勃被人告发谋反而蒙冤入狱，他将从前的赏赐都送给薄昭，托薄昭向太后求情。薄太后也不认为周勃会做谋反的事情，抓起身边头巾向文帝扔去，生气地言道“绛侯绾皇帝玺，将兵于北军，不以此时反，今居一小县，顾欲反邪！”[1]薄太后明辨是非，比之乱杀功臣的吕后不知好上多少倍。由此能够看到薄太后对功臣的感恩及维护。史料中关于薄太后留下的最后一条记载是“景帝为太子时，薄太后以薄氏女为妃”，即为当时还是太子的景帝做媒娶了一位自己家族的姑娘，和当初吕后的做法表面上有几分相似。吕后曾让自己族中适龄姑娘嫁给皇子刘友与刘恢，不过名义上是刘、吕两家亲上加亲，实则是便于对各王进行监视，甚至连吕女的家眷都充当眼线，刘友、刘恢皆因吕女死于非命，但薄太后却不同。再看汉代的另外几位皇后和太后，景帝朝窦太后一家“窦氏凡三人为侯”；武帝时的皇后卫子夫，其卫氏枝属以军功起家，共有五人为侯，当时民间传唱的民歌《天下为卫子夫歌》都提到“生男无喜。生女无怒。独不见卫子夫霸天下”，一个“霸天下”就显示出了外戚卫家的显贵；深得汉成帝宠幸的皇后赵飞燕，其赵氏家族“侯者凡二人”[2]。而薄太后对权力并无欲望，整个薄氏家族也仅弟弟薄昭一人封侯，她这么做应该只是正常为孙儿牵线搭桥。遗憾的是，这位薄姑娘虽然随着景帝登基而进位为皇后，但一直没能生育，后来被废掉，两人之间只是政治婚姻，也没什么感情。

汉景帝前元二年（前 155），已是太皇太后的薄姬去世。吕后去世后陪葬刘邦长陵，而她选择在靠近文帝霸陵的地方为自己单独起建陵墓。或许在她眼里，深知自己比不了刘邦的结发妻子吕后和几乎让刘邦改换太子的戚夫人，前者是唯一配得上刘邦的人，后者是曾被刘邦深爱过的人，而自己只是一个角落里的“战利品”。有关薄太后的记载很少，除了搭救周勃，她没有像吕后或者儿媳窦太后那样直接转到前台干预朝政，而是以自己的谨良间接影响皇帝。看到汉文帝平日里朴素的穿着，为减轻百姓负担执行堪称文景之治标志性的三十税一政策，又废除肉刑与连坐罪给百姓以安全感，甚至修建霸陵“皆以瓦器，不得以金银铜锡为饰，不治坟”[3] 的简陋标准，就能明白薄太后确实是一个慈祥的人。有这样慈祥的太后，不只是功臣周勃之福，更是文帝与整个大汉之福。

（二）

如果说薄太后的幸运得益于她的仁厚的话，那么汉景帝之母窦氏能够母仪天下实属上天垂青，以一句调侃的话概括她的前半生就是“一不小心就当上了皇后”，而后她经历文帝、景帝、武帝三朝，在位长达四十四年，仅次于汉末的太皇太后王政君，一定程度上左右了汉朝政坛走向。

今日的影视剧称呼窦太后为窦漪房，但《史记》中并没有记录下她的真实姓名，仅提及她是赵国清河观津（今河北武邑）人氏，起初为吕后侍女。吕后“出宫人以赐诸王，各五人，窦姬与在行中”，窦姬想跟从赵王刘友分到家乡赵国，于是贿赂主管分配的宦官，但这位宦官“不讲武德”，收钱后并未上心，将其“误置其籍代伍中”。于是就在这不情不愿当中，窦姬只好跟从文帝、薄太后来到代地。除窦姬，还有四位宫女一同前来，但文帝“独幸窦姬”，窦姬为其生下后来的景帝刘启、梁王刘武以及馆陶公主刘嫖。文帝先前有自己的王后，也有子嗣，但王后母子全都早逝，故而窦姬顺理成章进位为代王后。接下来，她随着文帝登基又顺利当了皇后，儿子刘启也顺利成为皇太子，待文帝驾崩、景帝继位后又顺利成为皇太后，一切都是那么的自然而然。值得一提的是，今天的某些观点认为窦姬是吕后安插在文帝身边的眼线，用于监视文帝的举动。其实这一说法有些夸大了，作为影视演绎或可，但不可当真。若真是如此，窦姬不会做出贿赂宦官请求分到家乡赵国的事，更不会得知宦官将事情搞砸了后“怨其宦者，不欲往”，直到被强迫方才动身。

景帝继位后，窦太后开始干预朝政，体现在多个方面。首先是关于小儿子梁王继承帝位的问题。比之景帝，窦太后更喜欢梁王，赏赐给他的财物多得无法计算，梁国府库“金钱且百巨万，珠玉宝器多于京师”[4]，甚至直到梁王去世后“藏府余黄金尚四十余万斤，他财物称是”[5]。窦太后对于梁王的溺爱不只体现在财物上，按照汉朝法令，诸侯王还朝时在长安的居住时间不能超过二十天，二十天之中仅有四次朝见天子的机会。但后来梁王还朝，因窦太后的关系“因留，且半岁。入与人主同辇，出与同车”，非但在长安居住长达半年，出行还享受和景帝同等待遇，汉朝律法在梁王这里如同儿戏。景帝尚未有子嗣时，某次家宴于酒酣之际上说将来传位梁王，窦太后听到此话的反应是“太后欢”[6]，显然她本人也盼着小儿子可以当皇帝。恰在此时，太后侄窦婴“不识时务”地出言阻止，如同一桶冷水迎面泼下，让这件事不了了之。哪怕是自己亲侄儿，坏了小儿子好事，窦太后也没给窦婴好脸色，“除窦婴门籍，不得入朝请”[7]，除去他进入宫廷的资格。汉景帝前元七年（前150），栗太子刘荣被废，窦太后打算立梁王的心思再次活络起来。因为母亲的关系，景帝不好发作，便召集袁盎等老臣举行朝议商讨，袁盎以春秋时代宋宣公传弟不传子导致国中大乱的教训讲明此事利害，窦太后“亦遂不复言以梁王为嗣事由此”[8]，打消了这个念头。梁王因此事迁怒于袁盎，派出刺客将其刺杀。后来案件告破，景帝得知真相后极为震怒，梁王“乃使韩安国因长公主谢罪太后，然后得释”[9]，也多亏有窦太后在，梁王未被治罪。明眼人都看得出梁王立储事件十分荒唐，但荒唐之事却历时数载，甚至还在公开场合正式讨论，为此还搭上了一位忠臣的性命，完全是因为这位窦太后太过溺爱小儿子了。

窦太后干预政事的第二点体现在能够处决大臣，她想让谁死，纵使景帝一再搭救也无能为力。窦太后所杀的大臣中，最能勾起她恨意的一定是酷吏郅都。西汉的酷吏素来以杀人不眨眼且不避权贵著称，这位郅都还被权贵起了一个“苍鹰”的绰号，可见其手段的凶狠毒辣之处，但“苍鹰”最后还是因废太子刘荣一事折在窦太后手里。刘荣在失去太子之位后又被册封为临江王，在封国内因侵占宗庙墙外的空地扩建宫殿而获罪，被召入京接受审问，主审的官员正是郅都。刘荣打算向父亲景帝谢罪，向狱吏索要刀笔等书写工具，但郅都拒绝提供，后来在窦婴的帮助下才拿到书写工具，不过为时已晚，《史记·五宗世家》载“中尉郅都责讯王，王恐，自杀”。索要刀笔谢罪说明刘荣并未打算自寻短见，可最终还是选择自杀，显然“苍鹰”的手段真的太厉害了，让前太子宁愿去死。得知孙儿被酷吏逼死，大怒的窦太后下令将郅都免官，遣回家中等待审判，而有意维护郅都的景帝便暗自调他迁往边地担任雁门郡守。纸里包不住火，这件事最后还是被泄露出去，窦太后“乃竟中都以汉法”，必须让郅都伏法。《史记·酷吏列传》中记载了景帝和窦太后争论的过程：“景帝曰：‘都忠臣。’欲释之。窦太后曰：‘临江王独非忠臣邪？’于是遂斩郅都。”当年郅都在景帝狩猎遇险时忠心护驾，被窦太后赏赐黄金百斤，而此次因孙儿被害，窦太后必欲除之而后快，也能看出她作为太后一言九鼎的权威，对于臣下爱之欲其生，恶之欲其死，无人能够阻拦。

窦太后干政还体现在把持治国理念和思想方向上，即著名的儒道之争。《史记·老子韩非列传》载“世之学老子者则绌儒学，儒学亦绌老子”，儒家与道家一直处于一种彼此无法共存的状态。众所周知，自刘邦开始，汉朝始终倡导黄老学说中清静无为的治国理念，而这种治国理念得以一再延续至武帝初期，很大程度上要得益于窦太后的坚持。《外戚世家》载窦太后“好黄帝、老子言，帝及太子诸窦不得不读黄帝、老子，尊其术”，在她的要求下，家族成员不管是否愿意，都必须学习黄老学说。与此同时，对于儒家学派，窦太后不遗余力地进行打压，关于这方面的记载主要出自《史记·儒林列传》。该传载，窦太后时“诸博士具官待问，未有进者”，凡是信奉儒家学派的博士没有受到重用的。信奉儒学的博士辕固生诋毁《老子》，窦太后直接下令将其扔进兽圈，只有杀掉圈内野猪方可被释放。景帝不敢忤逆母亲，又认为辕固生无罪，只得命人悄悄给辕固生塞把匕首，这才助其脱困。待武帝继位后，御史大夫赵绾、郎中令王臧向武帝推荐年已八旬的儒生申生来讲授儒家治国的理念，御史大夫赵绾甚至建议武帝“请无奏事东宫”[10]，即直接架空已是太皇太后的窦氏，窦太后得知后大怒，“乃罢逐赵绾、王臧等，而免丞相、太尉”[11]，进行了一系列人事任命，与此同时“得赵绾、王臧之过以让上”[12]，让人专门暗查寻赵、王两人的罪过问责武帝，武帝也不敢忤逆祖母，最终“尽下赵绾、王臧吏，后皆自杀。申公亦疾免以归”[13]。

可以看到，窦太后将黄老之术视为国本，为维护国本乃至自身地位可谓是霸道专横，胆敢挑战的人即使贵如御史大夫，也有性命之忧。

比起薄太后，窦太后显然是一个极其强势的女性，可以掌控朝臣的仕途甚至是生死，但好在她明事理、存理智，认识到梁王确不适合继帝位也就不再给予支持，避免酿成兄弟阋墙的惨剧，对于黄老治国理念的维护同样符合当时的国家需要，称得上是一位杰出的女性政治家。

（三）

汉武帝生母王太后王娡有着非同寻常的经历，与纯靠运气的窦太后不同，她是在宫廷斗争中取胜赢得了太后之位。严格来说，她对西汉初期的政坛没太大影响，但她生下了在位时间长达五十四年的汉武帝，改写了西汉王朝的历史。

王太后能取胜，首先要感谢她那位有野心的母亲，其母臧儿听信卜者之言，不顾开罪亲家也要强行让女儿离婚再将她送入宫中，从而开启了女儿的太后之旅。王娡与其母一样，是一个有心计的人，在怀武帝时告诉当时还是太子的景帝“梦日入其怀”，今天看来这只是一个普普通通的梦，甚至王娡压根就没有做过梦，只是说些哄人高兴的话语，但在崇尚迷信的古代这句话足能引起景帝的重视。景帝一句“此贵征也”，至少是对当时还是美人的王娡以及肚中孩子的认可。

王娡的敌人是宠妃栗姬。在佳丽三千的后宫之中，皇帝很难做到只钟情于一个人，但妒忌却一定是后宫佳丽的大忌。贵如后来武帝皇后陈阿娇，因嫉妒卫子夫让巫师行巫蛊之术，导致自己被废黜的下场。相较于陈阿娇,栗姬有优势亦有劣势。优势是自己有儿子,且儿子刘荣贵为太子,劣势是自己尚未被册封为皇后。但这个劣势恰因她的妒忌而被政敌所利用,最终对她和太子完成致命一击。《外戚世家》中记载了栗姬是如何一步步“作死”的:首先就是出于嫉妒,公然得罪时常给皇帝弟弟物色美女的馆陶公主,相当于给自己树立了一个可怕的对手。很快馆陶公主和王娡以栗姬为敌人结成联盟。馆陶公主帮还是胶东王的武帝刘彻夺取太子之位,王娡则答应让刘彻娶馆陶公主之女陈阿娇为妻,两家实现双赢。馆陶公主一方面在景帝面前“煽风点火”并反复说刘彻的好话,栗姬则继续口无遮拦出言不逊,景帝对栗姬的印象愈发恶劣。等时机成熟,王娡“阴使人趣大臣立栗姬为皇后”,暗中买通大臣奏请立栗姬为皇后,直接引燃了景帝本就强行压抑的怒火,最后景帝废太子刘荣为临江王。栗姬“愈恚恨,不得见,以忧死”,与其说是被政敌害死,不如说是死在了自己幼稚的政治头脑上。王娡在宫廷斗争中胜出,在景帝驾崩后成为皇太后,刘彻也成了能够和秦皇嬴政并称的一代雄主大帝。

(四)

如果没有《史记·魏其武安侯列传》的话,王太后就无法在历史上留下一个鲜明的个人形象,但相应的她留给后世的有限的印象也不会太差,不过正因为该传的存在,王太后的口碑急转直下。

《魏其武安侯列传》是司马迁大书特书的一篇列传,被梁启超先生评为《史记》十大名篇之一,用《史记评议》中的话概括就是“两个贵戚，一个酒徒，惹出无限风波”。简而言之，这是一篇入木三分的官场现形记，趋炎附势、落井下石等人性阴暗面在这篇列传中一览无余。因王太后的干预，让一场酒会冲突被扣上高帽，加码成了一件严重的政治事件，最后出现了“小人得志”“好人没好报”的结局，也让王娡在武帝时代的政坛中留下了最不光彩的一笔。

魏其侯即窦婴，当年窦婴因破坏了梁王的皇帝梦而被窦太后嫉恨免官，不过失之东隅收之桑榆，他的正直表现赢得了景帝的垂青和赏识。不久，七国之乱爆发，周亚夫、栾布等名将前往一线拒敌，此时还需要一位贤能的宗室将领统重兵于后方坐镇待命，景帝“察宗室诸窦毋如窦婴贤”(《史记·魏其武安侯列传》，从此处起引文凡无注明皆出于此)，连此前厌恶窦婴的窦太后“亦惭”，意识到只有侄子可以担此重任。景帝赐窦婴黄金千斤，以他为大将军坐镇二线。能够想象，一旦周亚夫的一线部队御敌不力，窦婴的二线部队就是朝廷最后的兜底王牌，到时二线将士必须拿出猛虎下山之势对敌发动强攻。故而在后方的窦婴任务并不轻松，如何“得人死力”就是亟待解决的一个问题。窦婴不负景帝重托，他充分显示了长者之风，效仿战国名将赵奢厚赏部下的做法将千斤黄金置于自家廊下，凡是有属下来汇报工作时“辄令财取为用”，自己一斤也不留。这种做法势必赢得部下爱戴，增强了部队的向心力。值得一提的是，魏武帝曹操对窦婴的做法大加赞赏，曾给出“赵奢、窦婴为将也，受赐千金，一朝散之，故能济成大功，永世流声”[14]的高度评价。所幸周亚夫等人善于用兵，最终击溃叛军。窦婴没有了上战场立功的机会，但即使如此，窦婴也被景帝封为魏其侯，此后“诸游士宾客争归魏其侯”。景帝每朝议大事时，其他大臣都不敢和周亚夫与窦婴平起平坐，窦婴的政治生涯到达顶峰。

在诸游士宾客中，就有后来置窦婴于死地的王太后异父弟武安侯田蚡。以辈分论，田蚡是武帝之舅。司马迁评价其“辩有口，学槃盂诸书”“负贵而好权”等特点，即有学识、有一张能说会道的嘴、仕途欲望极强，类似于影视剧中和珅的形象。凭借这些本事，田蚡也博得了景帝的赏识，被封为太中大夫，获武安侯封号。当然，田蚡与窦婴相比差距还是巨大的，当初投靠窦婴时“往来侍酒魏其，跪起如子姓”，像伺候父亲长辈一样服侍窦婴，因为彼时还没地位，想傍上窦婴这棵“大树”，必须得屈膝舍脸。待武帝继位、姐姐王娡当上太后以后，作为外戚的他也跟着鸡犬升天升任太尉。不过毕竟窦婴显贵已久，田蚡也不敢太过造次，再等六年后太皇太后窦氏去世、姐姐王太后彻底得势后，田蚡升任丞相，此时他的小人嘴脸立刻暴露出来。一方面是穷人乍富后的通病，田蚡立刻开始了穷奢极欲的生活，其名下“治宅甲诸第，田园极膏腴”，底下孝敬的人“奉金玉狗马玩好，不可胜数”。田蚡还打算侵占官署土地扩建私宅，引起武帝震怒方才作罢。另一方面，田蚡又打算扬名立威，便依据个人喜好整治或任命大臣，因任命的官员太多，再次引起武帝不满，只因王太后的关系武帝才不和这位放肆的舅舅计较。试看田蚡的做派，与当初千金散尽的窦婴相比可谓天壤之别。而此时的窦婴“失窦太后，益疏不用，无势”，已经直接跌到政坛的谷底。窦婴失势，一方面是他的靠山窦太皇太后去世，另一方面与他个人性格有关。早在太皇太后还在世时，门客籍福就评价窦婴“君侯资性喜善疾恶”。毕竟“靠山”年岁大了，籍福劝窦婴要懂得和奸邪小人共存之道，以此长期保住自己的地位,但窦婴予以拒绝。况且即使姑母在世时,他也曾因梁王与尊儒两次忤逆姑母而被免官,所以现下的落魄也就难以避免了。而身边包括籍福在内的游士宾客"皆去魏其归武安",司马迁在《史记·汲郑列传》末尾有一句精辟的发言用来概括窦婴的处境极为恰当:"一死一生,乃知交情。一贫一富,乃知交态。一贵一贱,交情乃见。"这时候的窦婴也深刻领会了何为世态炎凉,何为人心不古。

就在此时,让窦婴与田蚡走向敌对的导火索式人物将军灌夫出现了。司马迁在交代完窦婴、田蚡的背景后又插讲了灌夫的生平。灌夫是一名悍不畏死的勇将,在平定七国之乱中和其父都隶属周亚夫将军的麾下。其父作战阵亡,灌夫为报父仇率骑兵十余人勇闯吴军壁垒,一路血战直接杀至吴军将旗之下,因而得到了周亚夫的赏识并闻名天下。不过灌夫有着明显的性格缺陷:好打抱不平、爱耍酒疯以及从不奉承,曾经借酒醉痛打过窦太后的兄弟。司马迁称其"贵戚诸有势在己之右,不欲加礼,必陵之;诸士在己之左,愈贫贱,尤益敬",一言以蔽之就是傲上不辱下、欺强不凌弱。以灌夫的个性,更适合在军界发展。但官场不是战场,这种刚直性格必然导致"水土不服",灌夫多次因犯法被免职。他虽然很富有,可仕途不顺自然不会顺心,身边的宾客觉得跟着他没有前途,同样接连离开。民间俗语"流泪眼逢流泪眼,断肠人遇断肠人",在官场屡屡碰钉子的灌夫和从云端跌到谷底的窦婴很快走到了一起,相逢恨晚的二人如父子一般亲近,窦婴还将灌夫引荐给其他显贵。

客观地说,不管是魏其失势还是武安得势,三十年河东三十年河西的事在官场上极为常见,田蚡或许会在窦婴面前作威作福，可没想过非要将一个早就落魄的前国戚视为敌人，甚至用他的话说“魏其子尝杀人，蚡活之”，还曾救过触犯死罪的窦婴之子的性命。而窦、灌当然懂得后浪推倒前浪的道理，相互扶持只是出于同病相怜的需要，二人憎恨的对象是舍弃他们的游士宾客。《魏其武安侯列传》记载得很清楚，窦婴“亦欲倚灌夫引绳批根生平慕之后弃之者”，当年连太后弟弟都敢打的灌夫想必此时更没少替义父痛殴那些趋炎附势的小人。至于对待“后浪”田蚡，两人则以一种敬而远之的态度，谁也不愿招惹势头正盛的当朝丞相自找麻烦。田蚡和窦婴最终归于敌对，是源于一次戏弄性拜访。某日田蚡打算第二天到魏其侯家做客，让灌夫提前告知窦婴。窦婴当然满心欢喜，与夫人“益市牛酒，夜洒埽，早帐具至旦”，精心准备了一个晚上的前任老丞相翘首以盼等待现任新丞相的来访，不过直到中午也不见人影。灌夫亲自前往相府查看，此时田蚡尚未起身，以一句“吾昨日醉，忽忘与仲孺（灌夫表字）言”随便敷衍了灌夫，这才起身准备，且在出发路上“又徐行”，慢吞吞的模样让灌夫极为生气。再对比当初未发迹的田蚡投靠窦婴时“往来侍酒魏其，跪起如子姓”的牛马模样，前卑后倨、判若两人的丑态暴露无遗。在酒宴上，灌夫也不顾及田蚡的身份，乘着酒醉向他发作，邀请他起身跳舞，同时还出言讥讽。不愿得罪田蚡的窦婴赶忙劝阻，“乃扶灌夫去，谢丞相”，田蚡也不会自降身份和一个醉鬼计较，其“卒饮至夜，极欢而去”，可见虽然出现了不愉快，但双方算是都给了对方一个台阶。酒会后，田蚡向窦婴索要某处田地，派去的人正是当初劝窦婴结交小人保住地位的籍福。得知籍福来意，窦婴生气地言道“老仆虽弃，将军虽贵，宁可以势夺乎”，坚决不允，灌夫更是痛骂籍福墙头草的做派。

《魏其武安侯列传》载“武安由此大怨灌夫、魏其”，从这件事开始，双方正式撕破脸皮。田蚡是小人，司马迁用了“大怨”一词，想必从这时开始，田蚡就萌生了干掉两人的心思。果不其然，田蚡抓住了灌夫在家乡欺压百姓的把柄欲将其绳之以法，可灌夫手上也有田蚡私通淮南王刘安的证据，一旦张扬出去即使王太后也救不了田蚡。所以双方经中间的宾客调解都表示不再追究对方。

元光四年(前131)夏，田蚡娶燕王女，王太后下诏令列侯皇族都去相府祝贺，这场贺宴最终成了窦婴和灌夫的断头饭。所谓“但看筵中酒，先敬有钱人”的人情俗理在这场宴会上展现得淋漓尽致，当田蚡敬酒时宾客“坐皆避席伏”，全都离席伏地表示诚惶诚恐，相反窦婴敬酒时“独故人避席耳，余半膝席”，只有故人选择离席回礼，其余宾客仅应付一下了事。灌夫最看不得这种势利丑态，再次借酒醉向宾客找茬大骂，怕惹事上身的宾客都以如厕为名悄悄离去，只有籍福强按灌夫头让其向丞相田蚡道歉，灌夫坚决不肯。这场酒宴不是田蚡私人邀请，而是王太后下诏指示，灌夫搅黄宴会就是对太后的不敬，田蚡立刻给灌夫扣上这顶大不敬的帽子将其当场逮捕，而后马不停蹄地“遣吏分曹逐捕诸灌氏支属，皆得弃市罪”，以最快的速度将其家人逮捕处决，仿佛这一切早有预谋。纵使灌夫家掌握田蚡私通淮南王刘安的证据，这下也无机会公之于众。

灌夫落难后，只有窦婴上疏武帝全力搭救，鉴于窦、田双方都是外戚，武帝召开廷辩讨论，地点选在东朝即王太后的宫殿召开。《魏其武安侯列传》载“上自魏其时不直武安，特为太后故耳”，武帝一向不喜欢这位跋扈的舅舅，很清楚这次事件他压根不占理，召开庭辩是碍于太后缘故，而且选在东朝庭辩，应该是想让太后了解一下朝臣对这位舅爷丞相有多么大的不满，但最后的结果大大偏离了武帝本意。首先窦婴只是解释灌夫酒后失态“非有大恶，争杯酒，不足引他过以诛”；而田蚡意在灌夫，既然窦婴也送上门来，正好借此事将两人一并收拾掉，便诋毁二人“日夜招聚天下豪杰壮士与论议，腹诽而心谤”，将原本要酒疯的大不敬罪名进一步抬高，双方相持不下。用今天话说，参与廷辩的大臣都是“老油条”，不愿去蹚浑水。以御史大夫韩安国为例，给出了“魏其言是也，丞相言亦是，唯明主裁之”的废话，其余大臣“都尉汲黯是魏其，内史郑当时是魏其，后不敢坚对”，一开始赞同窦婴的意见，随后也不再坚持。武帝“怒内史”，表示再拿不出解决方案就将参与廷辩的人一并处死。一个“怒内史”可以看出，显然武帝没有达到通过大臣摧折母亲与舅舅跋扈之气的目的。不过这里需要指出的是，窦婴同样有让武帝生恨的地方，《史记·卫将军骠骑列传》载“魏其、武安之厚宾客，天子常切齿”，即痛恨他们如战国四公子一样广纳门客培养私人势力的做法。廷辩暂时没有结果，而一直关注此事的王太后也出手了，如她当初除掉栗姬一样，每次出手时机都是恰到好处，她先以绝食相逼让武帝做出裁决，后又“卖惨”言道“今我在也，而人皆藉吾弟，令我百岁后，皆鱼肉之矣”。碍于王太后的绝对权威，廷尉便以窦婴谎报灌夫战功助其开脱为由将他一并逮捕。窦婴手中有景帝驾崩前赐予的免死遗诏，这时成了最后的救命稻草，但尚书查阅档案部门却没有找到这份诏书的原始底档，这下救命稻草变成催命符，窦婴伪造圣旨罪上加罪，廷尉判其死刑。司马迁在这里只是客观陈述“案尚书大行无遗诏”的事实，窦婴自然不会拿这么大的事开玩笑，那景帝遗诏到底去哪了，相信后人读到此处时也是心知肚明，所以电视剧《汉武大帝》中追加的王太后与田蚡私窃诏书的这一情节基本符合历史。最终，有长者之风的窦婴以及最见不得势利小人的灌夫都被处决。当然，小人田蚡也没有活太久，转年春天，得急病的他总是胡言乱语，说一些谢罪的话，很快便不治去世，巫师验病时说这是窦婴、灌夫二人魂魄索命。排除这种鬼神之说，比较符合常理的解释应该是田蚡患上了精神分裂症。后来他暗中结交淮南王一事事发，武帝恨恨地说“使武安侯在者，族矣”。在《魏其武安侯列传》中，司马迁以实录的方式记载下了这件千古奇冤，他虽然批评了窦婴“不知时变”与灌夫“无术而不逊”，但这属于为他们二人因性格缺陷导致冤死的下场感到惋惜；而对于田蚡，司马迁斥责他“杯酒责望，陷彼两贤”。在这个故事中，越是趋炎附势的人越能混得风生水起，相反越是正直、越有长者之风的人越没好下场。更可悲的是，没有出现敢于主持正义的人，汲黯、郑当时起初说了真话，但很快担心惹祸上身就不再坚持己见，因为灌夫将军的遭遇早就向世人展示了在官场上为人耿直刚正的后果。窦婴、灌夫所饱尝的世态炎凉和司马迁《报任安书》中提到自己被判宫刑时“交游莫救，左右亲近不为一言”的绝望几乎如出一辙，世态炎凉之风一旦久了，门客籍福那样谁得势就投靠谁、谁失势就抛弃谁的做法就会成了一种社会常态，这实在是一种悲哀。而王太后助纣为虐残害忠臣的恶行更是令人唾弃，与维护周勃的薄太后相比更不可同日而语，让她自己没有留下一个好名声。

由此我们可以看到，三位太后各有各的特点：薄太后以良善品性春风化雨般地影响着文帝，对文景之治的开启有着间接帮助。窦太后虽然溺爱幼子但知进退能顾大局,将黄老治国的思想延至武帝初年,对文景之治有延续之功。至于王太后,既无良善品行,也丝毫看不出有什么大局观,关于她的所有记载充斥着尔虞我诈与阴谋宫斗,买通大臣假意提议立后除去栗姬,毁灭证据致使有功社稷的前大将军窦婴含冤而死,让人对其实在无法产生好感,也许她唯一的作用就是让武帝成功继位进而直接影响了西汉的历史走向。以史为鉴,今人更应该学习的是薄太后的良善与窦太后的知错就改能顾大局,只有这样,社会的浩然正气才能得到弘扬与传承。

注释:

1《史记·绛侯周勃世家》

2《汉书·外戚世家下》

3《史记·孝文帝本纪》

4、5、8、9《史记·梁孝王世家》

6、7、10、11《史记·魏其武安侯列传》

12、13《史记·儒林列传》

14《三国志·魏书·武帝纪》裴注引王沈《魏书·分租与诸将掾属令》

小政府，大社会

——汉初无为而治

（一）“黄老”的形成

无为而治的理念出自黄老思想，是指黄帝之学与老子之学合流后的一种理念学说，西汉建国后至汉武帝亲政的近七十年间，几代君王都以黄老学说来治国，以道家“清静无为”思想为准则，通过一系列宽刑省法的手段达到“君无为而民自化”的境界，最终实现无为而治（或称“垂拱而治”），这也是历史上唯一一次由道家理念主导治国的特殊政治时期。

“黄老”是黄帝和老子的合称。老子不必介绍，上古时代的黄帝是一位历史上的传说人物，司马迁曾在《史记·历书》中提到黄帝“定星历，建立五行，起消息，正闰余”，在天文历法上有一定的造诣。相传黄帝留下了著作，当然，上古时代连甲骨文都未出现，人类还停留在结绳记事的原始时期，留有著作并不现实，甚至黄帝这个人物是否真实存在都有争议，所谓的黄帝之学明显是后世人假托他的名字创作的。到西汉时，黄帝之学实物典籍已经亡佚，但这部典籍传承下来的思想基本已与老子的思想融为一体，称为“黄老思想”。东汉学者王充在《论衡·自然》中对黄老思想作出相应解释：

> 黄者,黄帝也;老者,老子也。黄老之操,身中恬澹,其治无为;正身共己,而阴阳自和;无心于为,而物自化,无意于生,而物自成。

简单来说,学者王充是让人们从个体角度看待世间万物,要求个体降低欲望,凡事一切顺其自然,磨炼出一种无可无不可的强大内在修为,就像武侠小说里所说的"他强由他强,清风拂山冈,他横由他横,明月照大江"的练武境界,如此一来很多事情便自然而然地"被解决"了。这种无为思想是可以用来治国的,相较于玄虚理论,当年老子在《道德经》里直接道出了统治阶级如何以无为的方式治国,即"我无为,而民自化;我好静,而民自正;我无事,而民自富;我无欲,而民自朴"。这段文字是对黄老思想最恰当的概括,故而黄老思想又被称为道家思想。

在历史上,儒家、道家、法家都曾被当作过治国理念。和以"礼治"为政治主张的儒家、主打富国强兵着眼法律效用的法家相比,道家提倡"无为而治",但并不是一味怠政懒政,凡事消极应付,而是要让统治阶层极力避免"瞎折腾""外行管理内行",即治理国家时不要过度干预影响底层的正常运行,断不可今日出台一项法令明日号召一项运动那样"扰民",更不能对人民横征暴敛肆意奴役。老子在《道德经》里还引用了一个十分恰当的比喻——治大国,若烹小鲜。小尾的鱼不适合在锅里翻来覆去地烹饪,治国亦是如此。唯有这样,百姓才可以自化、自正、自富、自朴。

至于具体操作方式,可以参考西汉第二任丞相曹参的做法。《史记·曹相国世家》载,曹参卸任齐国国相时,嘱咐接任的齐相"以齐狱市为寄,慎勿扰也",即不要轻易去干涉刑狱、集市等事务，给百姓一定的自由度。在返回朝廷担任丞相后，曹参立刻进行了一系列的人事任免，他择选下属的标准是只要“木诎于文辞”的厚重长者，相反“吏之言文刻深，欲务声名者，辄斥去之”，将那些爱在细枝末节上苛求的沽名之辈全部罢黜，这也是对秦“专任刑罚”的一个矫枉过正。司马迁评价曹参治国“参与休息无为，故天下俱称其美矣”。

（二）刘邦奠基、吕后继承

以黄老思想治国的基调最早是由刘邦定下的。《史记·郦生陆贾列传》中记载了刘邦定下这个基调的背景故事：刘邦原本就是一个粗人，在得了天下后，楚人陆贾时常在他面前讲《诗》《书》等文化方面的事，刘邦听得烦了，骂了句“乃公居马上而得之，安事《诗》《书》”。“乃公”是一个粗俗词汇，大致相当于今日市井口中的“你老子我”，刘邦这句话翻译过来就是说“你老子我是在马背上打下的江山，没那闲工夫研究文化”。陆贾是一个舌辩之士，当即一连串的反问“居马上得之，宁可以马上治之乎？”“向使秦已并天下，行仁义，法先圣，陛下安得而有之？”你在马背上可得天下，却不能依靠马背坐天下。刘邦觉得陆贾的话有理，就让他总结秦以前的历代成败兴亡。陆贾汇总了先代的兴亡教训，前后作论文十二篇，每作好一篇就呈上供刘邦阅览，“高帝未尝不称善，左右呼万岁，号其书曰《新语》”。

《新语》中有一段名句，概括了秦亡的原因：

> 事愈烦，天下愈乱。法愈滋，而奸愈炽。兵马益设，而敌人愈多。秦非不欲为治，然失之者，乃举措暴众，而用刑太极故也。

出台政策越多天下就会变得越乱，制定的律法越多犯罪也会愈演愈烈，这二者之间是有联系的。秦朝并不是不想把天下治理好，它的过失在于折腾，刑法太残酷，徭役无休无止，这正好是无为治国方式的对立典型。既然知晓了秦亡的原因，那就反其道而行之即可。或许这是刘邦第一次接触黄老思想，他也对无为而治的理念深以为然。刘邦在位七年，对内十五税一减轻农民压力，对匈奴的侵犯选择忍辱和亲让百姓免受战争之苦，为汉初黄老理念治国开了一个好头。

刘邦之后是孝惠、吕后时期，这两位统治者同样奉行与民休息的政策，史称“孝惠垂拱，吕后安民”。汉惠帝继位后不久，丞相萧何病重，惠帝询问下一任的丞相人选，萧何让惠帝自己挑选贤才，惠帝中意曹参，萧何回答“帝得之矣！臣死不恨矣！”[1] 曹参武人出身，曾在秦末起义与楚汉战争中立下大功，君臣二人全都中意他，并非因其能征善战，而是因为曹参也是一个黄老思想治国的坚定拥护者，是辅佐皇帝的绝佳人选。曹参此时在齐国做国相，他曾高薪聘请当地一个叫盖公的人专门讲解黄老思想，并利用黄老思想治理齐国，“故相齐九年，齐国安集，大称贤相”[2]。曹参任丞相后“举事无所变更，一遵萧何约束”[3]。他曾对惠帝表示高祖刘邦与丞相萧何安定天下，法令都已明确，现在守着他们制定的法度去治国，这不就等于他们俩在治国吗？惠帝表示认同，君臣垂拱而治，成语“萧规曹随”便由此出。当时百姓有歌谣唱道：“萧何为法，顜若画一。曹参代之，守而勿失。载其清净，民以宁一。”[4]

惠帝是一个短命皇帝，同其父刘邦一样，在位前后七年，于公元前 188 年驾崩。其后吕后又掌权八年，继续保持清静无为的国策。匈奴冒顿单于欺刘邦已亡，故意写信调戏吕后，吕后虽然生气，但以安定大局为重，没有因一己之私而对匈奴用兵。《汉书·高后纪》中对刘邦之后的惠帝、吕后十五年执政期做了一个总评：

> 孝惠、高后之时，海内得离战国之苦，君臣俱欲无为，故惠帝拱己，高后女主制政，不出房闼，而天下晏然，刑罚罕用，民务稼穑，衣食滋殖。

(三)文景之治

公元前180年至公元前141年的文景之治是汉文帝、汉景帝统治时期出现的治世，也是中国封建历史上的第一个治世。

同刘邦、吕后一样，汉文帝和窦皇后同样是"黄老之学"的忠实粉丝。《史记·礼书》中说"孝文好道家之学"；《汉书·外戚传(上)》亦载窦后"好黄帝、老子言，景帝及诸窦不得不读《老子》尊其术"，在父母的熏陶下，连景帝都要跟着一起读《老子》，学习黄老治国理念。换言之，后来著名的文景之治就是黄老治国理念的成功范本。

文帝、景帝在刘邦、吕后治国基础上又做出了进一步养民措施改革：

其一是轻徭薄赋提倡节俭。刘邦时成年男子每年要服一次徭役，每次一个月，汉文帝时改为三年一次。刘邦时天下田租是十五税一，文帝改为三十税一，并下诏全免天下田租十三年(前169至前156)，汉景帝时继续执行，此后成为两汉定制，直到东汉亦是如此。由于农民交租减少，国家的粮食来源便通过商人入粟拜爵而得，让商人买粮食运到边地或者长安，国家赐予商人爵位。这样一来农民有收入，商人有地位，国家有粮食，是一举三得的办法。《史记·孝文本纪》载，汉文帝本人生活节俭，时常穿粗布衣服，而且还要求宠妾慎夫人衣不曳地，帷帐不施文绣。某次他曾想建造一座露台，听说花费相当于十户中产之家的全部收入，于是作罢。汉文帝的节俭还体现在修建陵墓上。汉代向来兴厚葬之风，各帝王将相的陵寝规模庞大、陪葬丰厚，如汉景帝刘启之弟刘武的梁孝王陵，其于 20 世纪 90 年代初在河南省永城市芒砀山被考古发现，该陵墓斩山作廓，穿石为藏，全长 96 米，最宽处 32 米，面积约 700 平方米，地宫 22 座，形成了一个规模宏大、结构复杂的西汉梁国王陵墓群，为全国所罕见，后被评为全国重点文物保护单位。西晋时期，朝廷大臣索綝曾评价汉代陵墓的特点是“汉天子即位一年而为陵，天下贡赋三分之，一供宗庙，一供宾客，一充山陵”[5]，天下贡赋的三分之一都用来修建皇家陵墓，也难怪总会被后来者觊觎。但厚葬之风唯独在汉文帝这里息止了，他修建的霸陵“皆以瓦器，不得以金银铜锡为饰，不治坟，欲为省，毋烦民”，比之七十万苦力修建的巨山般的秦始皇骊山陵墓，孰仁孰暴，一目了然。可以说，汉文帝确实做到了勤俭节约，为天下树立起了一个十分优秀的榜样。所以汉初形成了清廉之风，为文景之治的出现开了一个好头。

其二是约法省禁。汉文帝废除了从秦朝开始沿用的收孥相坐律令，一人犯罪，交有司惩罚罪人即可，其家属不得受到牵连罚作奴隶。《史记·孝文本纪》中记载了一个具有历史意义的标杆案例——缇萦救父。齐国人淳于意犯法，按律当被押解长安接受毁伤身体的肉刑。淳于意没有儿子，关键时刻他的女儿缇萦跟着囚车来到长安，上疏文帝表示“愿没入为官婢，赎父刑罪，使得自新”。汉文帝很感动，觉得肉刑有伤孝子之心，于是下诏废除，同时赦免淳于意的罪过。缇萦作为一介民女，她的书信能够被转达到皇帝手中，说明当时政治清明言路畅通。而省禁是指废除汉初沿用秦朝时的罪名，例如诽谤、妖言罪等。秦朝施行什伍连坐的严酷法律，要求老百姓互相监督揭发，导致人人自危。汉文帝时专门以宽厚化天下，《史记·孝文本纪》载其“除诽谤，去肉刑，赏赐长老，收恤孤独，以育群生”，时人移风易俗，黎民淳厚，这才是大治应有的表现。

至景帝时，为了更好地推行黄老思想，又彻底解决了地方诸侯王割据的问题。西汉初年郡国制并行，从积极方面来看，这些封国在汉初对于皇权的稳固起到了一定作用。但是诸侯王可以自己任命官员、自己治理百姓，像是吴国境内遍布铜山的可以自己铸造货币，甚至像《史记·楚元王世家》中所描述的诸侯王还可以使用独立纪年。这些特权让各诸侯国割据性非常强，对中央朝廷构成严重威胁。文帝时，大臣贾谊陈述稳定国家的方案《治安策》，被班固收录进《汉书·贾谊传》中。贾谊主张采用“众建诸侯而少其力”的方法不断削弱诸侯王，即把大的诸侯国分割成小的诸侯国，小国力量不够就无法反叛。遗憾的是，汉文帝没有接受这一主张，反而欣赏贾谊的文采，唐代诗人李商隐以此为题作七绝《贾生》，其中有“可怜夜半虚前席，不问苍生问鬼神”一句，批评汉文帝不能真正发挥人才的作用。贾谊的主张虽未被完全采纳（以齐国为试点部分采纳），但他提出的分割诸侯国的办法确为良策，后被汉武帝时的主父偃以“推恩令”的名义重新提出，并得到汉武帝的首肯，最终实施开来。汉景帝时，大臣晁错上《削藩策》,建议景帝与其等到诸侯国做大做强、中央朝廷沦为摆设的尴尬境地,不如现下立即采取削藩措施提前逼反诸侯王,就是说现在的诸侯削藩不削藩都会反,与其晚反不如早点反,景帝采取晁错建议削藩,逼迫诸侯国造反。景帝三年(前154),吴王刘濞联络楚、赵、胶东、胶西、淄川、济南共七国以"诛晁错,清君侧"为名一同反叛,史称"七国之乱"。汉景帝派周亚夫平叛,周亚夫将大军屯于昌邑(今山东金乡)以待时机。叛军进攻梁国都城开封,因梁孝王拼死抵抗而未能得手,周亚夫则在背后袭扰叛军粮道。叛军久攻不下,补给不足,只得撤退。周亚夫乘胜追击,三个月平定叛乱。七国之乱是西汉地方封国和中央政权力量消长的转折点,避免了西汉中央朝廷重蹈"周室衰微"的覆辙。除却武帝时的对外开疆,西汉朝廷在景帝时完成了内部的实质统一。

不过,七国之乱虽被平定,但另外一个棘手的问题凸显出来,就是朝廷财政储备的严重不足,完全无法应付突然发生的灾害或者战争。除《治安策》外,贾谊还曾作《论积贮疏》,他在该文中指出"汉之为汉,几四十年矣,公私之积,犹可哀痛""卒然边境有急,数十百万之众,国胡以馈之"等当时国家面临的危机。汉朝已建国四十余年,可不管是官府还是私人积蓄储备都少得可怜,一旦有战事发生,国家根本拿不出发放粮饷的财政资源。"国胡以馈之"的预言很快一言成谶,吴王刘濞发动叛乱是公元前154年,距汉朝建国四十九年,距贾谊《论积贮疏》的上奏也不过数年光景。在《史记·货殖列传》专门收录一事:吴楚七国兵起时"长安中列侯封君行从军旅,赍贷子钱",列侯封君并非寻常百姓,连他们自己都需要放低姿态去找富豪借高利贷才有钱置办武器奔赴战场。即便如此，放高利贷的富豪"以为侯邑国在关东，关东成败未决，莫肯与"，朝廷对此无可奈何，这实在是件荒唐的事情。试想，假使平叛战事迁延岁月，恐怕首先支撑不住的将是朝廷一方。

那么先期累积四十余年的财富又到哪里去了？仍以《论积贮疏》及《史记·平准书》为例，前者提到"今背本而趋末，食者甚众，是天下之大残也"的社会畸形现象，即当时很多人都在弃农经商，生产的人少而消费的人多，如此一来国家财富自然就会枯竭。后者提到"山川园池市井租税之入，自天子以至于封君汤沐邑，皆各为私奉养焉，不领于天下之经费"，皇室的私人消费并不占国家财政，但天下的山林、河川、园囿、陂池、市场等产业的租税收入最终也并没有进入国家财政，这些收入都被地主阶层截留私奉。加之可以想象得到，朝廷三十税一的政策固然可以减轻普通农民的生活压力缓解社会矛盾，但是最大的受益者还是那些地主、大商人等，所以这就导致了国家财产藏富于地主阶层的不均衡形态。

七国之乱后，这一问题已经到了亟待解决的时刻。起初文帝在位的第十三年(前167)时，朝廷在三十税一基础上又"除田之租税"[6]，这一政令首先遭到废除，朝廷开始重新征收田税，这样既有利于财政的增长，也有利于打击地主商人阶层。《汉书·景帝纪》载，朝廷充分考虑到了恢复田税政令会给普通民众带来生活压力的实际情况，又出台了"民欲徙宽大地者，听之""令郡国务劝农桑，益种树"等补救措施，鼓励有剩余劳力的普通百姓脱离地主去开垦无主荒地、养蚕种树，这样朝廷和百姓就可以跨过地主和商人达到双赢的状态。此外，针对商人在平定七国之乱中表现出的低觉悟丑态，对于他们的制裁也是必不可少的。手段包括“复置诸关用传出入”，与恢复田税的做法类似，当初取消关卡的政令是汉文帝于在位的第十二年（前 168）发布的，现在重新恢复，以设关卡检查的名义可以对贩卖的商品征收过路费。另外出台“定铸钱伪黄金弃市律”，敢于私自制造伪劣货币的，一经发现立即处决，以其资产充公。通过上述手段，逐渐将地主阶层的财富攫取至国家财政当中。班固在《汉书·景帝纪》中对文景之治有如下评价：

> 汉兴，扫除烦苛，与民休息。至于孝文，加之以恭俭，孝景遵业，五六十载之间，至于移风易俗，黎民醇厚。周云成、康，汉言文、景，美矣！

古今中外的任何一个国家盛世时期，必然会有某个治国理念在起着主导作用，这个思想的一大特色就是符合底层百姓的强烈期盼。即是说，以黄老思想治国顺应了汉初百废待举的客观形势，重在无为而治、与民休息，促进了社会经济的迅速恢复与发展，调动了百姓生产的积极性，在汉武帝征战前取得了巨大的治国成就，也让中国思想文化史上多了一个黄老道家的治国范本。

注释：

1《史记·萧相国世家》

2、3、4《史记·曹相国世家》

5《晋书·索綝传》

6《史记·孝文本纪》

英主任贤增虎翼，假王徼福犯龙鳞

《史记·淮阴侯列传》是司马迁重点撰写的篇目，后被梁启超先生誉为十大名篇之一。司马迁早年游历天下时曾到过江苏淮阴，并在当地人指引下找到了淮阴侯韩信母亲的坟冢，想必在凭吊的那一刻，司马迁定会有诸多发自内心的感慨。纵观通篇列传，司马迁一如既往地秉持着正确的修史观：没有因韩信被定性为谋反罪就否定他早年为汉朝所立下的汗马功劳，反将其比作周武王身边的臂膀周公、召公，给予他独立列传的资格，还在《太史公自序》中如实概括了他"拔魏赵，定燕齐，使汉三分天下有其二，以灭项籍"的战功。如果没有韩信，楚汉战争将会是一场长期的拉锯战，即使刘邦最后能够战胜项羽，也极有可能被赵、齐等势力从背后偷袭捡了便宜，天下是否归汉犹未可知。

(一)落魄

韩信出身布衣，早年父母双亡，家中一贫如洗。既无亲友投靠又无本钱谋生的他"不得推择为吏，又不能治生商贾"(《史记·淮阴侯列传》，以下引文凡无注明皆出于此)，没有任何能够赖以为生的手段。万般无奈下，他只好携剑流浪寄食四方，遇见河边洗衣的漂母这样良善之人尚能填饱肚子，但若遇见的是恶少，还得忍受对方的胯下之辱。青少年时代的韩信是在无依无靠、饥饿困顿中度过的，但和后世明太祖朱元璋的乞丐经历类似，这种“苦其心志，劳其筋骨，饿其体肤”的早年不幸经历必定让他得以迅速成长，后来带兵打仗时能够奇谋迭出，应该也是在这些年的成长中历练出来的。

项梁、项羽叔侄率领八千子弟渡江反秦，韩信投靠了这支队伍。他先从项梁“无所知名”，后从项羽“数以策干项羽，羽不用”，都没有得到重用。不过这也不奇怪，用陈平的话说，项羽用人“非诸项即妻之昆弟，虽有奇士不能用”[1]，原本就不屑去用外人，加之当时的楚军在项羽带领下一路上灭王离、降章邯，将秦国生力军尽数扫荡。灭秦的巨大胜利让项羽认为凭借自身勇武可以干掉一切敌人，对亚父范增尚且不能言听计从，何况是韩信这样的无名之辈。如果韩信有张良那样的原六国王室贵族身份，也许项羽会听进一些建议，但他是一个连饭都吃不上的游士，当初加入楚军多半是为了有口饭吃，项羽封他个郎中，让他作一名执戟卫士，已经是一种恩赐了。比较尴尬的是，待到归汉后，韩信依旧是可有可无的存在，地位甚至还不如项羽时的执戟卫士，这次的原因是和刘邦军队的陋习有关。参考同样从楚营投汉的陈平，陈平以楚军都尉的身份归汉，被刘邦任命为护军，负责监督诸将。当上护军的陈平开始收受贿赂，行贿的下属“金多者得善处，金少者得恶处”[2]。同理，韩信一无背景不被人所看重，二来囊中羞涩无钱打点上下关系，只能继续之前在楚营时的边缘状态，当了一个无关轻重的连敖官职，负责宾客接待工作。如果不是意外被夏侯婴和萧何赏识，恐怕早就因为触犯军纪而被斩首了。

(二)成名

刘邦听从萧何建议正式以隆重礼仪拜韩信为大将后，向其询问夺取天下的策略。韩信以一种居高临下洞览全局的角度来分析了项羽在性格、政治眼光、人心向背上的三大致命弱点：

项羽本人彪悍善战，然“不能任属贤将，此特匹夫之勇耳”，对待下属表面恭敬慈爱，可部下立功获赏时“忍不能予，此所谓妇人之仁也”。这些是性格上的软肋。先说吝啬封赏，好似今日某些不成熟的公司领导，只会表面关心下属让其按时吃饭注意休息，但涉及奖金发放时却成了守财奴，寒了下属的心，这样就极有可能被竞争方乘机“挖墙脚”。至于作战时只喜逞匹夫之勇，更容易被对手抓住破绽击败。

项羽灭秦后“不居关中而都彭城，有背义帝之约，而以亲爱王，诸侯不平”，这两条是政治上的短见。将形胜之地的关中交由秦降将把守，刘邦得以轻易夺取关中。和用人唯亲类似，依据与自己关系远近的标准来分封诸侯，必定引起很多人不满，反而在无形中树敌。比如参加巨鹿之战的张耳、陈馀二人，在项羽援军抵达前，一个协助赵王据守城池，一个率军屯驻城北，互为犄角，时人评价“陈馀、张耳一体有功于赵”[3]，但张耳因跟随项羽入关被封为常山王，而陈馀未从入关结果只得到三个县的赏赐。后陈馀借兵打败张耳迎回赵王，鼎盛时期麾下赵军号称二十万人，但哪怕后来与汉为敌，也未见陈馀有过实际的助楚表现，这就是项羽胡乱分封的恶果。

项羽“所过无不残灭者，天下多怨，百姓不亲附，特劫于威强耳。名虽为霸，实失天下心”，这是道义人心上的丧失。《史记·

项羽本纪》中记载了楚汉战争时的一事：项羽经苦战攻克彭越军驻守的外黄城（今河南民权内黄集），他恼怒于全城百姓相助彭越，下令将城中十五岁以上的男子全部活埋。在这危急时刻，一个年仅十三岁的外黄少年挺身而出，在一通“彭越强劫外黄，外黄恐，故且降，待大王。大王至，又皆坑之，百姓岂有归心？从此以东，梁地十余城皆恐，莫肯下矣”的简单分析下，醒悟过来的项羽赦免全城百姓。但这事也可看出，堂堂西楚霸王，见识尚且不如一个娃娃，也能看出项羽身边无诤臣。秦国以武力征服天下后也仅维持了十五年，项羽实力无法和秦国相比，却屡行坑俘屠城之事。自古以来，得人心者得天下，比之进入关中即约法三章收买人心的刘邦，项羽还未与之交手，在人心层面上就已失天下。

关于项羽的弱点，不是没有人为刘邦分析过。张良、陈平都曾效力于项梁、项羽麾下，也都看到了项羽暴露出的各类问题：张良就建议刘邦联络不满分封起兵自立的齐王田荣牵制楚军，陈平也指出可以利用项羽用人吝啬封赏一事大做文章。但张、陈两人一个侧重战略布局一个侧重谍战离间，如韩信这般全方位剖析双方利弊得失，特别是在战略分析基础上还将成败得失与人心向背联系起来，从项羽强大的表象看到了其覆灭的实质，这是从没有人替刘邦分析过的，故而“汉王大喜，自以为得信晚”。以上是战前对全局的把控分析，随后韩信在军事上又提出了著名的“明修栈道，暗度陈仓”之策，这也是声东击西战法中的代表性战例。当章邯等把守关中的秦降将将注意力放在正于子午谷搞出大动静的汉军时，刘邦率主力出陈仓故道进入关中，向秦军的侧翼杀来，轻而易举地夺取关中。

刘邦的诸侯联军在彭城惨败后，韩信以左丞相的身份正式率军另辟战场，其战略意图在《汉书·韩信传》中有载，其云“（平定魏国后）愿益兵三万人，臣请以北举燕、赵，东击齐，南绝楚之粮道，西与大王会于荥阳”，即扫荡魏、赵、齐等摇摆不定的诸侯国，最后在项羽左翼出现，配合刘邦主力完成对楚军的决定性攻势，后来的历史也确实是这么发展的，这三场战事成了韩信的成名战。

汉二年（前205）八月，韩信第一战对阵魏王豹。魏王豹闻韩信至，“盛兵蒲坂，塞临晋”，即在黄河以东蒲坂（今山西永济西）屯驻大量兵力，同时封锁了黄河渡口临晋（今陕西大荔东），以期在汉军渡河时予以痛击。战线阵地是固定的，人却是活的。如同当初只以偏师佯装主力在子午谷诱敌一样，魏军的预判早在韩信的预判当中，他再次使用声东击西策略，先于临晋渡口聚集大量船只造成打算渡河的假象，实则暗自筹集了大量巨型木桶（木罂）作为渡河工具，以伏兵“从夏阳以木罂缶渡军，袭安邑”，这就是经典战例木罂渡河的由来。而且，以木桶作为载具泅渡黄河，也创造了军事史上的一个奇迹。魏王豹完全没想到汉军在自己的上游出现，被打了一个措手不及的他一战被俘，魏国就此平定，汉军背上的芒刺得以拔除。

汉三年（前204）十月，在分兵拿下实力较弱的代地后，韩信第二战正式面对强大的对手——由成安君陈馀辅佐的赵王歇率领的赵军主力。赵王歇与陈馀集结了号称二十万人的兵力，先行占据太行山井陉口，准备以逸待劳。韩信先以两千轻骑乘夜先行，所有骑兵“人持一赤帜，从间道萆山而望赵军”，提前在赵军大营附近山中埋伏。而后针对双方力量对比，韩信采用了类似项羽破釜沉舟自绝后路的办法，以万人背水列阵以示死战决心。双方正式开战后，由于赵众汉寡，汉军逐渐不支撤至水边，赵军也为生擒韩信倾力出动，后方大营几无防御力量。不过汉军在被逼至水边后，由于后方已再无路可退，为求一线生机而绝地反击，立刻爆发出了巨大战力，和赵军打得难解难分。此时预先埋伏的两千骑兵发挥关键作用，“驰入赵壁，皆拔赵旗，立汉赤帜二千”，前方赵军突见大营已失，误认为赵王被俘，军心顿时涣散，在两股汉军前后夹击之下“破虏赵军，斩成安君泜水上，禽(擒)赵王歇”，这就是军事史上最为经典的背水一战。简单复盘，就是先以两千轻骑为奇兵，再以背水万人为正兵，彼此通过完美配合锁定胜局。起初韩信背水列阵时非但遭到赵将嘲笑，连汉军将领都觉得不可理喻，但就是这临水正兵，在面对绝境时又发挥了奇兵的特效，最终正奇结合、奇奇结合，达到了四两拨千斤的效果。

平定赵国后，韩信一方面遣舌辩之士传檄定燕，一方面按既定计划向齐地进军。在齐地，韩信面对的不只有齐军，还有项羽麾下大将龙且率领的号称二十万人的楚军精锐。在对抗齐楚联军的这场战斗中，韩信依旧没有选择正面厮杀，而是“乃夜令人为万余囊，满盛沙，壅水上流”。待一切妥当后先是渡水主动出击，随后又佯装战败，待龙且率领齐楚联军半渡追击时，上游的汉军士兵将万余沙囊掘开，汹涌而来的大水立即将龙且军淹没，韩信乘势反攻，一举击杀龙且，俘虏楚军副将周兰和齐王田广。至此，随着魏、赵、齐三地收复，汉军完成了对楚军的战略包围，随时可以直接南下威胁彭城。《史记·高祖本纪》载“项羽闻龙且军破，则恐，使盱台人武涉往说韩信”。

论打仗，韩信与项羽恰恰相反：项羽是“身七十余战，所当者破，所击者服，未尝败北”[4] 所向披靡，韩信却是典型的斗智不斗力。韩信的灭赵与灭齐两战策略高度雷同，都是先乘夜布置奇兵，白天会战时佯败诱敌，关键时刻由奇兵打出致命一招，主力再乘势掩杀秋风扫叶，这种出奇制胜的打法完全颠覆了项羽对战争的认知。《孙子兵法·虚实篇》中有一句至今亦被广为传颂的名言：“兵无常势，水无常形，能因敌变化而取胜者，谓之神。”韩信真的做到了，他让灭秦的项羽感到恐惧，觉得这是一个已无法在战场上打败的对手，能享受这种荣耀的，唯韩信一人而已。随着说客武涉劝说韩信反汉失败，项羽在四面楚歌的围困中迎来了败亡的结局。

当然，赵、楚两军也不是没有能人，在汉、赵决战井陉前，赵将李左车就对韩信军的特点做出了精准判断：井陉地势“车不得方轨，骑不得成列，行数百里”，在这种超狭长的地带进军，汉军辎重补给只能在大军后方缓慢跟进，故而李左车建议陈馀“深沟高垒，坚营勿与战”，而他自己带三万人“从间道绝其辎重”。这本是一条万全之策，试想千年后我军取得的平型关大捷，就是在狭长地带设伏一举痛歼强敌的辎重部队。战后韩信对成为战俘的李左车“解其缚，师事之”，也曾对他感叹道“诚令成安君听足下计，若信者亦已为禽矣”。但很遗憾，陈馀没有采纳，他想的是利用人多势众的优势毕其功于一役。在陈馀眼中，李左车这种慢节奏且谨小慎微的打法会导致“诸侯谓吾怯，而轻来伐我”，是对敌示弱的表现。同理，在齐地战场，面对已来势汹汹的韩信大军，龙且麾下某位不知名的楚将针对汉军远来必求速战的特点，同样给出了“不如深壁，令齐王使其信臣招所亡城，亡城闻其王在，楚来救，必反汉”的稳妥方案，如果照这位楚将所说的执行，汉军前方无法攻克楚军坚壁，后方已拿下的齐城又接连反叛，那么韩信必败无疑。但龙且同样拒绝，拒绝的理由是他口中“吾平生知韩信为人，易与耳”的轻敌狂语，以及这种不战而胜的打法无法给自己谋取大的战功，所以压根不屑采纳，最后中伏被杀。以上也反映出一个事实：韩信是善谋者，“善谋者胜”虽然是军事常识，但背水一战也好、囊沙歼敌也罢，谋之成与不成，也要视敌方统帅愚与不愚，敌方统帅陈馀、龙且都是项羽式的人物，这是韩信的幸运。

综合而言，韩信的军事能力毋庸置疑，刘邦评价他“连百万之军，战必胜，攻必取”[5]，比之擅长恶战的白起、项羽，他了不起的地方在于将战争变成一门艺术，真的达到用兵如神的地步。在韩信所指挥的战争中也有数十万人规模的大型会战，但他从不与敌人进行正面搏杀，反而屡出奇谋，创造出了暗度陈仓、木罂渡河、背水一战、囊沙歼敌等经典战例，不但能将仗打赢，还能赢得潇洒，赢得漂亮，这是其他名将所比不了的。在后世，如同孙武与吴起时常被并称为“孙吴”一样，韩信也总和战国名将白起并称为“韩白”，明代学者茅坤更将韩信称为“兵仙”。司马光在《资治通鉴·汉纪四》中这样评价韩信的战功：

> 韩信首建大策，与高祖起汉中，定三秦，遂分兵以北，禽魏，取代，仆赵，胁燕，东击齐而有之，南灭楚垓下，汉之所以得天下者，大抵皆韩信之功也。

(三)落幕

同为汉帝,假使韩信所效力的是东汉光武帝刘秀或是季汉昭烈帝刘备,那么他最后必定会有一个圆满的人生归宿。可悲的是,他的君王是权诈无赖且刻薄寡恩的刘邦。韩信虽然是军事天才,论权术却远非刘邦对手,且他内心并无帝王志向。在拿下齐地后,项羽的说客武涉和自己的谋士蒯通都劝他自立。二人虽立场不同说辞各异,但本质上都是劝他"参分天下,鼎足而居",但也都无一例外遭到韩信拒绝。不过这倒也无碍,如果他以文种、范蠡之事为鉴,效仿范蠡弃官经商,或是如张良求仙问道、陈平沉湎酒色,都可躲过功高震主之嫌。但事实并未如此,韩信处在一种"高低两不就"的状态,不想当帝王,但也不想错过唾手可得的王侯之位。《史记·淮阴侯列传》开篇提到韩信早年落魄时常在河边垂钓,现而今的王侯功名成了"鱼饵",他自己则贪而为鱼,要求刘邦封他为齐王作为出兵合围项羽的条件,彼时刘邦被困于荥阳,得知韩信使者来意后大怒而骂曰"吾困于此,旦暮望若来佐我,乃欲自立为王",后经张良、陈平提醒才答应这一条件,恐怕也就在这时,刘邦便已对韩信动了杀机。讨要齐王这件事,实在是韩信最大的败笔。

随着项羽的覆灭,刘邦立即夺去韩信兵权与齐王称号,改封他为楚王,后来又假称有人告其谋反再次将他贬为淮阴侯,直到最后吕后真以谋反罪名将其杀害,夷灭三族。当然,这也不全怪韩信,在面对一个深谙"兔死狗烹"规则的君王面前,彭越、英布、陈豨、卢绾等战将亲信都不能幸免,即使贵如丞相萧何,也被迫做些侵占民田的自污之事以求自保,所谓官方定性的唆使陈豨谋反，不过是在为韩信罗织罪名罢了。试问，韩信做齐王具备与刘、项三足鼎立的条件时不反，做楚王可偏霸一方时不反，偏偏为淮阴侯困居长安时意图谋反，这岂不是昏了头？再者，若真欲谋反，陈豨远在代地无法指望，韩信一己之力断无成功可能性，必须提前联结其他功勋战将，其事或可成，而《史记·淮阴侯列传》却载"（韩信）羞与绛、灌等列"，"信乃谋与家臣夜诈诏赦诸官徒奴，欲发以袭吕后、太子"。他打算谋反，既没有在平日里和周勃、灌婴搞好关系，又想单单依靠临时拼凑的诸官徒奴发动宫廷政变，难不成真的视周勃、灌婴等人为无物？又即使真的侥幸杀掉吕后及太子刘盈，到时这些诸官徒奴要如何抵挡樊哙救驾的正规军？这种愚蠢举动不是一个"连百万之军"的名将所能做出的，罗织之说板上钉钉。清代学者赵翼在《陔余丛考·卷五·史记四》中则以蒯通劝说自立之语为韩信辩驳，其指出：

> 《史记·淮阴侯传》全载蒯通语，正以见淮阴之心乎为汉，虽以通之说喻百端，终确然不变，而他日之诬以反而族之者之冤痛不可言也。

《淮阴侯列传》之所以被梁启超先生评为《史记》中名篇，大体是因司马迁在这篇列传中为后人展示了一幅惊世骇俗的人生逆袭画卷。韩信，从一个饭都吃不上的穷小子，一步步攀爬到了诸侯国国王之位，这本就是件非常励志的事。而且比之刘邦的刻薄无情，韩信在功成名就后不忘履行诺言，寻访到了当初接济过自己的好心漂母，单以知恩图报这件事来说，韩信也博得了后人对他的肯定与同情。如前所述，虽然他的人生最后以被冤杀收场，但其对汉朝开国立下的功绩以及享誉后世的威名是无法抹杀的。

注释：

1、2《史记·陈丞相世家》

3《史记·张耳陈馀列传》

4《史记·项羽本纪》

5《史记·高祖本纪》

从“烹狗”到平叛

——汉代中央集权之路

(一)“换血”

汉高祖五年(前202),随着项羽自刎于乌江,天下统一于汉。但项氏覆灭后,高祖刘邦心中的敌人依旧存在。此时的敌人来自内部,如吕后将戚夫人视为大敌一样,此时的刘邦也将异姓诸侯王视为威胁中央朝廷的腹心之患。自此,汉朝历代统治者为达成中央集权采取各种措施,至汉景帝七国之乱后,终于完成了体制上的真正统一。

秦始皇统一六国后,为强化中央集权制,听从李斯建议采用郡县制,将全国划分为三十六个郡,各郡守长官由中央直接任免。与此同时,鉴于北部匈奴及南方百越两股强大势力的存在,秦始皇又开始了对外征战:以将军蒙恬率军三十万北击匈奴夺取河套地区,并于战后修长城以自守;以将军屠睢率军五十万分五路跨越五岭向南征讨百越,在付出包括屠睢本人在内数十万士兵阵亡的惨重代价后终于平定岭南,于该地增设桂林(郡治今广西桂平)、南海(郡治今广东番禺)、象郡(郡治今广西崇左)三郡。鉴于岭南距离遥远,秦始皇又以将军任嚣为南海尉,令其率五十万人驻守。对比两场战争的胜负结果与驻军数量,能够看出秦始皇对南方的重视程度要高于北方。

秦末农民起义爆发后，起义军规模愈发壮大，地方上的秦军无力抵抗。秦廷一方面以赦免的骊山刑徒组成军队镇压义军，一方面令南、北两方面的边防秦军增援。北方秦军在统帅蒙恬遇害后，由副将王离率领南下驰援，后被项羽全歼于巨鹿。但理论上来说，这还不足以让秦朝灭亡，假使此时岭南任嚣兵分两路，一路经湖南、湖北进抵武关，那么刘邦非但无法进关，甚至有被歼灭的可能，而另一路秦军则可经江西转入江苏直逼会稽、沛县釜底抽薪，项羽即使打赢巨鹿之战也会面临进退失据的劣势，如果历史走向真的是如此发展，秦朝至少不会在短时期内亡国。遗憾的是，拥五十万众的任嚣始终按兵不动，坐视秦朝灭亡，在《史记·南越列传》中记载了其中内情。在刘邦、项羽起兵之时，任嚣病重自知不治，部下中唯有南海郡龙川县（今广东惠州）县令赵佗能力出众，任嚣召赵佗密谋托以后事，大致说了三件事：其一，任嚣认为朝廷无道，天下苦之，导致现在中原各地遍布义军，这种情况下“中国扰乱，未知所安”，天下是否仍能归秦并不好说；其二，为避免兵祸波及岭南，任嚣主张“兴兵绝新道，自备，待诸侯变”，调兵堵塞两湖、江西等通往两广的道路闭关自守，即拒绝北上增援；其三，假使秦廷最终覆灭，岭南具备“负山险，阻南海，东西数千里”的地形优势，又有五十万秦军可以依托，总之“此亦一州之主也，可以立国”，具备独立称霸的条件。不久后任嚣病故，赵佗继承南海尉职务，顺利接管岭南三郡。他按照先前任嚣的建议闭关自守，待秦朝灭亡后正式选择独立，“即击并桂林、象郡，自立为南越武王”。此后的赵佗与汉朝关系时好时坏，不管是对汉称臣还是与汉交恶，都处于一种实际的割据状态，直到汉武帝时汉朝才正式将南越收归中央。

刘邦曾让大夫陆贾出使南越册封赵佗，事后又让其总结秦亡教训，陆贾前后写了十二篇文章，名曰《新语》。可惜《新语》中没有谈论过有关赵佗的事，这本该是一个无法回避的话题。

任嚣、赵佗的所作所为，类似于清末庚子之役时的东南互保，从历史形势发展来说无疑是正确的，但作为一支五十万大军的统帅，将国难视为“浑水”只求避之自保，二人无疑是失职的，这也反映了一个客观问题：郡县制治天下并非万无一失。假使秦始皇当初听从丞相王绾请立诸子的分封建议，派遣一位王子镇守岭南，即使咸阳失守，秦祚也可借岭南犹存。从这个角度来说，秦不只亡于项羽、刘邦，也亡于任嚣、赵佗。故而可以得出一个结论：汉统一天下后分封刘氏为王还是有必要的。不过刘邦得天下，韩信、英布、彭越等名将都是有“原始股份”的，须以王侯封国来安置这些人。还有此前项羽入咸阳后分封的燕王臧荼与原战国时韩国国君韩襄王之孙韩王信，他们虽然在楚汉战争中没有出力或出力较小，但名义上选择归汉，亦没有被替换的理由。况且项羽刚被攻灭，人心思安，不宜轻启战端。所以彼时刘邦建立的汉朝只能在一种中央朝廷和七位异姓诸侯王共存的情况下延续。

这种权宜之计不会持续太久。汉高祖五年（前 202），待天下稍微稳定后，刘邦与吕后便开始了“烹狗”行动，《史记·高祖本纪》中记载了拿下诸异姓王的次序与过程。首先被拿下的是关系较远的燕王臧荼，当年十月“燕王臧荼反，攻下代地。高祖自将击之，得燕王臧荼”。（《汉书·高帝纪下》载“秋七月，燕王臧荼反，上自将征之。九月，虏荼”，时间略有差异。）臧荼的谋反罪名完全是莫须有。试想，臧荼若真要反，为何不趁楚汉战争期间反戈汉军，非要等项羽覆灭后再自不量力以卵击石。显然，臧荼多半是被逼反的，然后被早有预谋的刘邦顺理成章地出兵拿下。收复燕国后，刘邦册封与自己有两代通家之好的“发小”卢绾为燕王。

汉高祖六年（前201）十二月，借有人告发楚王韩信谋反的名义，刘邦决定对这位最大的功臣也是最大的祸患下手。刘邦假称巡游楚国云梦泽，令韩信前来接驾，不明就里的韩信抵达后遭到逮捕，被降为淮阴侯于长安安置，五年后（汉高祖十一年，前196）又以谋反罪被吕后处决。至于楚王的后续人选，刘邦“乃以弟交为楚王，都彭城”[1]，将楚国赐予自己的弟弟刘交。与此同时，刘邦分出了部分楚国领土赐予远房子侄刘贾为荆王，又以自己的私生长子刘肥为齐王。《史记·荆燕世家》亦载刘邦“始王昆弟刘氏也”，正式开始册封刘氏为王。随着齐、楚等大国都被刘氏亲王占据，中央朝廷与外姓地方诸侯王国的实力对比开始发生逆转。

按照刘邦原定计划，臧荼被拿下后，下一个目标就是和自己关系同样疏远的韩王信。故早在汉高祖六年（前201）春，刘邦便开始提前布局，下令让韩王信将王国治所从颍川迁移到边境晋阳以抵御匈奴，后经韩王信请求同意让其改迁到相对安全的马邑（今山西朔州）。韩王信不愿与匈奴开战，在马邑期间多次私自与冒顿单于谈判要求和解罢兵，因而遭到问责。看到臧荼的结局，韩王信很清楚自己未来的下场，一不做二不休的他“因与匈奴约共攻汉，反，以马邑降胡，击太原”[2]，决定投靠匈奴人并充当其马前卒攻打太原。汉高祖七年（前200）正月，刘邦率军三十万北征匈奴，被冒顿单于围困于白登（今山西大同市东北马铺山），经陈平献策得以突围，冒顿单于也选择退兵。此战刘邦虽然没能除掉韩王信本人，但至少将韩国收回，以其兄刘喜为代王。韩王信逃入匈奴后，时常率匈奴骑兵袭扰汉朝边境，一度攻破代国，致使刘喜弃国而去，直至汉高祖十一年（前 196）为汉军击杀，代地后又被刘邦赐给后来的汉文帝刘恒。

汉高祖九年（前 198），因为赵国国相贯高私自密谋行刺刘邦的事件暴露，并不知情的刘邦女婿、赵王张敖受到牵连被降为侯爵，赵国被刘邦赐给爱子刘如意。至汉高祖十年（前 197），司马迁在《高祖本纪》中记录了这样一句话：“十年十月，淮南王黥布、梁王彭越、燕王卢绾、荆王刘贾、楚王刘交、齐王刘肥、长沙王吴芮皆来朝长乐宫，春夏无事。”汉初历法承秦制，以十月份为一年的岁首月份，各位异姓诸侯王与新晋册封的刘姓王入朝，看似是一场庆贺新年的宫廷聚会，其实更像是暴风雨来临前的片刻宁静，后面一场腥风血雨的政治斗争很快就要到来。

果然，至第二年（汉高祖十一年，前 196）夏，梁王彭越遭到刘邦与吕后算计，被夷三族。梁国被一分为二，刘邦“立子恢为梁王，子友为淮阳王”[3]。韩、彭、英三人同为一体，见到韩信、彭越下场的淮南王英布于当年秋七月起兵造反。在上述异姓诸王中，他也是唯一一个没有在刘邦直接胁迫下造反的异姓王。英布原属项羽麾下悍将，早在当年大破秦军的巨鹿之战时便担任项羽先锋。其善于治军，军队“布军置陈如项籍军”[4]，称得上是项羽的翻版。在其凌厉攻势之下，东面的荆王刘贾被杀，北面的楚王刘交弃国逃走，英布军一时之间声势大振。此时已病重的刘邦决定亲自率军征讨，当年十月与英布军展开大战，刘邦本人被流矢所伤，但还是成功剿灭了英布。战后，刘邦册封儿子刘长为淮南王，同时鉴于荆王刘贾被杀，又以侄刘濞为吴王。转年（汉高祖十二年，前 195）二月，燕王卢绾被迫反于燕国，刘邦"使樊哙、周勃将兵击燕王绾，赦燕吏民与反者，立皇子建为燕王"[5]，卢绾也是刘邦在位期间拿下的最后一位异姓王。至当年四月，刘邦驾崩。

综上，为吸取秦将任嚣、赵佗坐视不理致使秦廷覆亡的教训，又或者是单纯为消灭那些功高震主的部下，刘邦从高祖五年（前 202）十月开始，至高祖十二年（前 195）二月，花费七八年时间，终于在寿归正寝之前将分封的诸侯国来了一场由外姓到刘姓的"大换血"。除却长沙王吴芮未动外（吴芮于前 201 年病逝），原本归六位异姓王所有的燕国、韩国、楚国、赵国、梁国、淮南国，均被刘邦以武力或不光彩的手段夺取并替换为自己兄弟子侄所有，同时又增设齐国、代国、吴国来安置自己子侄。此时汉朝天下虽然还是中央郡县制与王国分封制并存，也未做到真正的中央集权，但至少在表面上由"刘姓"完成一统，后面发生的诸侯藩王与中央朝廷的明争暗斗，也属于刘姓皇族的"内部矛盾"了。

（二）"鸽派"文帝与"鹰派"景帝

客观地说，刘邦册封子侄为王时确实有日后同姓藩王造反的担忧与顾虑，像是他那位以骑兵将领身份参与征讨英布的侄子刘濞，刘邦册封其为吴王后又感到后悔，所以郑重叮咛他"天下同姓为一家也，慎无反"[6]，刘濞惶恐地表示绝不会反叛。或许就是在这个时刻，刘邦意识到了大封同姓王也没法给国家带来长治久安,也意识到了中央朝廷和地方同姓王必有一战,但如他临终前对吕后所说的"此后亦非而所知也"[7],不管子孙后代会面临什么样的问题,都由他们自己想办法解决吧。所以说如果刘邦时代致力于解决的问题是防止异姓王夺权的话,那么文、景时代致力于解决的问题则是防止刘姓疏宗夺权。从本质上说,最终都是要完成朝廷的中央集权。

汉文帝时代,各地藩王逐渐露出跋扈的苗头,譬如刘濞所在的吴国靠近大海,国内又有铜山,盐铁资源极其丰富,刘濞"招致天下亡命者铸钱,煮海水为盐,以故无赋,国用富饶"[8],从经济上已经具备了和与朝廷对抗的资本。吴国太子在长安因游戏争斗被后来的景帝所杀,刘濞由此怨恨朝廷,借太子一事开始称病不再朝见。针对刘濞这种日渐强大的地方藩国,梁王太傅贾谊上《治安策》,提出"众建诸侯而少其力"的策略,在他的设想中"令齐、赵、楚各为若干国,使悼惠王、幽王、元王之子孙毕以次各受祖之分地,地尽而止,及燕、梁它国皆然",即在诸侯王死后将其封地拆分为若干个小国,以达到消除诸侯王势力的削藩目的。或许是担心引起天下诸侯造反,此建议未被采纳。

文帝三年(前 177),距刘邦驾崩十九年,汉朝首次爆发了刘姓藩王起兵反叛朝廷的事件。济北王刘兴居不满于当初其家族成员诛杀诸吕有功而无赏,借匈奴大举入侵、文帝亲临太原前线之时起兵反叛。结果不难猜测,刘兴居反叛起因并非朝廷削藩,自然不会得到其他诸侯国响应,匈奴亦非事先联络好的盟友,对中央无法构成直接威胁。在得知有藩王作乱后,文帝"罢兵归长安,使棘蒲侯柴将军击破,虏济北王"[9],叛乱很快被平定,兵败被捕的刘兴居选择自杀,济北国亦被收归朝廷。其实严格来说,对于贾谊的策略，文帝只是没有完全采纳，他否定的是像贾谊那样直接拆分齐、赵、楚三个较大的诸侯国的激进方案，而是打算如温水煮青蛙般慢慢过渡，先从齐国下手，拆分一个齐国便花了十多年的时间。众多诸侯国中，土地最广、实力最强的无疑是连当初的韩信都相中了的齐国。《史记·齐悼惠王世家》载，文帝在刚继位的那年（前 179）就展示了高超的政治手腕，借表彰除掉诸吕的功绩之名“以齐之城阳郡立朱虚侯为城阳王，以齐济北郡立东牟侯为济北王”，从偌大的齐国中划出了两个小国来分给刘兴居和其兄刘章，等于是用本属齐王的土地来封赏齐王自家人，朝廷没有任何实际付出，刘兴居正是因此不满而被逼造反。两年之后（前 175），文帝“尽封齐悼惠王子罢军等七人皆为列侯”，这可看作是拆分齐国的前奏，先用侯爵封赏作为过渡。接着便又是为期十二年的漫长等待，至文帝十六年（前 164），时任齐王刘则薨逝，文帝抓住时机“以所封悼惠王子分齐为王”，直接将十二年前册封的侯爵晋升为王，再将齐国二次拆分后赐予他们。即除了已存在的城阳国，又从齐国又分出了济北国、济南国、淄川国、胶西国和胶东国。至此齐国被成功分割，前后总共七国。当然，文帝“钝刀割肉”的做法必然引起了各位齐地诸侯王的不满，后来吴楚七国之乱爆发，虽然牵头造反的是南方的吴、楚两国，但齐地有四个诸侯国参与。

与此同时，也正是在刘兴居造反的这一年，削藩一事又借由淮南王刘长擅自杀死大臣审食其的事件首次被提出来。

《史记·淮南衡山列传》载，当初审食其替吕后间接害死了刘长母亲，刘长常思为母报仇，碍于审食其是吕后亲信，不敢轻举妄动。高祖刘邦共有八子，待汉文帝继位后，其他兄弟都已不在人世，故而非常宠爱刘长，刘长“自以为最亲，骄蹇，数不奉法”“薄太后及太子诸大臣皆惮厉王”，平素里从不把律令当回事，包括薄太后在内的满朝公卿都惹不起他。此时诸吕被除，刘长觉得报仇时机已到，便借登门拜会之际用铁椎砸向审食其，身旁从者魏敬跟着又刺上一剑，毫无防备的审食其顿时毙命。杀人后，刘长袒露上身来到宫中向文帝请罪。为母报仇本理由正当，加之当年兄弟们被吕后残杀的事历历在目，文帝最终赦免了刘长，只是将他遣返回淮南封国。不过，赦免归赦免，未经审判私自杀死朝廷大臣确属犯罪，大臣袁盎借由这件事进谏“诸侯大骄必生患，可适削地”[10]，只是文帝没有采纳。回到封国的刘长依旧不知收敛，继续在自己的王国内横行不法。三年后（文帝六年，前174），刘长做了一件十分荒唐的事——“令男子但等七十人与棘蒲侯柴武太子奇谋，以辇车四十乘反谷口”，居然想凭借七十多个人和四十辆大车谋反，此举活像被家长宠得不知天高地厚的熊孩子闯了弥天大祸。文帝下诏免去刘长的王侯之位，迁他到蜀地居住，刚戾暴躁的刘长在路上绝食而死。为避免天下人嚼舌根，文帝并未像收回济北国那样将淮南国收归中央，而是一分为三，分给了刘长的三个儿子，这场闹剧自此落下帷幕。拆分淮南国的完成时间要早于拆分齐国，也同样是贾谊“众建诸侯而少其力”的策略，换言之，淮南国因国王荒唐的谋叛事件率先成为了贾谊策略的“试点”王国。

文帝在位二十三年，他在位期间以休养生息为主，除了短暂抵御匈奴之外没有大的战事，中央朝廷与诸侯藩王大体处于一种平衡的状态，这种平衡状态至景帝继位后被打破。公元前154年，时为汉景帝前元三年，吴王刘濞六十二岁，距刘邦册封他为王也已四十二年。此时，一场关于削藩的机密会议正在未央宫内召开。御史大夫晁错一直以来都是主张削藩的强硬派，早在文帝时代“数上书孝文时，言削诸侯事”[11]，此次他旧事重提，给出一个无法反驳的削藩理由：“今削之亦反，不削之亦反。削之，其反亟，祸小；不削，反迟，祸大。”[12]一言以蔽之，现在削藩还是短痛，长痛不如短痛，不能再拖了。景帝正式下诏削藩，其中吴国削豫章、会稽二郡，楚国削东海郡，赵国削河间郡，胶西国削其六县。

在各地诸侯国中，南方以吴、楚两国势力最为强大，齐地的胶西国则为各国忌惮。吴王刘濞亦自知和朝廷必有一战，现在开战胜算更高。在削藩诏令正式下达前，他便开始暗自联络各地诸侯国对抗中央，还一度假扮吴国使臣亲自前往胶西国面见胶西王刘卬，约定共取天下。为获得足够的兵员，刘濞又征发国内从十四岁到六十二岁的男子二十余万人。汉景帝前元三年正月，吴王刘濞、楚王刘戊、赵王刘遂、胶西王刘卬、济南王刘辟光、淄川王刘贤、胶东王刘雄渠以“诛晁错，清君侧”为名正式起兵反叛，史称“七国之乱”。这也是自刘邦剿灭英布后汉朝面对的最大一次内战，几乎席卷全国。

面对来势汹汹的叛军，景帝亦感恐惧，召见原吴国国相袁盎商议对策。袁盎与晁错私怨甚深，七国叛乱后，晁错会见朝廷丞史请治袁盎通敌之罪，因为没有实际证据而被否决，此事很快被袁盎获悉。而袁盎借机将七国叛乱的祸事全部归咎晁错，建议景帝处决晁错、恢复被削封地，如此七国失去起兵理由便可自行退军。可以看到，袁、晁二人虽是朝廷重臣，但出谋划策全从自己门户起见，只为借外敌之手除去政敌。景帝考虑许久后表示同意，晁错这位一心为刘氏社稷着想的忠臣最终被其效忠的帝王斩首。景帝杀晁错一事实在不能算是高明，对内杜绝忠臣之口，对外替造反的诸侯王出了口恶气，可谓亲者痛仇者快。但开弓没有回头箭，晁错的死至多让七国起兵不占法理优势，却不会让七国退军。吴楚联军已攻入梁国，景帝胞弟梁王刘武拼死抵抗，形势岌岌可危。而朝廷也不再抱有希望，决定兵分三路一战到底：以太尉周亚夫率三十六位将军攻击叛军主力吴楚联军；曲周侯郦寄击赵军；将军栾布击齐军。此外，大将军窦婴则率后续部队屯驻于今河南荥阳，具体军事安排视齐、赵两个战场动向而定。

我们知道，两军交锋素来有着“出奇制胜”“兵贵神速”的战场法则，历史上地方举兵对抗中央其实也基本适用此法，谁掌握了“奇”与“速”，胜利的天平就会倾斜谁。除七国之乱外，观后世的三藩对抗清廷也好，太平天国反抗清廷也罢，都是在打出一个不错的开局后转而求稳风格，逐渐丧失了夺取天下的机会。而明初靖难之役藩镇能够反灭朝廷，恰是由于燕王朱棣选择绕过枢纽重镇济南，以奇兵直插南京。这里不去考虑战争的正义性，刘濞作为首先发难的一方，想夺取天下就必须要“奇”与“速”。他麾下的多位能人也看到了这点，其中大将军田禄伯认为单线进兵胜算不高，请求独领五万人另走他路攻入武关与主力会师，这便是打算奇正协同；而年轻的桓将军则建议放弃攻打沿途城邑抓紧时间拿下洛阳武库与敖仓粮库，也是符合兵贵神速的法则。在主战场之外，有一个平素里不讨刘濞喜欢的下邳籍亡命徒周丘，单凭从刘濞处讨要来的符节，返回家乡下邳（今江苏邳州）后以恐吓的方式一夜之间召集三万余人，待吴军攻至城阳

(今山东青岛市辖区)时,周丘“兵十余万,破城阳中尉军”[13],取得了吴军少有的一场胜利。参考周丘的意外收获,如果刘濞听从田、桓两位将军的建议大胆用兵,未必不能取得攻入关中的战果,不过他有勇无谋,执意先行拿下梁国,浪费了宝贵的战机。梁王刘武死守梁都睢阳(今河南商丘),为鼓舞士气,刘武不惜向麾下韩安国、张羽等几位将军下跪恳求,在付出数万人牺牲的代价下终于成功消磨掉吴楚两军的锐气,而周亚夫“坚壁昌邑(今山东巨野)南,轻兵绝吴饷道”[14],不断派兵袭扰吴楚军粮道。战至二月中旬,吴楚两军攻坚不成士气大损,转而夜袭周亚夫壁垒却再遭失败,加之后勤早已被断,吴军“大败,士卒多饥死,乃畔(叛)散”[15],无力再战的吴军发生了溃散,刘濞逃至东越后被越人所杀,楚王刘戊亦自杀身亡。在齐地战场,齐王刘将闾拒绝参加叛军,据临淄以自守,四位造反的齐地诸侯王耗时三月也无法拿下齐都临淄,听闻吴楚两军败亡、朝廷大军已经杀至后作鸟兽散,随后全部畏罪自杀,所属诸侯国收归中央。七国之中只有赵王刘遂顽强抵抗到了当年十月,郦寄无法攻破赵都邯郸,栾布在收复齐地后奉命驰援郦寄,二人“乃并兵引水灌赵城。赵城坏,赵王自杀,邯郸遂降”[16]。随着刘遂的自杀,七国之乱以中央朝廷的全面胜利而告终,战后统计整场平叛“诸将破七国,斩首十余万级”[17]。叛乱的七个诸侯国,除楚国被保留外,其余或被收归中央,或被重新分割,使其不再具备对抗朝廷的能力。

汉景帝中元五年(前145),在战争结束的十年后,各方面条件均已成熟的汉景帝对尚存的诸侯国下发了一道可视为“判决书”的诏令,诏令要求各诸侯王“不得复治国,天子为置吏,改丞相曰相,省御史大夫、廷尉、少府、宗正、博士官,大夫、谒者、郎诸官长丞皆损其员"[18]。根据诏令内容，自此之后的诸侯王不再拥有管理王国的行政权，也没有辖下官吏的任免权，一切权力均收归中央朝廷，诸侯王沦为了名义上的王侯，甚至有的在生活上都无保障，《汉书・高五王传》中还记载了"其后诸侯唯得衣食租税，贫者或乘牛车"的极端事例。

自此，从刘邦诛杀异姓王开始，至汉景帝中元五年，西汉政权在三代君王半个世纪的努力下终于完成了中央集权制，让汉帝国拥有了一个统一安定的天下，也为后来武帝时期大规模反击匈奴提供了坚实保障。

注释：

1、16《史记・楚元王世家》

2《史记・韩信卢绾列传》

3、5、7《史记・高祖本纪》

4《史记・黥布列传》

6、8、12、13、14、15《史记・吴王濞列传》

9《汉书・高五王传》

10、11《史记・袁盎晁错列传》

17《汉书・景帝纪》

18《汉书・百官公卿表上》

汉武帝开疆拓土

封建帝王中，谥号为“武”的皇帝向来以征战见长，汉武帝刘彻是其中的佼佼者。在位时间长达半个多世纪的汉武帝不停地对外开疆拓土，在将文景之治积攒的国力尽数耗尽的代价下，终于让汉朝疆域大幅扩张，最终形成了今日中国疆土的雏形。

（一）逐匈奴于漠北

汉武帝乃至整个汉初最大的外敌就是来自北方蒙古草原上的匈奴人。武帝时期所拓之境，大部分也是从匈奴手中夺来的。难能可贵的是，司马迁作《史记・匈奴列传》时并没有对这个马背上的民族刻意丑化，反而翔实记录了匈奴人是夏朝君主淳维的后裔。换言之，匈奴人与汉人一样，都是中华儿女。“匈奴”并不是这个游牧民族的一贯称呼，在“匈奴”之前，还有过“猃狁”的叫法，直至战国时代方才被中原人正式称呼为“匈奴”。现存的史料记载中，秦、赵两国多与匈奴交战，也都于北部边境修建长城抵御其入侵。除秦统一天下后蒙恬率三十万人击退匈奴收复河套地区外，早先赵国名将李牧还曾计诱匈奴主力来犯再聚而歼之，他的诱歼战略和后来汉军马邑设伏如出一辙。《史记・廉颇蔺相如列传》载该役“大破杀匈奴十余万骑”“其后十余岁，匈奴不敢近赵边城”。李牧对匈奴的战绩堪比后世卫青、霍去病，为赵国北部边疆争取了十多年的稳定期。

李牧击溃十多万匈奴骑兵后又向其他游牧民族开战，“灭襜褴，破东胡，降林胡”[1]，挟大胜之威一口气收拾了匈奴人的三个“游牧邻居”。在赵国扫荡各游牧民族时，北方的燕国也在和胡人交手。燕国的统军大将秦开早年曾在东胡处做过人质，后来秦开设法逃回燕国，熟知东胡底细的他率燕军“破走东胡，东胡却千余里”[2]。从燕、赵两国和游牧民族的交战记录可以看出，战国时期的匈奴只是北方草原上诸多游牧民族中的一支，其实力在当时还不足以辐射中国北方全境。像是对燕国而言，东胡才是最大的敌人。甚至到秦始皇时代，匈奴人仍旧没资格当上游牧民族的“大哥”，史载“当是之时，东胡强而月氏盛”[3]，草原上的双雄是东胡和月氏，直到匈奴冒顿单于的出现。

和当初燕将秦开的处境类似，身为匈奴王子的冒顿曾在月氏处做人质，后来逃回匈奴，并找机会杀死自己的父亲头曼单于取而代之。东胡王素来蔑视冒顿，向其索要千里马和他的夫人，冒顿私下忍辱负重暗中备战，但在明处不敢得罪东胡，将马匹和夫人悉数献出，这也让东胡王对冒顿更无戒备之心。待匈奴骑兵训练完毕后，冒顿单于向轻视自己的东胡王发动雷霆攻势，“大破灭东胡王，而虏其民人及畜产”[4]。在击溃东胡后，冒顿单于随即扫荡月氏等其他部落，所向披靡的匈奴骑兵“西击走月氏，南并楼烦、白羊河南王……后北服浑庾、屈射、丁零、鬲昆、薪犁之国”[5]。当初两个草原霸主东胡和月氏，一个被打得从历史舞台上彻底退场，一个远迁西域以避匈奴锋芒。此时匈奴控弦之士三十余万，在冒顿单于的统率下处于数百年来的极度鼎盛时期，绝非战国时代的普通部落可比。此时中原楚汉相争，趁汉人内战无暇顾己，冒顿单于做了两件事：一是出兵将当初被蒙恬夺去的失地夺了回来，同时又侵入了燕、代等地；二是施行“引弓之民，并为一家”[6] 的制度，即将匈奴各部统一起来正式建立起一个强大的奴隶制国家。由于地域辽阔，冒顿单于将国家分为三部，自己居中，左右两翼分别置左右贤王、左右谷蠡王、左右大将，左右大都尉、左右大当户、左右骨都侯王等大小官职进行管理。

西汉之所以要等到汉武帝时期才敢和匈奴正面较量，除却汉初几位统治者清静无为不愿生事外，和彼时匈奴本身强悍的实力也有较大关系，甚至说，后者更为重要，让汉朝不敢轻开战端。汉高祖七年（前 200），刘邦率军三十二万从晋阳出发北击匈奴。但这次出师不利，一方面天气极其寒冷，士兵“卒之堕指者十二三”[7]，发生了大量非战斗性减员的伤残状况，二是因轻敌误入匈奴人的包围圈，被困在平城（今山西大同）东南白登山，幸得陈平妙计方才突围。此后，自知不敌的汉朝选择派宗室公主与匈奴和亲，赠送大量财物，勉强维系着屈辱换来的和平，还要忍受匈奴时常袭扰边境，劫掠人口。匈奴最为严重的一次威胁发生于汉文帝十四年（前 166），当时“匈奴单于十四万骑入朝那、萧关，杀北地都尉卬，虏人民畜产甚多，遂至彭阳”[8]。入侵的匈奴骑兵多达十四万，这已经是匈奴全部兵力的半数，莫说劫掠边郡，如果不惜代价直扑长安，那么长安失守也只是个时间问题。带队的匈奴老上单于也确实在打长安的主意，派遣的侦查骑兵甚至已经抵达了渭河北岸专用于皇室避暑的甘泉宫。文帝以中尉周舍、郎中令张武为将军“发车千乘，骑十万，军长安旁以备胡寇”[9]，意欲震慑，但老上单于竟视若无睹，“留塞内月余乃去”[10]。匈奴的这次奔袭，不管是伤害性还是侮辱性，对汉朝来说都是极强的。

屈辱局面一直持续到汉武帝元光二年（前133）的马邑之谋。马邑位于今天的山西朔州，汉武帝打算在此地打一场类似于当年李牧的歼灭战，派一个叫聂翁壹的马邑人以献出城池的名义引诱匈奴进入汉军包围圈，结果匈奴人行至中途察觉异常，审讯战俘得知果然有诈，汉军的诱歼计划因此流产。但随着马邑之谋的失败，汉朝正式决定撕下和亲的遮羞布，拉开了用武力解决匈奴劲敌的序幕。

对匈奴作战几乎贯穿了汉武帝的整个执政生涯，但大规模反击集中发生在元朔（前128至前123）至元狩（前122至前117）年间，在《史记·卫将军骠骑列传》与《史记·匈奴列传》中有详尽的战事记载：首先在元光六年（前129）四路出击、元朔元年（前128）出雁门关（今山西忻州）等一系列互有胜负的试探性交手后，汉军于元朔二年（前127）发动河套战役，车骑将军卫青率军出云中郡（今内蒙古托克托），一路之上“捕首虏数千，畜数十万，走白羊、楼烦王”，最终直达陇西（今甘肃临洮），收复黄河以南的地区。汉朝于战后设立了五原（今内蒙古包头西）、朔方（今内蒙古杭锦旗北）两郡。比之后面的大型反击战，这场战役虽然并不出名，但收复黄河以南地区，一方面可以作为反攻匈奴的前进基地，更关键的是京师长安的战略缓冲区由此大大拓宽，不再笼罩在战争乌云之下。元朔五年（前124），汉军发动漠南战役，卫青率大军直扑匈奴右贤王王庭，毫无准备的右贤王带着爱妾和几百名骑兵乘夜逃跑，此役“得右贤裨王十余人，众男女万五千余人，畜数千百万”，卫青因功晋升为大将军。元狩二年

(前 121),骠骑将军霍去病两次出击匈奴,史称“河西战役”,这是一场彻底让匈奴人颜面扫地的大型会战。第一次战役是在当年春天,霍去病率领一万骑兵从陇西郡出发后,踏破匈奴五王国。接着转战六天,越过焉支山(今甘肃山丹大黄山)千余里后终于和集结起来的匈奴部队遭遇。双方展开大战,汉军重创匈奴精锐,斩首八千余级,其中包括匈奴的折兰王和卢胡王,浑邪王之子及其相国、都尉等万余匈奴人被擒。此外汉军还缴获了大量辎重,甚至休屠部的圣物“祭天金人”都成了汉军的战利品。同年夏,霍去病第二次率军出击河西,经过一系列的纵深挺进和迂回后深入匈奴境内达两千余里,越过居延(今内蒙古额济纳旗),进攻祁连山(今青海东北部与甘肃西部边界)。准备不足的匈奴人仓促应战,完全不是霍去病的对手,汉军取得了决定性的胜利,歼敌三万余人,再次俘虏了匈奴贵族及官员七十余人。由于屡次战败,匈奴伊稚斜单于迁怒于浑邪王与休屠王。两王惧怕,于当年秋向汉乞降。此时两王麾下仍有部众四万余人,对外号称十万,霍去病闻讯后率万名骑兵前去受降。汉军尚未抵达接收地点,休屠王突然反悔,拒绝降汉。浑邪王攻杀休屠王,收编其部众,但人心不稳定,哗变随时可能爆发,加之汉军渡过黄河后排列成威严的队形前进,匈奴人误以为汉军将要发动进攻,顿时骚动起来,局势眼看将不可控。霍去病单骑驰入匈奴阵中,与浑邪王相见,将欲逃跑者八千余人尽行斩首,迫使匈奴军稳定下来。随后霍去病遣使送浑邪王先行赶赴长安,自引匈奴余众缓行归汉。战后,汉朝在新夺取的河西走廊地带设立了武威、张掖、酒泉、敦煌四郡,这四郡郡名一直沿用至今。匈奴连番惨败,连部落的民歌都带着凄凉沮丧。流传下来的《匈奴歌》有词唱曰:“失我焉支山,令我妇女无颜色。失我祁连山,使我六畜不繁息。”元狩四年(前 119),鉴于匈奴主力蜗居漠北避汉锋芒,汉武帝倾全国之力发动了他在位期间规模最大的一次远征,史称“漠北之战”。卫青、霍去病各率五万骑兵及数十万步兵和后勤转运人员分东西两路直捣蒙古大漠以北的匈奴王庭。卫、霍两路军都杀入今蒙古国境内,卫青西路军寻找匈奴主力决战,成功击败匈奴伊稚斜单于,“斩捕匈奴首虏万九千级”,而后一直追击到寘颜山(今蒙古国杭爱山一支)赵信城,烧毁了匈奴人囤积在那里的粮草。霍去病则率东路军深入大漠两千里至狼居胥山(今蒙古国乌兰巴托以东的肯特山),击败了匈奴左贤王,前后“得胡首虏凡七万余级”。战后,霍去病在狼居胥山祭天,在姑衍山(今蒙古国肯特山以北)祭地,随后又一直追击匈奴残部直至今蒙古国杭爱山以北才班师回国。经过这次致命性打击,匈奴再也无力南下,西汉对匈奴大规模战役基本结束,大漠以南再无匈奴王庭。

反击匈奴的征战中,涌现出一些为后世所熟知的著名将领,如卫青与霍去病。卫青为人厚道,有长者风范;霍去病少年英雄豪气干云,他那句“匈奴未灭,何以家为”的豪言也时常被后世抗击侵略的仁人志士所引用。司马迁在《史记·卫将军骠骑列传》结尾收录有至漠北战役后各位将军历年来的综合斩获战绩,其中卫青“七出击匈奴,斩捕首虏五万余级。一与单于战,收河南地”,霍去病“凡六出击匈奴,斩捕首虏十一万余级。及浑邪王以众降数万,遂开河西酒泉之地”。换言之,匈奴三十余万士兵中超过半数都是被两人消灭的。卫青、霍去病先于武帝去世,死后都获得葬于茂陵的资格。茂陵是武帝为自己所建的陵寝,看得出哪怕九泉之下武帝也愿意有两位功臣陪伴。

(二)凿空西域

“西域”一词出于《汉书》,《汉书》中有《西域传》。汉代的西域包括今天的新疆和中亚地区。新疆的“疆”字大有来历,基本可以看作是新疆地理地形的微缩图。“疆”字左边的“弓”字偏旁,象征新疆蜿蜒曲折的边界地带,“弓”里的“土”字象征着一望无际的沙漠。右半部由三个“一”字和两个“田”字构成,中间的“一”字代表新疆中部的天山,天山以北为北疆,北疆有准噶尔盆地和阿尔泰山,相当于中间“一”字上面的“田”字和最上的“一”字;天山以南为南疆,南疆有塔里木盆地和昆仑山,相当于中间“一”字下面的“田”字和“一”字,而从天山再向西跨越葱岭后就可以进入中亚地区。

建元三年(前138),彼时汉朝和匈奴尚未撕破脸皮,汉武帝打算联络西域大月氏夹击匈奴,招募能人出使西域,汉中人张骞应募。《史记·大宛列传》载,张骞由匈奴人甘父(也作堂邑父)当向导,带领随从百余人,从长安出发正式前往西域寻访大月氏。不幸的是,张骞在进入河西走廊后很快被匈奴人俘获。获知意图的匈奴人不允许汉朝使团西行,但也没有将这群人处决,而是将张骞扣下,还为他娶妻生子。张骞保留汉节隐忍待发,居匈奴十年左右,终于寻找机会率众逃脱,继续向西寻找大月氏。张骞一路上历尽了千辛万苦,随从死亡、干粮吃光,只得靠着堂邑父射猎禽兽勉强充饥。最后在对汉朝抱有好感的西域大宛国(在今乌兹别克斯坦费尔干纳盆地)和康居国(在今乌兹别克斯坦和塔吉克斯坦境内)的帮助下找到已经迁徙至今中亚阿姆河与锡尔河之间的大月氏。大月氏原在新疆，当初被冒顿单于击败，国王遇害，连国王的头颅都被匈奴人做成了饮酒器皿，其与匈奴人的仇恨不共戴天。但此时的大月氏国王告知张骞新居之处土地丰饶安全，民众生活安逸，又与汉朝距离遥远，不愿再东返作战，使得汉武帝夹击匈奴的愿望落空。访问大月氏后，张骞又来到了大夏国（在今阿富汗境内），于元朔元年（前 128）动身返回汉朝。为避免再次遭遇匈奴，归途路线改走今天的青海境内，那里是羌人聚集地，匈奴人很少涉足。但意外的是，羌人也沦为了匈奴的附庸，张骞等人又被匈奴人俘获，被扣留了一年多的时间。元朔三年（前 126），匈奴首领军臣单于去世，继承人之间发生内斗，张骞趁机逃脱，终于回到了汉朝。从公元前 138 年出发算起，共历时十三年，一百多名随从里只有堂邑父还在。

虽然这次寻访没有达到夹攻匈奴的军事目的，但张骞将沿途所有国家的地理状况、山川人文、军事情报等信息收集回来，其产生的实际影响和所起到的历史作用无论张骞还是武帝都无法想象。司马迁在《史记》中用“凿空”二字肯定了张骞的功绩。

元狩四年（前 119），汉武帝再次派张骞出使西域，这次的目的是访问乌孙、大宛、康居、大月氏、大夏等上次没能抵达或者没有深入考察的国家。二次出使前后历时四年，由于匈奴已经接连惨败远遁漠北，所以此行目的不涉军事，而是进一步扩大汉朝影响，加深汉朝与诸国交流。今日食物如石榴、葡萄、无花果等都是从西域各国带过来的，后人便有“不是张骞通西域，安有佳种自西来”之说。今伊朗境内的安息国国王在见到汉朝使团后十分高兴，还以鸵鸟蛋和魔术表演团（“大鸟卵及黎轩善眩人”）作为礼物赠给汉武帝。张骞第二次出使后，汉朝与西域各国交流频繁时常往来,《史记·大宛列传》载“使者相望于道”。

客观地说,从自然地理来看,通往西域的河西走廊路线窄长,南北山系夹峙,且一路之上水源匮乏,是易于军事控制的天然关隘,却不是交流及通商的捷径,特别是在中原发生战乱时便会断绝,在西汉末年就曾断绝,直到东汉班超重新打通。但若汉武帝起初对通西域一事不感兴趣,就没有公元前60年汉宣帝设置西域都护府一事,新疆等地也更不可能从汉代起就成为中国不可分割的固有领土。所以说通西域,无论于汉,还是于今天,都是意义重大的壮举。

(三)对西南、岭南及东北地区的开拓

汉代的西南地区就是指今天的云贵三省,岭南指两广及部分今越南领土,东北地区包含今天的朝鲜。司马迁在《史记》中详细记述了上述地区的历史以及并入汉朝的全过程。

今天四川、云贵等地的少数民族在汉时被称为“西南夷”,汉代两位著名的文学家司马相如和司马迁都曾随军去过西南地区。早在建元六年(前135)尚未与匈奴交战时,汉武帝便开始尝试涉足西南,汉使唐蒙抵达今云贵地区的滇国与夜郎国。滇国在今云南昆明一带,夜郎在今贵州遵义、桐梓一带,都是西南夷中实力较强的国家。因为道路不通,极度封闭的两国国君认知有限,均发出了“汉孰与我大”的疑问,成语“夜郎自大”便出自此处。在一系列的军事打击与和平接收的手段下,汉朝成功在西南地区设立了犍为(今四川乐山)等七个郡,让西汉疆域抵达今云南省东部。

岭南地区在秦代就已纳入中央朝廷辖下,但在秦末农民起

义时与咸阳断绝了消息，秦南海郡郡尉赵佗便割据独立。刘邦时曾派陆贾出使南越，册封赵佗为南越王，这其实也是双方妥协折中的办法，如果有可能，汉朝还是要像秦朝一样把岭南地区收归中央。此后朝廷与南越的关系时好时坏：吕后时期双方交恶，汉朝禁止向南越出售铁器，赵佗便自尊为南越武帝；文帝时不愿多事，派人修缮赵佗家乡的亲人坟墓，并封赠其兄弟，双方关系又开始缓和，赵佗削去帝号。元鼎四年（前 113 年），在基本解决匈奴问题后，汉武帝决定正式解决南越问题，本着先礼后兵的原则，朝廷派遣使者安国少季"谕王、王太后入朝"[11]，在双方谈判之际，作为南越权力实际掌控者的国相吕嘉发动兵变，杀死了南越王与王太后，选择与汉朝对抗。元鼎五年（前 112）秋，汉武帝下诏出兵，"令罪人及江淮以南楼船十万师往讨之"[12]，汉军最终于元鼎六年（前 111）剿灭吕嘉，南越国被并入汉朝，岭南问题彻底解决。战后，汉朝设立了儋耳（今海南儋州）等九个郡。

岭南问题解决后，汉武帝立刻把目光投向了东北地区的朝鲜。《史记・朝鲜列传》载，战国时期的燕国在最为强盛时曾经一度占领朝鲜，但秦在灭燕后放弃了该地区。汉朝建立后，曾是燕国人的朝鲜王卫满与汉辽东郡守和谈，双方私下达成协议：汉朝同意朝鲜成为外臣，卫满约束部族不得袭扰辽东边境。郡守将自行做主的谈判结果报至朝廷，朝廷见生米做成熟饭，便表示认同。元封二年（前 109），武帝派遣涉何为使者，前往朝鲜谴责朝鲜王卫右渠招诱汉人、不朝见天子、阻挠真番和辰国等其他边疆民族朝见天子等行为，卫右渠"终不肯奉诏"。谈判无果，涉何为谋求个人表现，在返回时杀死了送行的朝鲜裨王长。原本就打算通过激化矛盾来寻找出兵口实的汉武帝非但没有追究，反而“拜何为辽东东部都尉”。卫右渠得知消息后大怒，出兵袭击辽东杀死了涉何，这件事也成了汉军进攻朝鲜的导火索。同年秋，朝廷对朝鲜用兵，决定陆、水两路夹攻朝鲜，便以楼船将军杨仆“从齐浮渤海”，左将军荀彘“兵五万人，出辽东，讨右渠”。这场征朝鲜之战过程复杂变数过多，先是水陆两军没能做到协同作战，先行抵达的水军因兵少反被朝鲜军击败，随后赶来的陆军也无法攻破朝鲜都城王俭城（今朝鲜平壤），战事没有任何进展。在展开军事打击的同时，汉朝也在做着外交上的努力，不断遣使劝降，而卫右渠则摇摆在投降与坚守之间。陆军荀彘进攻猛烈，卫右渠便联系水军杨仆表示愿意投降，杨仆打算独自揽功便不配合陆军攻城，一来二去两位统帅的矛盾加重。武帝见战事不利，又派使臣公孙遂调解，公孙遂听从荀彘的告发后将水军将领杨仆逮捕，部下归荀彘统领。兼统两军的荀彘重新对卫右渠展开猛攻，至元封三年（前 108）夏，卫右渠被下属所杀，朝鲜终于被平定下来。不过两位主帅的下场不太好，荀彘因违背作战计划被处决弃市、杨仆因早先的擅自攻城争抢军功也被判死刑，后缴纳赎金被废为庶人。朝鲜平定后，汉朝在那里又设立了乐浪等四个郡。

总的来看，汉武帝借文景之治积攒下来的丰厚国力，几十年来因不断对外用兵，用光了家底，确实给百姓生活带来深重苦难，但在武功上也取得了多项傲人战果：将匈奴驱逐至漠北，让汉朝不再受到北方游牧民族的威胁，结束了数十年来屈辱的和亲历史；而后收复岭南、西南地区扩大边界，将朝鲜纳入汉朝疆域，并与西域诸国联系往来，已经达到了当时一个封建王朝所能控制的地理极限，使汉朝成为了名副其实的大一统王朝，深刻影响了后世中原王朝的疆域观念。可以说，汉武帝的历史功绩是不容抹杀的，“武”的谥号亦是实至名归。

注释：

1《史记·廉颇蔺相如列传》

2、3、4、5、6、7、8、9、10《史记·匈奴列传》

11、12《史记·南越列传》

从《史记·平准书》看汉初经济发展变迁

《史记》中有八篇“书”，风格类似于今日议论文体，内容涵盖政治、文化、天文、水利等。《平准书》是“八书”之一，是研究汉代经济政策变迁历史的重要参考。值得一提的是，《史记》中还有一篇讲述经济的大作叫《货殖列传》，被梁启超先生誉为《史记》十大名篇之一。《货殖列传》和《平准书》侧重点不同，如果站在司马迁所处的汉武帝时期这一时间点来看，《货殖列传》中很大一部分篇章是在讲述前朝的商界精英。司马迁看待春秋时代商界精英子贡、范蠡，如同我们今天去看待明代沈万三、清代胡雪岩一般。而《平准书》中的时间段则以高祖刘邦建汉为始，以汉武帝时为终，即汉朝建国后近百年的经济发展概况，不针对具体个人。借由《平准书》，我们来了解下汉代经济发展的历史变迁以及商人地位的变化。

（一）汉初经济政策的得失

“汉兴，接秦之弊，丈夫从军旅，老弱转粮饷，作业剧而财匮，自天子不能具钧驷，而将相或乘牛车，齐民无藏盖。”（《史记·平准书》，下文引文凡无注明皆出于此）

陈胜、吴广起义时发出了“天下苦秦久矣”的呐喊，苦秦，具体“苦”在哪？上文所引用的《平准书》开篇就给出了答案：当时青壮年男子都要服兵役,服不了兵役的老弱人群要从事“转粮饷”等徭役工作。所有人都要从事繁重的官方劳动,根本无暇打理自己家事,故而百姓“财匮”“无藏盖”。也因“财匮”“无藏盖”,汉政权在接手秦的烂摊子后,即使是王侯将相甚至天子本人的座驾都很寒酸。《史记·陈丞相世家》中还提及一事:高祖刘邦路过曲逆(今河北顺平东南)时曾夸赞该县房屋壮观,并询问当地户口情况,身边御史给出“始秦时三万余户,间者兵数起,多亡匿,今见五千户”的回答,人口在已缩减六分之五的情况下还称得上是壮观,汉初天下衰败程度可见一斑。人口锐减、经济萧条,换言之,汉初时最大的敌人并非外敌匈奴,而是内部的贫穷,上至帝王下至黎民均饱受其苦。汉政权最该做的事情也绝非和匈奴开战,而是养民,且已经到了刻不容缓的地步。所幸的是,汉初的数位统治者对养民一事也都极为重视,将轻徭薄税与恢复生产放在首位。考据史料,来看下“养民”的具体措施:

> 高祖刘邦时“约法省禁,轻田租,十五而税一”(《汉书·食货志》);
>
> 吕后时“刑罚罕用,罪人是希。民务稼穑,衣食滋殖”(《史记·吕太后本纪》);
>
> 文帝时“躬修俭节,思安百姓”(《汉书·食货志》);
>
> 景帝时“令民半出田租,三十而税一也”(《汉书·食货志》)。

在重视农业生产的同时,为保证经济正常有序发展,汉高祖刘邦对社会地位处于最末端的商人进行打压。汉代粮食价格,在《汉书·食货志》中有记载,为“石三十,为钱千三百五十”,平均每石粮食四十五钱。但由于商人不断囤积居奇操纵物价，汉初粮价已经暴涨至“米至石万钱”，上涨了两百多倍。如果朝廷再不出手干预，势必会威胁到汉政权的统治。故而刘邦在位期间，商人有财无势，不允许“衣丝乘车”，从最基本的日常生活领域起便受到限制和羞辱，与此同时还要被朝廷加征重税，朝廷也绝不允许商人一家独富的现象发生。数载之后，从吕后执政时期开始，随着百姓手头日渐宽裕，在不允许商人及其后代为官的大前提下慢慢放开对其限制。商人不得为官，但可以通过为国出力来获得一定的爵位。比之有实际职务的官位，爵位更偏重于是一种荣誉称号，但是这一称号可以世袭，用以提高自己及后代的社会地位。为国出力的具体任务，最主要一项便是替朝廷向边关地区运输粮食。由于粮食价格低廉、边关地区路途艰险，往往运输费用远超所运粮食的实际价格，朝廷不愿为这个“赔本生意”耗费国家财政，于是便以“大庶长”这一爵位为筹码，“募民能输及转粟于边者拜爵”。还有每逢灾年之时，朝廷“亦复修卖爵令，而贱其价以招民”，同样是以“贱卖”爵位的方式募集赈灾款。虽然史料原文写的是“募民”“招民”，可普通百姓显然没有这个本事，能运粮至边关或者出得起巨额钱财赈灾的只能是商人或者富户。他们完成任务后获得爵位提升身份地位，朝廷财政压力也得到缓解，双方各取所需。

当然，在汉初出台的各项经济政策中也有自食恶果的“昏招”，如“令民纵得自铸钱”，即将货币的铸造权下放至民间这一政策。建国后的刘邦“为秦钱重难用，更令民铸钱”，开民间私铸先河。私铸的货币名为荚钱，用料过少重量偏轻，无法保证其品质，这就为商人钻营获利创造条件，也给社会带来不稳定因素。

故汉文帝时改为由官方铸造四铢钱作为统一货币，但却没有将民间私铸权取缔。直至景帝中元六年（前 144 年），朝廷才颁布法令"定铸钱伪黄金弃市律"[1]，正式收回民间私铸货币权。从常识上来说，不管是哪个朝代，货币正确的发行方式应是中央政府在每年发行前派人调查预估市场上的商品交易额，再根据交易额度计算出一个大致的货币发行量，将来即使货币发行量有波动，也是在允许范围内的。而民间不具备计算条件，甚至根本就不想去计算，一味无节制铸币只会让货币贬值。更麻烦的是，像吴王刘濞那样的诸侯王始终怀有不臣之心，而吴国境内多铜山，刘濞利用这一优势"即山铸钱，富埒天子"。铸币权下放政策为其筹集军费发动叛乱提供了极大便利，最终导致吴楚七国之乱的发生。发动叛乱的刘濞为表示自己拥有取之不尽的钱财，甚至狂妄地对其他造反的诸侯王言道"寡人金钱在天下者往往而有，非必取于吴，诸王日夜用之弗能尽。有当赐者告寡人，寡人且往遗之"[2]。所幸刘濞拙于军事，叛乱持续了三个月便被悉数剿灭，朝廷也亡羊补牢下诏收回铸币权。总的来说，汉初经济水平在各类政策"试错"当中良性增长直至达到繁荣的顶峰。

> 汉兴七十余年之间，国家无事，非遇水旱之灾，民则人给家足，都鄙廪庾皆满，而府库余货财。京师之钱累巨万，贯朽而不可校。太仓之粟陈陈相因，充溢露积于外，至腐败不可食。

《平准书》中的这段话，可看作汉朝经济空前繁荣的标志性文字。前人栽树后人乘凉，从汉初刘邦开始，在三代四位统治者长达半个多世纪的不懈努力下，汉武帝在位时汉朝国力终于迎来了巅峰。

(二)武帝时期的富国政策

凭借丰厚的物质基础，自元光二年(前 133)诱歼匈奴的马邑之谋后，汉武帝正式踏上了开疆拓土的征途。首先与北方死敌匈奴的大小战事不下百余次，其中元朔五年(前 124)的漠南之战、元狩二年(前 121)的河西之战、元狩四年(前 119)的漠北之战都是汉朝倾举国之力对匈奴发动的大型远征。在漠北之战完成对匈奴的致命打击使其远遁后的十多年间，汉武帝又先后展开对南越、朝鲜、大宛、西南夷的攻势，并将南越、朝鲜、西南夷地区纳入汉朝疆域。

不过，长年战争造成的恶果也显而易见，仅漠北一战“汉军马死者十余万匹”。所以与上文提到的“京师之钱累巨万，贯朽而不可校”相对应的，《平准书》中记载“藏钱经秏，赋税既竭，犹不足以奉战士”，巨额的战争开支将先辈数十年来积累的财富消耗殆尽，国家又一次由富返贫。这期间再逢灾年之时，朝廷几乎已经无力赈灾，而商人富豪“财或累万金，而不佐国家之急，黎民重困”，甚至连地方上的诸侯王都要看商人的脸色。如果说汉初从上到下最大的敌人是贫穷的话，那么此时自上而下最大的敌人非商人莫属，数条针对商人的经济政策正在酝酿之中。

首先出台的政策便是币制改革。早在武帝继位后的第二年(建元元年，前 140)，朝廷便陆续发行新型货币以规范市场，其中包括三铢钱、白鹿皮币、白金币等，不过因重量等种种原因，民间对上述货币并不认可，这些货币始终无法成为市场流通的主体。而且自朝廷收回铸币权后，私铸行为依旧无法断绝，哪怕律法规定发现盗铸行为一律判死罪，但吏民“盗铸白金者不可胜数”，故而发行一种能被天下认可的高质量货币势在必行。朝廷最终于元狩五年（前 118）“乃更请诸郡国铸五铢钱”，汉代著名货币五铢钱正式发行。《汉书·百官公卿表》载，为确保五铢钱能被社会完全接受，武帝设立水衡都尉，即专门的铸币机构。其中有均输、钟官、辨铜三属官：均输官负责把全国各地的铜材和伪币运抵京师以便统一销铸；钟官主管钱币铸造、技术指导等工作；辨铜官则主要负责分辨铜之种类和钱币的成色审查，以各项工序上的严格要求来保证五铢钱的质量，所铸造的五铢钱必须“周郭（廓）其质，令不可得摩取鋊”，用加厚的办法增加铸造成本杜绝盗铸，与之相应的“诸郡国所前铸钱皆废销之”，也不允许其他类型货币继续流通，将其回收后回炉重铸。在朝廷强力推行下，民间“铸钱益少，计其费不能相当，唯真工大奸乃盗为之”，五铢钱成为使用时间最久、质地最好、数量最多的官铸钱币，甚至东汉以后的各朝仍有沿用，唐代诗人刘禹锡在《蜀先主庙》中便称赞过汉昭烈帝刘备的一大功绩便是“业复五铢钱”。五铢钱的发行也让朝廷在经济领域站稳脚跟，为汉武帝打击富商大贾奠定基础。

其次，出台盐铁官营和算缗告缗政策。盐和铁都是国家战略物资，前者和百姓的生命健康息息相关，后者可以打造农具和兵器，也是日常生活中无法取代的重要器具。官方一旦垄断盐铁制作及销售产业，便可迅速获利。像是上文提及发动叛乱的吴王刘濞，《史记·吴王濞列传》载“吴有豫章郡铜山，（刘）濞则招致天下亡命者铸钱，煮海水为盐，以故无赋，国用富饶”，因为吴地多盐铜，故而百姓生活富足，无须纳税。再如盛产盐铁资源的蜀地，三国时期的诸葛武侯便利用盐铁官营政策来为北伐筹措军费，甚至到了抗战时期，四川盐业也为抗战提供了重要的军费保障，素有“川盐抗战”的美誉。仅在吴地、蜀地施行盐铁官营便有如此大的能量，遑论整个天下，而汉武帝时期提出盐铁官营政策的却是两名商人。从高祖刘邦时代“不得衣丝乘车”的羞辱，到文、景二帝时代完成运粮、赈灾任务后便可获爵，商人的社会地位在逐渐改善。武帝时代，个别商人终于可以跨越阶级，由“商”上升至“士”，而且还是“士”这一阶层中的拔尖人物。《平准书》中记载了两个有代表性的人物，一个是齐国的大盐商东郭咸阳，一个是南阳的大铁商孔仅。元狩三年(前 120)，二人被朝廷吸收进入大农专门负责盐铁官营事宜，大农相当于今日的财政部。武帝任用二人目的明确，无外乎是想“以商制商”。两人原本也都是商人群体中的拔尖人物，十分了解商人的生财之道，也十分清楚如何断送商人财路并将其转化为朝廷所有。第二年，两人到各地去督办设置主管盐铁的官府机构、实行官办盐铁事务，比如盐的专卖就实行“募民自给费，因官器作煮盐，官与牢盆”制，即让经营盐业生产的人家购买官府提供的器具煮盐，而其产品则由官府统一出售。民间发现私贩等敢于顶风作案的人将给予“釱左趾”即在左脚套上沉重铁箍的刑罚以示严惩。铁的专卖制度涉及采掘、冶炼、铸造等过程，需要动用庞大人力。《汉书·禹贡传》载“今汉家铸钱及诸铁官，皆置吏卒徒，攻山取铜铁，一岁功十万人以上”，采掘出的矿石经加工制作成铁器，再由国家统一销售。与盐铁官营政策紧密相连的就是算缗告缗政策，但这项政策也让社会风气严重下滑。“算”和“缗”都是货币单位，一百二十钱为“一算”，一千钱为“一缗”。通俗来说，算缗是指向商人、富豪征收巨额的财产税，有“缗钱二千而一算”“缗钱四千一算”，具体税额根据行业而定。譬如拥有轺车（指一匹马拉乘的轻便车）的普通家庭，每乘抽税一算，即征120钱；商人的货物车辆体积要大很多，则每乘抽税二算，即240钱。同时朝廷还把算缗课税范围由钱、物、车扩大到所有田宅、畜产、奴婢和船只等财产。朝廷规定凡商人拥有的船只在五丈以上者，则每艘船抽税一算。试想，车、船是商人长途贩运的重要运输工具，若商人拥有较多的车、船，就证明其富有。因此，要对商人的车、船加倍征收财产税。而告缗政策正是针对富商大贾隐瞒财产设立的，对于敢隐瞒财产的除却“没入缗钱”即剥夺财产外还要处以“戍边一岁”的严惩。朝廷鼓励百姓告发隐瞒不报或所报不实者，并规定将没收财产的一半奖予告发之人。算缗告缗政策实施后的效果及影响，《平准书》中有一段详尽的描述：

> 杨可（主持告缗的官员）告缗遍天下，中家以上大抵皆遇告。杜周（审理告发案件的官员）治之，狱少反者。乃分遣御史廷尉正监分曹往，即治郡国缗钱，得民财物以亿计，奴婢以千万数，田大县数百顷，小县百余顷，宅亦如之。于是商贾中家以上大率破，民偷甘食好衣，不事畜藏之产业，而县官有盐铁缗钱之故，用益饶矣。

从这段文字也可看出，一方面是实行盐铁官营和算缗告缗政策以来天下财富绝大部分都被收入朝廷腰包，一方面是社会风气遭到严重破坏，普通百姓恶意告发他人，中产以上的人没法幸免，全国遍地冤案，富人们也不再勤俭，而是以最快速度消费手头财产以免遭到告发。如此一来富人所从事的产业也随即停业，原本正常的商业活动被迫陷于瘫痪或半瘫痪的境地，《汉书·食货志》亦载“商者少、物贵”。《索隐述赞》点评算缗告缗“增算告缗，裒多益寡”，可以说是百害一利。至于盐铁官营，由于是朝廷垄断产业，多地也出现了铁器质量差且价钱昂贵，甚至强迫百姓买卖的现象。一言以蔽之，这两项政策确实可以致富利国，但却不利民，是以中产以上的家庭破产与社会道德沦丧为代价换来的。

最终出台的是均输平准政策。提出这个政策的是商人出身的大司农桑弘羊。桑弘羊从十三岁起就进入大农工作，和汉武帝有着较深的私人感情，武帝驾崩前，桑弘羊是指定的托孤大臣之一。桑弘羊充分发挥了自己的聪明才智，针对朝廷部门争相采购商品造成物价上涨、偏远地区运输费用过高等现象，于元封元年（前 110）提出了名为“均输平准”的政策。偏远地区由大农提供车辆和运输工器具，由设置在各地的均输官负责运输事宜，在京师设立专门收受天下各类商品的平准机构，所有的商品贵则卖出，贱则买入。如此富商大贾无从牟取大利就只能返农，商品价格也受到抑制不会忽涨忽落，所以称之为“平准”。均输平准政策实行后，不但国库充裕，汉武帝的私人赏赐花销也有了着落，其巡游天下时“所过赏赐，用帛百余万匹，钱金以巨万计，皆取足大农”。此外，桑弘羊还制定政策允许吏纳粮食补官、犯人纳粮赎罪、百姓纳粮食免除终身赋役，进一步增加朝廷收入。司马迁称其为“民不益赋而天下用饶”，和早先以爵位为筹码让商人承担运粮、赈灾的做法类似，没有增加赋税就让朝廷收入增加，但官位可以通过纳粮购买、刑罚可以通过纳粮减免。但显而易见这同样是一件争议较大的事，德不配位的人能做官、罪犯无法得到应有惩罚,这些弊端也不利于体制运作和社会治安。所以当时被汉武帝立为道德标杆的太子太傅卜式极其厌恶桑弘羊,认为桑弘羊的做法等于让处于“士”这一社会最高阶层的官员自降身价像最底层商人一样去贩卖逐利,每当大旱之时便建议汉武帝“亨(烹)弘羊,天乃雨”。

(三)从牧羊人到御史大夫

卜式,作为《平准书》中仅次于武帝和桑弘羊的三号人物登场,原本是汉武帝时期的一个牧羊人,后官至御史大夫。比起鲜有政绩的官宦生涯,人们更看重他屡次报国的高尚情操。《汉书》中也收录有卜式的生平记载,后者基本照搬《史记》,而且司马迁和班固看待他的标准不一:或因卜式身居高位时间较短未有政绩,司马迁未为其列传,只是将他为国出力的事迹录入讲述汉代经济发展史的《平准书》中;而班固则从官职角度考量,御史大夫一职毕竟可与丞相并称,故而《汉书》中卜式和当时的丞相公孙弘合并列为一传。

汉武帝评价卜式“朴忠”,即为人朴实忠厚。早在年轻分家时,卜式就懂得关照兄弟,家产中“田宅财物尽予弟”,自己只要了百余只羊另谋生计。后因畜牧有方,羊已繁殖多达千只,他又多次分出家产接济早已破产的兄弟。这里需要交代当时官员选拔背景:汉代对公务员的选拔制度是察举制,是指地方州郡会向中央举荐一些仁义孝悌的道德楷模,再由朝廷加以考核,授予官职。能够想象,在具体实施过程中难免会出现一些伪善之徒,像东汉时山东有一个叫赵宣的大孝子,他在父母去世后住进墓道中,为双亲守孝二十余年,因而“乡邑称孝,州郡数礼请之”[3],地方上都打算请他出来做官，但当时青州刺史陈蕃在察访中却发现赵宣在守孝期间竟生了五个儿子。还有西汉终结者王莽，他像侍奉母亲一样侍奉亡兄之妻、像对待自己儿子一样抚养亡兄之子，让人无论如何也想象不到这位正人君子未来会成为篡国大盗。所以当卜式表示要捐一半家产献给国家时，汉武帝都觉得奇怪：彼时对匈奴作战导致财政开支巨大，国库开始入不敷出，各地富豪皆藏匿财产以免受到波及，这个卜式反其道而行之，要么借机求官要么有冤要诉，必定另有图谋。当武帝使者亦以此逻辑询问捐献动机时，却得到了否定的回答，卜式只是一心想捐献家产为国出力，并无私心杂念。最后因不合人性，武帝没有答应其捐赠请求。

汉朝对匈奴发动收复河西走廊的河西之战后，收降匈奴浑邪王所部四万余众。为迎接这四万降人，武帝下诏“发车二万乘迎之”，加上后期的财物赏赐与安置花销，该年“费凡百余巨万”“县官费众，仓府空”。在《史记·汲黯列传》中还提到了当时官府财政已经紧缺，可百姓也不愿无偿借马，导致两万辆马车没法凑齐，负责此事的长安令还因此差点被武帝处决。至第二年，又逢山东地区发生水灾，需要赈济、迁徙的百姓高达七十余万，朝廷更是无力供给，只得招募富人借贷。这时的卜式自愿捐出安置资金二十万钱，地方官员将包括他在内的捐赠者名录上呈中央，汉武帝依然记得卜式，赏赐其“外繇四百人”，即四百个戍边服役名额。依照当时制度，富人如果不想戍边，必须出钱找人代替，一个替代名额三百钱。卜式有四百个名额，可得钱十二万，也算是天子对他先前捐赠的一种肯定与补偿了。不过卜式没有要这笔钱，而是将售得的十二万钱再次捐给地方。武帝于是封卜式为郎官,以他作为标杆号召富人为国出力。

郎官,指皇帝的侍从官,简而言之即天子身边的左右近臣。官位虽不高,但因近水楼台的缘故,这绝对是个让人青睐的位置。同样,也只有博得皇帝青睐的人才能被赐予郎官一职,武帝时期的名臣司马相如、东方朔都是在郎官的位置上逐步发迹的。卜式申请继续牧羊,武帝将上林苑中的羊交其管理。卜式的牧羊原则很简单,一是严守作息,二是淘汰劣羊。一年后,肥硕的羊群得到武帝称赞。武帝以卜式为县令让他用牧羊之法牧民,同样获得成功,卜式又被封为齐国国相。公元前 112 年,南越国丞相吕嘉杀害国王发动叛乱,击杀包括汉使韩千秋在内的汉军两千人,武帝遣将统军十万前往讨伐。此时的卜式上疏请求携儿子随军作战,再次得到武帝嘉奖,被调入朝廷担任御史大夫。至于那些无动于衷的诸侯,有一百多人在事后被武帝以进贡黄金成色不足为由剥夺王爵。

假使卜式先前的作为都是沽名钓誉,那么他的目的已经达到了,御史大夫位列三公,一人之下万人之上。但我们考察卜式担任御史大夫后的官宦生涯,可知他对权力或者金钱没有什么欲望,并不像东汉匡衡那样当了丞相后开始敛财占地,所以先前的捐献也好、请求从军也罢,都是出自真心。

卜式一心为国,担任御史大夫后开始进谏忠言:平南战事历时两年耗资巨大,国库早已空虚,全赖朝廷施行盐铁专营制度获取战争经费,桑弘羊提出的这一手段虽比一味的横征暴敛高明许多,但如上文所说,食盐与铁器为官方垄断,很多地方州郡执行起来“店大欺客”,强迫百姓高价购买劣质产品,这样只能让百姓生活愈加困窘。《汉书·食货志》载,以“罢黜百家,独尊儒术”

闻名的大儒董仲舒给汉武帝上疏时也提到过“盐铁之利，二十倍于古”的社会弊端，指出盐铁官营的政策对百姓盘剥过甚，请求朝廷下诏“盐铁皆归于民”。不过用句民间俗语来说，谁也不会和钱有仇，盐铁官营所带来的巨大收益，不是其他政策可以取代的，武帝也不允许有反对的声音出现，卜式因而离开权力中心，被左迁为太子太傅。不久，武帝更加重用桑弘羊，令其为治粟都尉兼领大农令，主管国家财政工作。桑弘羊开始于京师设立名为“大农”的机构抑制物价，而卜式却弹劾桑弘羊鼓励官府经商的政策是逆天而行，要求武帝将其处死，这一举动更不被武帝所喜，卜式最后在太子太傅的位置上善终。

应该说，卜式没搞清武帝让自己身居高位的理由，或是即使搞清了也要直言进谏，一如他牧羊时的一丝不苟。不过显而易见的是，武帝赐予了卜式很多王公重臣都难以企及的尊宠高位，一方面是肯定他的品德和贡献，更重要的则是借机诱导富人解囊。宋元交替时期学者马端临《文献通考》中对此事的批语可谓一语中的：

> 是时，富豪皆争匿财，惟(卜)式独欲助费，事势相激，故武帝宠式者日厚，嫉富豪者日深。中(产)家以上大率破，虽假手于桑弘羊辈，苟无式以形之，未必如是之酷也。

就是说，武帝树卜式为标杆也好，重用善于与民争利的桑弘羊也罢，同样都是为了捞钱。如果富人没有卜式的觉悟，那国家就会启动盐铁官营和平准政策来强制“掏钱”。故而卜式与桑弘羊在政见上对立，这不是一个简单的数学问题，很难说两人孰对孰错。但能肯定的是，卜式弹劾桑弘羊要求取缔盐铁专营及平准政策的举动只会断了朝廷财路来源，自然不会为武帝所喜。所以对刚正不阿且缺少政治智慧的卜式来说，最后在太子太傅的位置上以终天年或许并不是一件坏事。

沽名钓誉之徒历朝历代都有，像是文中提及的假孝子赵宣，乃至今日诈捐成瘾的社会名流、灾区作秀直播“救援”的网红。这样的伪善人，最好的惩治之道就是让他们“社会性死亡”。而卜式这样绝对忠厚朴实的真善人，即使没有大力宣扬，也要给予他们应有的奖赏，让世人明白善有善报的道理。这一点，汉武帝做得很到位，就算日后卜式触怒龙颜，汉武帝也仅仅让他离开权力中心，并且还放心地将太子交由他教导。也可以这么说，卜式有没有拿得出手的政绩并不是最重要的，他那始终如一的优秀道德品质才是关键，时至今日依然是值得我们学习效仿的楷模。

由于司马迁的生平年限原因，《平准书》便以卜式要求杀桑弘羊之事作为结尾。总体而言，《平准书》是一篇反映汉代经济发展的重要述论，司马迁在该篇中客观记录了从汉初时期出台经济政策与民休息，到汉武帝时期的发行五铢钱、选商为官、均输平准、算缗告缗等针对富商大贾的一系列经济改革，其中既有让国家致富的成功经验，也有搅乱市场和败坏风气的失败教训。不管改革成功与否，都为今人研究汉代经济发展留下了珍贵的资料，同时也对今天的经济发展提供了参考和借鉴。

注释：

1《汉书·景帝纪》

2《史记·吴王濞列传》

3《后汉书·陈王列传》

汉武遇骗记

东汉末年，计除祸国大盗的司徒王允曾对《史记》下了一个"昔武帝不杀司马迁，使作谤书，流于后世"[1]的恶评。王允为何要将《史记》称为谤书，那篇在流传过程中亡佚、后由褚少孙补写的《孝武本纪》最能说明问题。所谓子不语怪力乱神，虚无缥缈的玄学原本只是无聊的江湖把戏，但作为人间主宰的帝王大都向往着仙界神灵，渴望着能够寿与天齐，汉武帝就是这样的代表。《孝武本纪》(以下引文凡无注明皆出于此)载"孝武皇帝初即位，尤敬鬼神之祀"，即刘彻从十六岁登基开始就对这种鬼神玄学表现出十分虔诚的态度。上既有所好，当时民间便涌现出很多抱有投机心理的方士骗子，他们利用各种技能制造所谓的神迹，以此谋求自身的荣华富贵。故而《孝武本纪》通篇其实都在讲一件事：追求长生不老的汉武帝被一代又一代的神汉神婆反复欺骗，这样的事几乎伴随了他整个帝王生涯。让人唏嘘的是，一代雄主汉武帝竟然屡屡折于方士之手，求仙之事成为了其执政生涯中最不光彩的一段经历，饱受后人诟病。

(一)

汉武帝继位后，曾经将民间一位很有名气的女性神君请到未央宫立祠供奉。神君是长陵(今陕西咸阳)地区的一个普通妇女，因太过思念去世的儿子，最后郁郁而终。或许是因执念太强，她死后灵魂没有消散，选择附在妯娌宛若身上留下来，宛若就在自己家里供奉时隐时现的她。这位时而宛若时而神君的神婆开始断人吉凶，“民人多往请福，说家人小事有验”[2]。一来二去，前来拜求的人越来越多，甚至汉武帝的外祖母平原君也都登门拜求。有了这么一个了不得的大人物认证，当地官府自然将其奉若神明。宛若自己享尽富贵不说，甚至“其后子孙以尊显”。

武帝继位后，为了让太后求拜方便，便将宛若请进宫中供奉。《孝武本纪》载“闻其言，不见其人”。隐身术显然是不存在的，猜测应该是和今日“花瓶女孩”的骗术类似，她应该也是利用光的折射原理制造障眼法故弄玄虚。《史记正义》引用的《汉武故事》中还记录了一件有关她的龌龊事：漠北远征匈奴后，一代战神霍去病患症不起，医官束手无策，武帝便让神君前去医治。可能是久闻这位少年英雄的大名，又或许是看上了他的“小鲜肉”身材，神君竟然以治病为由提出荒唐要求。霍去病当即严词拒绝道：“吾以神君精絜，故斋戒祈福，今欲淫，此非也。”试问，身为堂堂大汉骠骑将军的霍去病又怎会和一个神婆去做苟且之事？感到羞愧的长陵神君便离开了。后来霍去病去世，长陵神君自我辩解“吾尝欲以太一精补之，可得延年。霍将军不晓此意，乃见断绝”，反正霍将军已经不在了，由她一张嘴说什么就是什么。这位神君也就是宛若的结局还算不错，后来嫁给了一代名臣东方朔。想来素以高情商著称的东方朔能够轻易看穿宛若的附体把戏，而宛若在皇宫行骗多年，论“双商”也不在东方朔之下，从能耐上来说两人倒是十分般配。有意思的是，二人感情应该也不错，宛若给东方朔生了三个儿子，后来夫妇在同一年去世。在欺骗汉武帝的众多神汉神婆中，宛若也是结局比较不错的一位。

（二）

宛若玩的是附体把戏，不懂长生，武帝供奉宛若更多的是让她为外祖母、母后服务，否则后来也不会允许她另行嫁人。真正意义上第一位拿长生不老的鬼话欺骗武帝的神汉叫李少君，他才是汉武帝求仙之路的始作俑者。

《孝武本纪》中提到了李少君的许多能耐，譬如能猜到汉武帝私藏铜器的准确年代，能说出九旬老人的祖父游览狩猎过的地方。他给出的解释是自己已经活了几百岁了，与这些人和事都打过交道，人们也逐渐信以为真。为打造自己不老不死的半仙身份，李少君对关于自己个人的一切信息均守口如瓶，别人问起时只说自己七十岁，会驱使鬼神，所以可长生不老。当年他在游历诸侯国时“人闻其能使物及不死，更馈遗之，常余金钱帛衣食”。和宛若类似，李少君在见到汉武帝之前就享有名望和财富。

李少君告诉武帝他曾去过蓬莱仙山，居住在那里的仙人安期生还把一个如瓜大小的枣子送给自己吃。他给汉武帝开出两个长生仙方。其中之一是祀灶，即祭祀灶神。灶神在民间被称为灶王爷，能够监视人间善恶，有着很高的影响力，古时几乎家家都有供奉灶王爷的牌位。《礼记》中有“王为群姓立七祀”一说，灶神也是王室祭祀的神明之一。从祭祀灶神开始，李少君给出了一整套的长生步骤：通过祭祀灶神招来神灵，神灵会施法将丹砂变成黄金。用这些黄金制造饮食器具，使用这种器具可以延年益寿。只有长寿了才有资格前往海中的蓬莱山上见到安期生。等见到安期生后再回来举行封禅大典，就能真正的长生不老。此外，李少君给武帝开出的另一个长生药方是辟谷，也就是不吃五谷杂粮，而以药食充腹，或在一定时间内断食。这是古人常用的一种养生方式，慢慢演变为求仙所用。当年留侯张良在功成名就后打算求仙，其求仙方式为“乃学辟谷，道引轻身”[3]，正是以不食人间烟火的辟谷之法让自己达到“身轻飞仙”的状态。但我们可以看到，不管汉武帝选择哪一种方式求仙，都是一套很复杂的流程，既显示了求仙长生非一般人所能做到，更是李少君为自己提前就设计好的退路，一旦最后不灵验，随便在某一环节找个理由搪塞即可。

后来李少君去世了，武帝“以为化去不死也”，走火入魔地固执认为他只是羽化升仙去了。为了完成长生，武帝让人继承学习李少君的仙方，又派人到海上去寻找蓬莱山的位置，显然最后都是无果而终。但即使这样也阻碍不了武帝的长生意志。当时“海上燕齐怪迂之方士多相效，更言神事矣”。李少君的“励志人生”掀起了方士神汉争相效仿的热潮，尤其是燕国、齐国等沿海地区的方士都在不停地研究有关神仙的事情，其中少翁、栾大两个齐人继李少君之后得到武帝的接见和信任。

（三）

比之能够猜出武帝私藏铜器年代时间的李少君，少翁、栾大的水平就逊色许多。二人更像是懂得些魔术把戏的江湖艺人，一开始或许能博人眼球，但时间久了就会让人觉得了无新意，最后都被武帝识破，遭到处决。

《汉武故事》中提到在元狩六年(前117),自称活了两百岁、面色如童子的少翁凭借可通鬼神的能力获得被武帝召见的资格。彼时汉武帝的宠妃王夫人病逝,武帝很是伤心思念,所以打算借助少翁驱使鬼神的招魂能力重新见到王夫人。少翁让武帝如愿以偿,《孝武本纪》中记载的是"以方术盖夜致王夫人及灶鬼之貌云,天子自帷中望见焉"。根据这句文字描述,少翁应该是使用了类似今天皮影戏的手法,故而武帝只能在晚上隔着帷帐望见所谓爱妃的影子。这场犹抱琵琶半遮面的"招魂"仪式给武帝极大震撼,事后,少翁被封为文成将军,得到大量赏赐。李少君已经不在了,而后的话题自然又拉回到如何求仙长生一事上来。祀灶和辟谷是不能再提了,新的求仙方法也不能太过小打小闹,少翁给出的建议是重新修建一座堪比未央宫的宫殿。用他的话说"上即欲与神通,宫室被服不像神,神物不至",神仙是不屑和使用凡间生活用品的人打交道的,哪怕这个人是帝王。就是这位文成将军的随口一句瞎话,仅次于长安未央宫的帝王重要活动场所甘泉宫开始动工修建。甘泉宫室中间是台室,画着天一、地一、泰一等众多神灵,摆置祭器用具以招来天神。但甘泉宫建成的一年多后也没见有哪路神仙来访,少翁的各种戏法也不再灵验,逐渐引起武帝怀疑。怕事情败露,少翁找来一块帛,让人在上面写了一些怪诞的话,再让牛吃掉,而后假装用神力探测出牛腹中藏有怪异,武帝让人杀牛取得帛书。不过百密一疏,武帝通过字体认出执笔书写的人,经拷问得知牛腹中的帛书果然是此人和少翁串通表演的"双簧"。愤怒的汉武帝"诛文成将军而隐之",为了顾全自己身为天子的脸面,秘密处死了少翁。颇为矛盾的是,武帝虽然明知道自己被骗了,但在处死少翁后“又作柏梁、铜柱、承露仙人掌之属矣”，抱有侥幸心理的他还是按照当初少翁说的那样，在甘泉宫中为仙人的大驾光临做好各项准备工作。

几年之后，又一个“大忽悠”栾大在乐成侯的推荐下登场了。《孝武本纪》载栾大“人长美，言多方略，而敢为大言，处之不疑”，既有颜值优势，又能言善道，还敢说大话，这些都是他能够脱颖而出的原因。比之前面的所有的神汉神婆，栾大还有一个能让武帝抱有好感的身份，即他曾经在胶东王麾下效力，而刘彻在被立为太子之前也正是胶东王。

比之当初说自己只去过一次蓬莱的李少君，栾大大言不惭地说自己经常来往于蓬莱，和安期生、羡门等仙人相识。对于武帝此前无一办成的事情，也放出了“黄金可成，而河决可塞，不死之药可得，仙人可致也”的豪言。但为提前堵住武帝责难的嘴，栾大说自己不想像少翁那样下场悲惨，所以对很多求仙之法都闭口不谈。武帝搪塞说少翁是误食马肝而亡，并对栾大做出“子诚能修其方，我何爱乎”的承诺。为了验证自己会使用仙术，栾大当场表演了斗棋，让这些棋子自己互相碰击起来，想必栾大手中应该是有磁石一类的道具。栾大的骗术，简单来说就是以解决武帝忧心之事，如黄河决堤、炼制黄金等为诱饵而提前邀赏，至于到时怎么应对则凭自己能言善辩的嘴视情况而定。在其如簧巧舌下，武帝封栾大为五利将军，又以二千户之地封其为乐通侯，同时“赐列侯甲第，僮千人。乘舆斥车马帷帐器物以充其家”“又以卫长公主妻之，赍金万斤，更名其邑曰当利公主”，不管是财富上还是地位名誉上都给予他丰厚奖赏。不过几个月的时间，栾大就已经平步青云，这又让沿海燕、齐地区的方士都兴奋起来，很多人都说自己有秘方能够招来神仙，甚至有人真的去海上寻找蓬莱仙山，还请求朝廷派善于观察云气的人前来协助寻找。

享尽荣华富贵后，栾大该为武帝做事了。在皇宫内装神弄鬼的手段前面几位神汉都已做完，所以他改去外面拖延时间，“治装行，东入海，求其师云”，假意是去大海那边寻找自己的师父，实际上只是去泰山祭祀。但或许是被骗得多了，武帝这一次也多了一个心眼，派使者秘密跟随。栾大的行踪被尾随的使者如实汇报给武帝，发觉再次上当的武帝下令诛杀栾大。如果说少翁还可以秘密处决而对外宣称其误食马肝的话，又是封侯又是赐婚公主的栾大遭到处决一事无论如何也没法掩人耳目，也让武帝颜面尽失。这可以说是他被骗得最惨的一次。

(四)

最后一位登场的骗子是齐人公孙卿。听说某地挖出宝鼎后，他带着一部相传是黄帝时期的人所写的《鼎书》觐见武帝。他先建议武帝前往泰山举办封禅大典，由此再将封禅和登仙相连。封禅确实是武帝一直想要去做的事情，相比于盖宫殿、祭灶神等乱七八糟的求仙方式，通过封禅“曲线救国”算是最务实的办法。

此时的齐国，上疏谈论神怪奇方的人数以万计，可是都没有效验。武帝“益发船，令言海中神山者数千人求蓬莱神人”，将那些凡是说海那边有蓬莱山的人全部打发到海上去寻找，又让公孙卿携使者符节先去名山等候神仙。到了东莱地区的公孙卿汇报说在夜间看见一个身长数丈的巨人，巨人留下的脚印大到和禽兽的脚印一样。大臣中还有人说看见一个牵着狗的老人，老人说了一句“我要见天子”后就消失了。不过随着少翁、栾大二人被诛杀，武帝对这些方士的无厘头言论逐渐失去耐心，听闻公孙卿发现巨人的脚印后反问“得毋效文成、五利乎?”这已经算是一句警告了，如果公孙卿敢欺骗皇帝的话，前面两人就是最好的“榜样”。但不论仙人是否真的显灵，封禅是必须要做的事情。元封元年(前110)四月，汉武帝前往泰山举行了封禅大典。至于公孙卿后来的结局史书无载，或许应是善终了。

在《史记·孝武本纪》的结尾，有这样一段文字评价：

> 今上封禅，其后十二岁而还，遍于五岳、四渎矣。而方士之候祠神人，入海求蓬莱，终无有验。而公孙卿之候神者，犹以大人迹为解，无其效。天子益怠厌方士之怪迂语矣，然终羁縻弗绝，冀遇其真。自此之后，方士言祠神者弥众，然其效可睹矣。

放眼古今中外，位于权力顶峰的帝王往往比普通人还要畏惧死亡，秦始皇、汉武帝、唐太宗、成吉思汗等雄主莫不如此，或海上寻仙，或炼药制丹。在那个科技不发达的年代，他们几乎愿意付出任何代价，只希冀借助仙人神灵的力量来获得永生，以便永远统治人间。如果说一心求仙的是张良那样的退隐功臣，或是某些富豪财主，那倒也不会让人觉得大惊小怪，最差的结局无外乎破产或中毒，不至于对社会产生负面影响，倒可以作为反面教材警示他人。但帝王就不一样，可以调动全天下人力物力的他们轻轻一言便可丧邦，让天下百姓为满足帝王个人私欲买单而再无宁日。像汉武帝为招引仙人而在长安修建甘泉宫后，地方上争相效仿，一时间“郡国各除道，缮治宫观名山神祠所”，其中所耗费的民脂民膏必然多得无法计算，不知又有多少百姓为此倾家荡产，时间久了，便会激起民变。故而比之常人，帝王对自己的嗜好必须更得懂得克制。再者，从汉武帝个人的角度来说，从继位之初（前 141）再到封禅大典的十二年后（前 99），他的求仙长生之路从来没有断过，也从来没有如愿过，当然也不可能如愿。他陷得愈深，被骗得就愈惨，甚至竟成了执政生涯中的一大污点。最终，时间狠狠地给武帝上了一课，数十年的岁月终于让他认清现实，他从一开始对李少君的深信不疑，到最后听到这些方士不着边际的昏话就无比厌烦。

在《三国志》中也有类似的方士。陈寿对求神求仙的态度是"君子等役心神，宜于大者远者，是以有识之士，舍彼而取此也"[4]，即是说，如果做成一件事都必须要费心尽力的话，真正的君子更应该考虑大处远处的事情，所以有识之士都会舍弃方术而去寻求远大的理想，三国时代魏武、昭烈等为后世称道的帝王，也从未听说他们打算追寻什么长生不死。如何看待有限的生命，魏武帝曹操在《龟虽寿》中给出了最适宜的答案："盈缩之期，不但在天；养怡之福，可得永年。"人寿命长短不只是由上天决定，调养好身心就可以益寿延年，而只有脚踏实地心向远方，做些有理想有价值的事，才是真正的帝王风范。

注释：

1《后汉书·蔡邕传》

2《史记·孝武本纪》"正义"注

3《史记·留侯世家》

4《三国志·吴书·吴范刘惇赵达传》

至今犹忆李将军

——“难封”的李广

在《史记》的诸多列传里，《李将军列传》属于名篇中的名篇。因李陵事件无辜受连，司马迁个人命运和李家产生交集，故而李广成了他必须重点着墨的对象。司马迁以超高的文笔塑造了一个穷其一生都难修成正果的猛将形象。从青年投军开始，李广一生都在战场上奋勇杀敌，但直到六十多岁也未能如愿封侯。他的悲情故事让后世读者为之意难平，“李广难封”也成为后人慨叹自己时运不济的代名词。

汉武帝元狩四年（前119），汉朝倾举国之力对地处蒙古大漠以北的匈奴人发动了大规模远征。战前，汉武帝认为已是老将军的李广“数奇”，即这一辈子总是时运不济，于是私下嘱托大将军卫青不要给他分配重要军事任务，导致李广在人生最后一场大战中也未能立功封侯，因此“数奇”也就成了后世公认的“李广难封”的主要原因，如王维《老将行》有云：“卫青不败由天幸，李广难封缘数奇。”漠北之战后，万念俱灰的李广选择自杀，死前曾言道“广结发与匈奴大小七十余战”（《史记·李将军列传》，下文引文凡无注明皆出于此）。如果说一两次战事运气不好可以理解，但七十多场战斗还是无法封侯，那就不能只归结为运气问题，要从多方面寻找原因。李广无法封侯的原因，不是一两句话能交代清的。

所幸司马迁在《李将军列传》中翔实记录了李广的戎马一生，从中也可看出到底是什么原因让他在各个人生阶段都未能如愿。

（一）将门之后，不辱先祖

李广是名将辈出的陇西人氏，他本人出身于武将世家，其先祖是秦国兼并战争时的将军李信。李信的记载主要见于《史记·白起王翦列传》，他参加了灭燕与灭楚两次战争。灭燕之战时，秦、燕双方在易水展开会战，李信率数千人追击燕太子丹，太子丹藏在水中才暂时躲过一劫，随后李信继续直捣燕都，直至燕王喜杀了太子丹向秦求和。灭楚之战时，李信吃了一次败仗，被楚将项燕击败，但能担任二十万人统帅的绝非泛泛之辈。至李广时，由于祖上财富和地位的累积，他最初可以以良家子的身份从军。良家子指当时拥有一定财富和社会地位的阶层，以良家子的身份从军，不必从底层行伍做起，加官晋爵也会容易许多。

汉文帝十四年（前 166），李广随军抗击入侵关中地区的匈奴人，这应该是他第一次和匈奴人作战。在战场上，李广“用善骑射，杀首虏多”，竟能以匈奴人最擅长的骑射方式反杀大量敌人，充分展示了其将门虎子的过人能力。惊人的武艺、恰当的年龄，如后来汉文帝评价的那样：“如令子当高帝时，万户侯岂足道哉！”李广出身名门，武艺超群，再有文帝的评语加成，他的人生必然可期。

文帝时代并无大的战事，李广第一次封侯的机会是汉景帝三年（前 154）。这年吴楚七国之乱爆发，太尉周亚夫率军征讨，而李广以骁骑都尉的身份参加了平叛，在战斗中“取旗，显功名昌邑下”。“取旗”即“搴旗”，是指突破敌方军阵后夺取敌方旗帜，其意义不亚于今日战场上端掉了敌方前沿阵地上的指挥所，故“取旗”和“斩将”一样，在古代作战中都不是一件容易的事，在古代每每称赞某位将军作战勇猛屡立战功也必定会用“斩将搴旗”这个词语，可见李广是立有大功的，所以“显功名”。但彼时李广或许因年轻，军中资历尚浅，长久以来的无战事让他对功名又极其看重，所以私自接受了梁王刘武授予的将军印绶。这是一件可大可小的事，刘武是汉景帝胞弟，地处今河南省的梁国又作为京师屏障遭到叛军猛攻，所以无论是梁国还是梁王在抵御叛军的作战中都发挥着举足轻重的作用，为此梁国付出了数万将士伤亡的代价。梁王授予一位中央军军官将军印绶，应该说是完全出于公心，或为提振己方将士士气，或就想单纯赏赐李广这样立有大功的一线将领，但作为中央的朝廷却未必会这么想，并将此事放大：七国之乱咎起削藩，原本就是做大做强的地方诸侯王和中央朝廷展开一次生死存亡的较量，即便梁王是汉景帝的胞弟，深得窦太后宠爱，可他作为诸侯王的身份没有变化。在朝廷拼尽全力平定诸侯王叛乱时，一名在一线作战的中央军军官接受了诸侯王赐予的将军印绶，这是“心急吃了热豆腐”的表现，哪怕往小了说，虽然谈不上什么恶劣行为，但分不清眉眼高低触犯官场大忌是毋庸置疑的。朝廷决定以此事“敲打”一线军官，让他们明确自己的立场，因而不管李广斩了多少敌将、夺了多少旗帜，一切战功全部归零，这也是朝廷对缺乏政治头脑的李广给予的最大惩罚。

（二）战场比武，险象环生

平定七国叛乱后，李广又作为边将辗转镇守北方各个要地，时常和匈奴人交手，这也是他第二次可以封侯的机会，司马迁在

《李将军列传》里讲述了一个李广和匈奴人交手的故事。

彼时李广任上郡(郡治今陕西榆林)太守，某天在军营外几十里处出现了三名匈奴射雕者，三人凭高超箭法射杀了遭遇的数十名汉军骑兵，还射伤了景帝派来学习军事的宦官。李广听说后猜出了对方射雕者的身份，迅速率领百名骑兵前去追击，很快便追上了三人。李广先令骑兵左右包抄合围，而后“广身自射彼三人者，杀其二人，生得一人”，身为主帅的他竟亲自登场以一敌三和射雕者较量箭法，结果杀二俘一。就在此时不远处出现了数千匈奴骑兵，只有百骑的汉军或战或走都难免覆没，已是陷入死局。但李广迅速认清战场形势，令骑兵前至离匈奴人两里处下马休息，士兵虽遵照执行，但人人不无惊恐，担心匈奴人随时会杀过来。匈奴阵中一名白马将领探前观察，李广“上马与十余骑奔射杀胡白马将”，而后回归本队，继续解鞍休息，这一通摸不着头脑的虚实操作颇有诸葛武侯空城计的感觉，确实将数千匈奴骑兵迷惑住了，不敢贸然进攻。双方对峙至夜晚，匈奴骑兵“以为汉有伏军于旁欲夜取之”，最终舍弃李广自行撤退，李广和百名骑兵有惊无险地返回了军营。故事讲完后，司马迁补了一句“大军不知广所之，故弗从”，起初出营追击射雕者是李广的私自行为，并没有告知其他将领，显然若真的告诉了也就去不成了，所以大军自始至终都不知道主帅差点无法回来。

即使今天再来读这段文字，都会为李广的险象环生感到后怕。他之所以能脱身，一来确实是疑兵之计奏效，二来也有赖于自己的名声。匈奴人必定知道驻守上郡的汉军主将是李广，也清楚这位李将军是一个非常不好惹的主儿。所以当他们看到眼皮底下休息的汉军时，第一反应定会认为这是李广故意放出的

“诱饵”。倘若驻守上郡的是一位并不知名或是给匈奴人以畏战印象的将领，那么匈奴人必定会毫不在乎地掩杀过来。兵法有云“将闻变而不乱”，能够做到这点的李广的确是一个将才。可反过来说，身为全军主将却置个人安危于不顾，公然将战场当作比武场差点被敌人捡了便宜，这是否也太过儿戏了呢？当时负责与少数民族交往事务的典属国公孙昆邪曾哭着对汉景帝言“李广才气，天下无双，自负其能，数与虏敌战，恐亡之”，公孙昆邪的评价可谓一语中的，试看这次李广弄险，抛弃所属部队只身深入敌境只为追求个人杀敌的酣畅，其做派与爱逞个人英雄主义的黑旋风李逵的行事风格无异。如果李广只是李逵那样可有可无的莽夫，或者还是平定七国叛乱时都尉身份的基层军官，那勉强说得过去，但身为边地郡守兼统领一军的统帅，如果都是这样自负其能的莽撞打法，那汉朝有再多的将领也不够用。公孙昆邪之所以哭着对景帝说这番话，恰是出于爱才惜才心理，生怕哪天冲在一线的李广阵亡了。《李将军列传》记载，景帝在位的这些年，李广“尝为陇西、北地、雁门、代郡、云中太守，皆以力战为名”，他的战场足迹遍布今日河北、山西、内蒙古、陕西、甘肃等地，一个“力战出名”就说明他必定还是和对付射雕者那样屡屡冲在第一线与匈奴人展开对射。如此说来，多年力战却毫发无损的李广之命运绝不是数奇，而是运气太好了。但李广的毫发无损同时也可旁证一件事：他这些年所经历的边地战斗只是些规模不大的小型冲突，虽然通过射杀几个箭术高超的匈奴人或歼灭几小股匈奴骑兵为他赢得了“飞将军”的尊称，但射雕者、白马将这种芝麻大的战绩显然还是不足以达到封侯资格，这是李广性命的幸事，却是李广理想的不幸。

(三)力战被俘,死里逃生

公元前141年,景帝驾崩,汉武帝继位。由于几十年的文景之治已经积累下雄厚的国力,加之武帝刘彻年轻气盛,终结数十年的屈辱求亲、对匈奴宣战已是势在必行。元光二年(前133)自马邑设伏诱骗围歼匈奴主力的计划失败后,汉武帝正式对匈奴开战。此时的李广虽已步入中年,但建功封侯的绝佳机会却也来临了。

元光五年(前130),卫青、李广、公孙贺、公孙敖各率军万人分别从上谷(郡治今河北怀来)、雁门(郡治今山西右玉)、云中(郡治今内蒙古托克托)、代郡(郡治今河北蔚县)四地同时出击,对匈奴进行试探性打击。抛开三年前无功而返的马邑设伏,这也是李广在武帝时期首次独领一军出击作战。而司马迁在《李将军列传》中讲述的关于李广的第二个故事就发生在这场战争中。综合来看,这次四路出击是一笔不折不扣的"赔本买卖",四位将军中只有卫青小胜,他突袭到匈奴人祭拜天地的龙城(今蒙古国额尔浑河以西)斩杀七百余人后撤还。公孙贺最为郁闷,始终没有遇到敌人,在茫茫大漠中兜了一圈便退了回来。其余二将就比较悲催了:公孙敖被匈奴人打败,损兵七千狼狈而还;李广更是遭遇匈奴主力,"匈奴兵多,破败广军,生得广",非但麾下的一万人溃败奔逃,连他本人都被匈奴人俘获。匈奴首领早就听过李广大名,让人把受伤的李广抬到网兜上,再用两匹马并排驮着走。走了十几里路后,昏迷的李广醒了过来,并不断寻找机会脱身。他偷瞄到旁边一位骑着好马的匈奴少年,乘其不备一跃将其推下马匹,抢了马匹飞奔而脱。匈奴人出动几百名骑兵追赶李广,李广"行取胡儿弓，射杀追骑，以故得脱”。他个人高超的骑射技艺左右不了战局的成败，但关键时刻却能救得自己性命，硬是将匈奴追兵射退。在跑了几十里后，李广遇到被打散的部队，并带着他们撤回。战后，执掌军法的廷尉认为李广兵败损失太大，自己又一度被活捉，判其死罪。李广交了不少赎金免死，被贬为平民。

李广这次战败确实是运气不好，非但没找到千把人的匈奴小型部落“狩猎”，自己反成了敌人的猎物。但客观地说，匈奴号称控弦之士三十万，马邑设伏时匈奴单于一次就能率十多万人赶来。而出击的四位将军每人仅一万人，双方实力如此悬殊，《孙子兵法》有云“小敌之坚，大敌之擒”，在以寡击众的形势下，即使是奋力作战被打败也在所难免。幸好李广出得起赎金，如果出不起，那就只有两个选择：要么掉脑袋，要么就要和司马迁一样身受奇耻大辱的腐刑。假使真的这样，那躺在网兜上的李广恐怕就要认真掂量下是否还要逃回汉朝了。以李广的刚烈性格应该还是会奋起搏杀求一线生机，假如换一个贪生怕死的将军，为活命也只好屈膝投降了。

(四)运交华盖，侯爵难封

此后，李广闲居数载，直到匈奴入侵右北平才被起用。

元朔六年(前 123)春，漠南之战爆发。李广任后将军，随大将军卫青两次出定襄(郡治今山西忻州)。该役汉军斩获两万余人。各位将军都立有战功而被封侯，唯独“广军无功”。元狩二年(前 121)夏，李广又参加了为保卫通往西域的河西走廊而大举进攻匈奴的“河西之战”，河西之战的主角是少年将军霍去病，李广则率四千骑兵和博望侯张骞的一万骑兵从右北平出击，负责牵制匈奴二号人物左贤王,《李将军列传》中关于李广的第三个故事说的就是这次战斗。

当时李广率领四千骑兵先行,出击几百里后遭遇匈奴左贤王的主力部队四万人,又一次身处险境。李广见士兵都极为恐惧,命其子李敢带几十名骑兵“直贯胡骑,出其左右而还”,即直接突入匈奴军中,然后再从匈奴人的两翼杀出来,士兵见此军心复振。李广随即让士兵围成圆阵,用弓箭射击来犯的匈奴人,双方展开了激烈的对射,一直激战到黄昏也没看到张骞援军,此时“汉兵死者过半,汉矢且尽”,军心再次开始动摇。为节省箭矢,李广令士兵拉满弦不要射击,自己则又开始了提振军心的战场表演:他用威力巨大的大黄弩专门瞄准匈奴人的将领,过来一个便射杀一个,“杀数人,胡虏益解”,匈奴骑兵将领一连被射杀了好几个,其军队也随之瓦解,士兵无不佩服李广的勇敢,军阵得以不溃。第二天双方继续战斗,此时张骞万名骑兵方才赶到,左贤王选择撤退,张骞也没有发动追击。而另一方面,率领主力的霍去病取得大捷,斩杀匈奴数万人。战斗结束后论功行赏,张骞因为贻误战机被判死罪,通过缴纳赎金免死,至于李广“军功自如,无赏”,坚守有功与折损士兵过多相抵,没有被封赏。其实这原本是一次有封侯机会的作战,左贤王以十倍的兵力围攻汉军都无法将其吃下,可见他麾下的匈奴军战力并不强,试想李敢带着几十名骑兵就能在其军阵中“走上一个来回”,若张骞主力适时赶至,再与李广配合冲击,斩获数千乃至过万应该不成问题。但因为这位“猪队友”张骞的关系,李广封侯的愿望再一次落空了。

此时的李广打了大半辈子的仗,年纪也一大把了。论资历,文帝时就已经上阵杀敌，对匈奴的大小战役七十余战；论箭术，射杀匈奴射雕者、射杀匈奴白马将，任右北平太守时还曾一箭射入石棱之中。但这么多年来“广之军吏及士卒或取封侯”，带过的很多部下甚至普通士兵都已经封侯，但他始终得不到侯爵。我们根据《李将军列传》中的诸多记载寻根溯源，这和李广本人的带兵方式也有很大关系。由于自己本身就爱逞个人英雄主义，所以李广带兵同样不拘泥于教条。他的部队行军时不需要严密队列，驻营时人人可以自便，也不安排哨兵巡逻，由于李广派出骑兵到很远的地方侦察，因此部队从未遇到过危险。在讲完李广带兵后，司马迁又提到了当时与李广齐名的将领程不识，程不识是一位持重将领，他带兵就是一板一眼严守条令法度。对比两人，李广是靠个人威望甚至通过个人炫技来带兵，而非程不识那样依靠严明的纪律来进行管理。李广这种方式管理小规模军队比较有效，应付小规模的战斗效果良好，但是指挥成千上万人的大兵团作战靠的还得是军规军纪，这是古今中外无数将领带兵经验印证出的事实。所以李广在辗转边地为将时可以在小规模战斗中屡战屡胜，还为自己打出“飞将军”的名号，而一旦指挥大兵团作战就屡战屡败了。这个论点还有一个明显的证据，就是《李将军列传》和《卫将军骠骑列传》的写作风格差异。在《史记·卫将军骠骑列传》中，记载了卫青、霍去病所参加的大小战役综合斩获记录及战役具体进程，而《李将军列传》反映的全是李广个人神勇的英雄故事，文学色彩极为强烈，却从未提到过李广的斩获记录。显然，李广虽七十余战，但斩获记录不值一提。故而可以得出结论：李广难以建功封侯还与他放养式的带兵方式导致没有能拿得出手的战绩有关。

(五)毕生一役,受辱自戕

李广的最后一战便是元狩四年的(前119)漠北之战,这是汉武帝以举国之力对匈奴发动的规模最大、路途最远的一次进攻,据战后统计,光是战马便消耗了十四万匹。对李广个人而言,漠北之战已经不只是毕其功于一役,甚至可以说是毕其生于一役,这是他人生中最后一个封侯的机会。不过,汉武帝起初并不打算让李广出战,后经不住其再三恳求,“良久乃许之,以为前将军”。

遗憾的是,命运又一次戏耍了李广。汉武帝觉得李广这辈子运气实在太差,临行前告诫卫青不要给他和匈奴单于对战的机会,免得霉运缠身又吃败仗,还影响整个战局。卫青于是令前将军李广去和右将军赵食其会合,改走路途曲折、水草较少的东路,将和自己有私交的公孙敖留在身边。李广不从,据理力争,卫青没有回答,而是以大将军的身份令其去东路与右将军会合。

李广带着满腹怨气改走东路,结果东路大军因缺少向导而迷失方向。等到卫青和单于大战,恰因缺少东路军的配合才让单于最后得以逃脱。战后,卫青令李广军部人员到自己这里受审对质,解释迷失方向贻误战机的原因。李广不愿连累将士,亲自前往。到达后,李广对部下说:

> 广结发与匈奴大小七十余战,今幸从大将军出接单于兵,而大将军又徙广部行回远,而又迷失道,岂非天哉!且广年六十余矣,终不能复对刀笔之吏。

言毕,李广拔刀自杀。就这样,这位被唐人誉为“不教胡马度阴山”的龙城飞将、这位曾经射出惊世一箭没入石棱的无双猛将，带着满腔的愤怒和怨恨、带着终生无法封侯的痛楚与不甘，以自杀的方式向卫青与汉武帝甚至向命运控诉了不公！

值得一提的是，李广之子李敢听说了整件事的前因后果后，怒不可遏的他将卫青痛打一顿，卫青将这件事隐瞒了下来，可身为卫青外甥的霍去病却不罢休，后来在随汉武帝打猎时，心胸狭隘的霍去病故意射杀李敢。而汉武帝也将此事压下，对外宣称李敢是被鹿角撞死。杀了李敢的霍去病也没有活多久，于一年多后病故。李广自杀、李敢遇害后，李家的厄运并没有因此结束。因为众所周知的原因，司马迁在《李将军列传》的结尾顺便交代了李家第三代将领李陵的部分生平：李陵“善射，爱士卒”，可谓有乃祖之风。与李广一样，李陵年轻时就有名气，他曾带着八百名骑兵“深入匈奴二千余里，过居延视地形，无所见虏而还”，虽然一路上未遭遇敌人，但这份敢于深入敌后的胆识就已令人钦佩。李陵招募楚地士兵五千人，专门在边地训练箭术，用他的话说这五千人“皆荆楚勇士奇材剑客也，力扼虎，射命中”[1]，全都是以一敌百的精悍士卒。不过，李陵也遗传了李广自负其能的性格缺点，在天汉二年（前 99）那场谢幕之战中，李陵原本被汉武帝派去承担辎重运输工作，但他却发出了“愿以少击众，步兵五千人涉单于庭”[2] 的豪言。结果在深入敌境后遭遇八万匈奴骑兵的围攻，李陵军“兵矢既尽，士死者过半，而所杀伤匈奴亦万余人”，最后只有四百多人逃了回来，李陵本人选择投降。在得知李陵投降后，汉武帝起初非常生气，但后来气消了，又想到李陵的苦衷，大致能理解他降敌时的绝望与无奈，于是在一年后“遣因杅将军公孙敖将兵深入匈奴迎陵”[3]，公孙敖没有接回李陵,却阴差阳错带回了他为匈奴人训练骑兵的错误情报(实际训练匈奴骑兵的是降将李绪)。彻底震怒的汉武帝“族陵家,母弟妻子皆伏诛”[4],彻底断绝了李陵回汉的希望。从李广到李敢再到李陵,三代人连遭厄运无一善终,李氏一族也彻底没落。

再回顾李广的人生,年轻时因不懂官场规则而被抹杀战功,中年时爱逞个人英雄的缺点和散养的带兵方法让他功绩寥寥,老年时又因同僚失误和上司的偏心致使功亏一篑,一生都没有完成封侯的心愿。但考察《史记·李将军列传》,通篇都透着司马迁对李广的赞美之辞。李广带兵时懂得体恤士卒,“见水,士卒不尽饮,广不近水,士卒不尽食,广不尝食”,司马迁以孔子的名言“其身正不令则行,其身不正虽令不从”来赞美李广,指出一名优秀将军就该像他那样以端正的自身品行作为凝聚力来感召下属,所以他虽然战场屡败,却依旧能得人死力。司马迁又以平素里本不善言谈交际的李广在身死之日“天下知与不知,皆为尽哀”的事实,给予了他“桃李不言,下自成蹊”的高度赞扬。而后,司马迁又一次强调“桃李不言,下自成蹊”的谚语“此言虽小,可以谕大也”,试问,这八字谚语可以反映出何种大道理呢?应该可以这样解释:一个人如果能做到终其一生都全身心投入于自己的理想与其所热爱的事业,那必然会让他人为之肃然起敬。

李广的故事距今已经两千余年,虽然他生前因种种原因未能封侯,但后人每每提到汉朝抵御外侮之事,都会记得汉军之中有一位名将,他叫飞将军李广。

注释:

1、2、3、4《汉书·李陵传》

功成文坛，志系政务

在中国文学史上，素有“西汉文章两司马”之说。“两司马”，一是指创作《史记》的史学家司马迁，另一个就是指汉赋的奠基者、当时著名文学家司马相如。司马相如是唯一一位以文学家的身份在《史记》当中享受单独列传资格的人，他的生平与作品，对司马迁本人及后世都有一定的影响。

（一）计娶娇妻

“休问梁园旧宾客，茂陵秋雨病相如”，这是晚唐李商隐《寄令狐父子》中的诗句，其中“梁园旧宾客”“秋雨病相如”都是指司马相如。李商隐早年落魄，直至得遇太尉令狐楚父子赏识引作幕僚，进而走向仕途。后为感激令狐父子知遇之恩，李商隐作七言绝句《寄令狐父子》，他在诗中以曾在梁孝王麾下作宾客的司马相如喻己，借此怀念当初在令狐楚麾下做事时的经历。即是说，梁王刘武是司马相如的伯乐。

司马相如入仕于汉景帝时期，在朝中任武骑常侍，负责掌管帝王的车驾游猎事务。汉景帝不好辞赋，司马相如才华无法施展，后来恰逢景帝之弟梁王来朝，他与梁王麾下的游说之士，也是当时的名士齐人邹阳、淮阴枚乘、吴庄忌相谈甚欢，于是便称病辞官随梁王众人一道同归梁国。《史记·司马相如列传》（以下引文凡无注明皆出于此）载，梁王“令（司马相如）与诸生同舍，相如得与诸生游士居数岁，乃著子虚之赋”，大名鼎鼎的《子虚赋》，就是司马相如在旅居梁国的几年中所作。这里需要指出，先前交好的邹阳三人都是当时颇有名气的辞赋家，写作这种事原本就跟环境氛围及人际圈子有相当大的关系，几人聚在一起，定然是彼此间相互砥砺、取长补短。刘武还经常在梁园中举行辞赋比赛，在《西京杂记·卷四》中就提到“梁孝王游于忘忧之馆，集诸游士，各使为赋”，这都为司马相如作《子虚赋》提供了良好的条件，同时也能反映出在梁国的这些年必定是司马相如最为志得意满的时期。

可惜的是，梁王于汉景帝中元六年（前 144）薨逝了，梁国也被一分为五，这一年司马相如三十六岁，失去靠山的他返回蜀地故乡。不知司马相如是“月光族”还是拙于治产理财，回到故乡的司马相如“家贫，无以自业”，于是便有了为后人津津乐道的计赚文君之事。司马相如凭着自己的才智和狡黠，又在好友临邛县令王吉的帮助下成功娶到了蜀地才女兼富二代卓文君，两人竟为爱情而私奔。对于这件事，后世评价一直是两极分化：看重爱情的人喜闻乐见传为佳话，着眼道德的人则鄙夷司马相如的人品，指出他诱骗卓文君实则是觊觎卓王孙的丰厚家产，包括《索隐》注解中就认定“相如纵诞，窃赀卓氏”，两种看法可谓见仁见智。首先来说，汉代女性在婚嫁上有一定的自主权。像是朱买臣之妻，觉得跟着穷苦的丈夫实在没有前途，打算弃夫而去另嫁他人，结果“买臣不能留，即听去”[1]，这个事例说明了彼时丈夫对于妻子没有绝对的控制权，至少在朱买臣这种寻常百姓人家即是如此；丞相陈平早年娶的那位女性“五嫁而夫辄死，人莫敢娶”[2]，其他人不敢娶这位女性是出于她屡屡克夫的恐惧心理，而非嫌弃她结过五次婚的事实；包括汉武帝的生母王皇后，在入宫嫁给景帝前也曾和他人生过一个女儿，这些事情在后面礼教大防的朝代简直不可想象。不过这里有一个问题，就是卓文君“新寡”，恐怕还处于守丧期，想再婚还是有一定限制的。所以不论双方财富差距或是伦理限制，都不太可能选择明媒正娶的方式，至少短时期内不可行。至于司马相如是否真有“窃赀卓氏”的动机，其实可以换一种较为柔和的说法，考察史料字里行间的记载，司马相如和好友临邛县令王吉应该制定了一个计划，让处于劣势的相如最终可以娶到卓文君，但计划并不包括煽动卓文君私奔，这属意料之外。如果说这个计划是一个局的话，那么相如和县令表演的“双簧”可谓惟妙惟肖，譬如铺垫工作必须做到位，王吉以县令身份多次邀请相如出席聚会却屡吃闭门羹，以此障眼法制造了司马相如的神秘感。紧接着相如在卓王孙家中的那场才艺展示，也是出于要给父女二人留下良好印象，为将来王吉以父母官身份替相如提亲一事增加成功率的目的，包括相如“乃使人重赐文君侍者通殷勤”一事，司马相如既然已是一贫如洗，那买通卓文君侍者的钱必定也是王吉掏的腰包。只是没想到卓文君对爱情是如此大胆主动，仅是偷窥一面后就决定私奔，司马相如自是乐见其成，后面的事自然顺理成章，也提速了很多。

卓文君随相如来到他在成都故宅，发现这里家徒四壁。爱情毕竟不能填饱肚子，时间一长两人生活难以为继，卓文君“久之不乐”，打算返回临邛，并给出“从昆弟假贷犹足为生”的建议，到时可以向自己的兄弟借钱做生意，至少能把日子过下去。这里还应考虑到一点，就是人身安全问题。哪怕回去后不向父亲认错，凭着王吉的县令身份和父亲卓王孙的财富这些隐形优势，不至于有歹人觊觎卓文君的美貌或来寻相如的麻烦，可在家徒四壁的成都家中就不好说了。所以两人又回到临邛并买下一家酒店，文君当垆，相如涤器，直到气消了的父亲卓王孙“分予文君僮百人，钱百万，及其嫁时衣被财物”，算是认可了这门生米煮成熟饭的亲事。两人可贵的地方在于，前期贫苦时从小锦衣玉食的卓文君自始至终没有轻视相如，而是和丈夫经营酒店凭双手劳动养活自己；后期得到岳丈资助的相如也没坐吃山空，也是依靠自己的才学博得武帝青睐从而名垂青史，二人的拼搏上进共同让这段本不光彩的亲事最终变为佳话。

(二)《子虚上林赋》与《长门赋》

娶得娇妻后，司马相如又在乡人杨得意的举荐下获得了被汉武帝召见的机会。与景帝不同的是，武帝喜辞赋，而且自己就是个创作高手，他晚年时为悼念李夫人而作的《李夫人赋》在辞赋史上有很高地位。起初将司马相如误认为前人的武帝在读过《子虚赋》后发出了“朕独不得与此人同时哉”的惋惜，在得知作者乃当世之人后立即下诏召见。司马相如投武帝所好，便承接当初《子虚赋》中的故事又续写了一个姊妹篇，在《史记·司马相如列传》中姊妹续篇没有名字，由于两个故事彼此相通，司马迁作传时只是将这两篇名赋并在一起，借司马相如之语统称其为《天子游猎赋》。后代学者收录时(如常璩《华阳国志》、萧统《昭明文选》)又将姊妹续篇取名为《上林赋》，故而《天子游猎赋》亦被称为《子虚上林赋》。

在《子虚上林赋》中，司马相如主要塑造了三个人物：出使齐国的楚使子虚，齐王帐下的两位臣属乌有先生、亡是公（也作“无是公”），其中亡是公是《上林赋》中的新增人物。赋中所述故事都围绕着三人之间的对话展开，大意是说齐王邀请来访的楚使子虚一同前往东海之滨参加狩猎活动，为在楚使面前彰显齐国雄厚实力，齐王组织的这次狩猎“驾车千乘，选徒万骑”，动用了足以灭掉一个诸侯国的兵力，最后所获猎物也是不计其数。志得意满的齐王让子虚讲讲楚王狩猎时的规模状况，子虚趁机开始了一大段极尽吹嘘的演讲：楚国国内有七处适合打猎的大泽，自己只去过面积最小的云梦泽。云梦泽中奇珍异草、珍禽异兽应有尽有，楚王时常携众多国色天香前往云梦泽狩猎锦鸡天鹅，累了就在湖泽中垂钓鱼鳖玳瑁，饿了就品尝由上好药材调和的食物。子虚的发言冗长繁杂，打一个近似的通俗比方，当代作家林语堂认为世界大同的幸福生活就是“住美国房子，娶日本妻子，请中国厨子”，如果将子虚的发言套入其中的话，就相当于子虚用了无数辞藻洋洋洒洒地夸赞美国房子如何奢华大气、日本妻子如何美丽贤惠、中国厨艺如何美味诱人。讲到最后，子虚不忘揶揄齐王：楚王享受式的狩猎是齐王那种只知驾车奔驰、在车轮旁随意烧烤猎物的粗犷玩法无法比拟的，炫耀狩猎规模和捕获猎物多少的齐王只是个没见过世面的“土佬”。齐王也被这番不着边际的吹嘘说得“默然无以应”。

子虚严重挑衅齐王威严，引起了作为齐王臣属的乌有先生极度愤慨。乌有先生挺身护主，他先是痛斥子虚有愧齐王厚待实乃不近人情，而后解释齐王询问楚王狩猎情况只是为了解楚国的教化功业，而子虚却在这里大谈特谈楚王的骄奢淫逸，着实令人不齿。接着乌有先生言及齐国地处形胜之地，同样是万物聚集不可胜数，地境辽阔的齐土“吞若云梦者八九于其胸中曾不蒂芥”，小小的云梦泽根本没有比较的资格，齐王选择沉默只是不屑与子虚争辩罢了。

就在两人争论之际，齐王的另一位臣属亡是公也表达了自己的观点。亡是公不偏不向，他批评了子虚、乌有先生的言论“不务明君臣之义，正诸侯之礼”，非但没有正面教化意义，反而像小孩子斗嘴般“徒事争于游戏之乐，苑囿之大”，那么争论的结果只能是“楚则失矣，而齐亦未为得也”。而后亡是公模仿子虚的长篇言论描述了周天子狩猎场所上林苑的奇景盛壮、周天子狩猎时随从行伍的森严雄壮以及狩猎结束后娱乐休整的开怀欢快。又在一番冗长描述后，亡是公突然话锋一转，讲到周天子突觉狩猎之举耗资巨大甚为不妥，他下令拆除上林苑还地于民，同时“发仓廪以救贫穷，补不足，恤鳏寡，存孤独”，在一系列善政出台下百姓全都欢欣鼓舞。而齐、楚等国领地不过数千余里，可像云梦泽那样的狩猎场就要圈地九百里，致使无地耕种的百姓深受其害。子虚、乌有先生听罢皆觉惭愧，均表示“乃今见教，谨受命矣”。

亡是公所述的周天子自省爱民情节，其实也是司马相如想向汉武帝表达的思想，即《子虚上林赋》创作目的之一：规劝帝王不要追求声色犬马，勤俭爱民才是正道。不过西汉末年的辞赋大家扬雄对这篇辞赋的评价并不高，称其“靡丽之赋，劝百讽一”，即由于辞赋中九成以上都是描述奢靡的词汇，借周天子狩猎衬托汉朝之强、武帝之圣，规劝正道的言辞仅于文末蜻蜓点水一带而过，劝诫效果十分有限，拿来迎合好大喜功的帝王倒是恰到好处。结果也确实如此，这篇辞赋递交之后“帝悦，以为郎”

（按此处出自《华阳国志·先贤士女总赞上》，《史记》《汉书》中均未有“帝悦”二字），龙颜大悦的武帝任命司马相如为郎官。

凭着《子虚上林赋》，司马相如成了汉武帝身边的红人，甚至还成了陈皇后都要求助巴结的对象，这就要提到另一篇被称为赠金求赋的《长门赋》了。《汉书·外戚传上》载汉武帝的皇后陈阿娇“擅宠骄贵，十余年而无子”，贵为皇后，这两条信息中任何一条对其而言都是麻烦事。首先在“不孝有三，无后为大”的彼时，平民无后尚且被定性为不孝，何况是九五之尊的帝王，无子势必会让陈皇后的地位不稳，陈皇后很是着急，“与医钱凡九千万，欲以求子，然卒无之”[3]，花费了巨额钱财还是没有效果。如果陈皇后为人贤良淑惠，那么或许还能有一个不错的归宿，至少让武帝在短期内找不出换后的理由。但她偏偏又擅宠骄贵，因嫉妒不断生育的卫子夫便屡次加害于她，又做了皇室历来最忌讳的巫蛊下咒，最后惹得武帝大怒，下令追查此事，前后相连及诛者三百余人，陈皇后被废黜幽禁于长门宫，这便是《长门赋》的创作背景。

《长门赋》是一篇极尽哀伤的文字，大体通过文学渲染描绘了陈皇后在冷宫中形容枯槁、魂不守舍的凄苦生活，夜晚梦见武帝就躺在自己的身旁，将雷声听成是武帝来接自己的车辇声，瑶琴弹奏出的曲调连宫女听了都为之落泪。但即使再过悲伤也无济于事，唯有自卑感伤，年年岁岁，永不相忘。《长门赋》也被萧统收录进《昭明文选》中，但开头序言一直引起后世争议，进而认为整篇辞赋是后人假托司马相如的而作。其云：

孝武皇帝陈皇后，时得幸，颇妒。别在长门宫，愁闷悲思。闻蜀郡成都司马相如天下工为文，奉黄金百斤，为相如、文君取酒，因于解悲愁之辞。而相如为文以悟主上，陈皇后复得亲幸。

这确实是一段漏洞百出的序言，司马相如先于武帝三十余年病故，不可能知道刘彻驾崩后的谥号是武帝，这里的“孝武皇帝”十分出戏，而且“陈皇后复得亲幸”一事于史无载，卫子夫成为皇后直至武帝晚年，二者也是相互矛盾的。但即使是后人冒名所写，《长门赋》确实得到后世的深切同情，像辛弃疾在《摸鱼儿·更能消几番风雨》中就有“长门事，准拟佳期又误。蛾眉曾有人妒。千金纵买相如赋，脉脉此情谁诉”的词句，借陈阿娇的不幸遭遇来抒发自己在政坛上的失意。

(三)出使西南夷

司马相如是皇帝身边的红人，但不代表他的地位有多高。我们都知道，自汉武帝始长达两千多年的中国封建社会均以儒家学说作为主流正统思想。哪怕是在科举出现前，两汉朝廷对于人才选拔除却最基本的策论考查外，每每也要以经学取士，简单来说即以对儒家经典的解读、领悟水准作为人才考察依据。前文提及的扬雄，日赋万言，其壮年之后轻蔑地称作赋为“童子雕虫篆刻……壮夫不为也”[4]，后来扬雄仿《易经》作《玄经》，仿《论语》作《方言》，彻底放弃了文学辞赋，以研究儒家经典作为仕途的“敲门砖”。所以，纯粹的文人在汉代并没有太高的社会地位。司马迁在《报任安书》中提到，汉武帝本人对待文人的态度是“俳优畜之，流俗之所轻也”，他们都属于被皇家包养、专为帝王服务的艺人而已。试想一下，虽然气势宏大的汉赋是国家软实力的象征，但司马相如若只会依此歌功颂德，那么有如艺人的他断无可能在《史记》中享受单独列传的资格。所幸上天没有埋没司马相如，给了他建功立业彪炳史册的良机，让其肩负了当时重要的国家使命——出使西南夷。

汉武帝在位期间是汉朝疆域对外急速扩张的时期，除在北方大漠与匈奴展开数次决战外，向今天贵州、云南以及四川西部等西南地区的扩展也是既定国策之一。上述地区在汉代多是少数民族的势力范围，在当时被称为“西南夷”，譬如汉语成语“夜郎自大”中所说的夜郎国大致就在今贵州省西北部。

汉武帝元鼎六年(前 111)，汉朝出兵征讨西南夷，司马迁作为监军随同前往，后来根据这段亲身经历为《史记》增添了《西南夷列传》，而作为司马迁父辈人的司马相如出使西南夷一事发生于元光五年(前 130)，早于司马迁二十年。在相如出使前，汉武帝先遣中郎将唐蒙出使夜郎晓谕国王归顺汉朝，并令其修凿夜郎通往汉朝巴蜀境内的道路。为了修路，唐蒙“发巴蜀吏卒千人，郡又多为发转漕万余人”。在没有现代化机械设备的古代，仅凭人数优势也无法奈何难于上青天的蜀道，故而修路进展极其不顺，“数岁，道不通，士罢饿离湿死者甚众”[5]。征发大量民丁造成巨额开支和人员伤亡，而且唐蒙又以战时法令处决了修路不利的少数民族首领，一时之间蜀地动荡不安，随时有爆发动乱的可能。此时司马相如凭自己蜀地出身的优势接过这个“烂摊子”，以皇帝特使的身份前去问责唐蒙、安抚百姓情绪，以防事态扩大。抵达后，司马相如作《喻巴蜀檄》传谕巴、蜀两地太守及各级官员，以家乡人身份讲明朝廷开拓西南疆域、交好当地夷人的重要性，希冀他们“急国家之难，而乐尽人臣之道”，能够做到坚决执行朝廷命令，教化百姓，服务于国家整体长远利益。在司马相如的努力下，蜀地得以平稳度过动乱期，道路也最终被修通。两年后（前128），司马相如二次出使西南夷，这次的使命是招安邛、筰、冉、駹、斯榆等西南夷人部落，同时修建了新的边关，扩大了汉朝的疆域。司马相如在招安完成后回京复命，“还报天子，天子大悦”。

简而言之，司马相如两次出使西南夷，一次将动乱消除于萌芽稳定地区统治，一次招安夷人部落扩大汉朝疆域，两次都为国家做出重要贡献，这些政治上的功绩证明了他并不只是一个皇室艺人，也不甘心只做一个艺人。

(四)劝上封禅

司马相如与司马迁，二人的人生经历、理想目标乃至政治主张多有重合，比如两人都曾前往西南夷为国出力，又比如在封禅一事上，两人也都认为这是汉武帝必须要完成的一项仪式。

汉武帝元狩五年（前118），司马相如病逝，在去世前“遗札书言封禅事”，最后一次上疏请求汉武帝前往泰山举行封禅大典。而司马迁家族与封禅一事渊源亦深，其父太史令司马谈后来未能随汉武帝前往泰山，自觉受辱的司马谈竟因此事抑郁而亡，也可从侧面反映封禅的神圣性。

在《史记·封禅书》开篇，司马迁对封禅的价值意义做了一个解释：“自古受命帝王，曷尝不封禅？”封禅，是自古以来的帝王仪式，《史记正义》解释了具体流程：“此泰山上筑土为坛以祭天，报天之功，故曰封；此泰山下小山上除地，报地之功，故曰禅。”做了这项仪式，就相当于帝王向天下证明自己的皇位乃是天地授予，是神圣不可侵犯的。不过前往泰山封禅也是有先决条件的，诸如必须国家一统、帝王政绩突出、百姓国泰民安、天下各地出现祥瑞等等。封建社会前期，很多有作为的帝王如秦始皇、汉光武帝、唐高宗都选择前往泰山封禅祭拜天地。今人时常将秦皇与汉武并称，其中一个缘由就是两人都曾前往泰山封禅。司马相如去世后的第八年，即公元前110年四月，在一切条件准备妥当之后，汉武帝终于在泰山举行了封禅大典。为了让历史记住这一大汉封禅盛举，汉武帝还将这一年的年号由元鼎改为元封，也算是终于了却了司马相如的遗愿。

司马相如是一个当之无愧的文学家，后人多将其和司马迁并称，如鲁迅先生《汉文学史纲要》中的一章就名为《司马相如与司马迁》。除了文学成就，他的从政水平也有目共睹，能提出有利于稳定国家统治的方针大计。时间已流逝两千余年，司马相如的人生早已不可复制，但我们可从他的经历中汲取智慧，接受启迪，如朱自清所言：借他人之酒杯，浇自己之块垒，从而让我们自己的人生臻于完美。

注释：

1《汉书·朱买臣传》

2《史记·陈丞相世家》

3《资治通鉴·卷十七》

4《法言·吾子》

5《史记·西南夷列传》

帝王的刽子手

《史记》中有《酷吏列传》。“酷吏”，是指古代对罪犯施加严刑峻法的官吏的统称。与汉初约法省禁、刑罚罕用的政治清明景象不同，汉武帝于在位中后期开始重用酷吏，大兴牢狱。司马迁在《酷吏列传》中记载了汉代开国以来特别是汉武帝时期总共十位酷吏，如宁成、张汤、王温舒等人。这些酷吏手段残忍、用法严苛，同时不避权贵，通过鲜血与暴力手段替武帝肃清各种不稳定因素，以此来巩固皇权稳定，可说是武帝最忠心的奴仆。在这些酷吏中，最为出名的便是御史大夫张汤。

出身于一个普通刀笔之吏家庭的张汤，从最开始的郡县小吏向上爬至三公之一的御史大夫，地位仅次于丞相。在他生病时武帝都亲自前往探望，可见其尊宠程度，故而若论人生逆袭，张汤是一个十分了得的榜样人物。在他权力最顶峰时，已不止于掌管刑狱事务，还参与了多项国家体制改革，甚至可以无视丞相，到了“天下事皆决于汤”的地步。除《酷吏列传》外，在《史记·平准书》中也记载了关于张汤的大量事迹。若想了解张汤为何会受到武帝重用，其为武帝做了哪些事，对当时的国家又有何种影响，须结合两篇文字共同解读。

张汤自小便展示出刀笔之吏的天赋，儿时模仿官家断案写了篇审判老鼠的颂词，其父“视其文辞如老狱吏，大惊”(《史记·

酷吏列传》，以下引文凡无注明皆引于此)，既然儿子有这方面的天赋，汤父便让他学习断案文书。张汤后来被赏识，超强的业务能力恰是其恃凭的资本。当然，业务能力强是一方面，张汤情商极高，《酷吏列传》载其“为人多诈，舞智以御人”，向来擅长玩弄权术操控他人，以今日话说他是位精神操控高手。更为关键的是，其深谙官场“潜规则”，视武帝脸上的阴晴为头等大事，武帝想要加罪的人，他就交给执法严酷的监史去办理；想宽恕的，就交给执法宽松的监史去办理。有功劳则扬主之名，受谴责就揽错谢罪，所以即使犯错也不用受罚。

考察张汤早其成名之路，能够判断他是一个善于投机的圆滑之人。张汤傍上的第一个达官显贵是武安侯田蚡的弟弟田胜。田蚡是武帝亲舅，其弟田胜亦属皇亲国戚。起初田胜因事陷入狱中，身为小吏的张汤“倾身为之”，抓住这次机会为其多方走动。待田胜时来运转封侯后，为感念当初张汤的恩情引荐他结交了大批达官显贵，特别是向其兄田蚡推荐，等于是为张汤仕途之路“大开绿灯”。后来田蚡升任丞相，便以张汤为相府长史，接着又推荐他为补侍御史，使其后因审理陈皇后巫蛊一案有功得以被武帝赏识。可以想象，此时一再高升的张汤一定会为自己当初救下田胜之事感到得意。《酷吏列传》中还提到了宁成、赵禹两位酷吏，二人和张汤都有交集。宁成资历深，于景帝时代出仕，为人争强好胜，当小吏时就敢欺凌上级，任上级后对下属的掌控欲又极强。当时长安附近许多皇族豪强凶暴犯法，但在宁成担任中尉后“宗室豪桀皆人人惴恐”，为其严酷手段所惧，不敢再像以前那样放肆。这么一位霸气霸道的酷吏，对属下必定是百般挑剔，但在张汤任其下属时却“以汤为无害，言大府，调为茂陵尉”，非但认可张汤，还向上推荐，这是很不得了的事。张汤担任廷尉时，酷吏赵禹任少府，两人性格完全不同。赵禹性情孤僻，为人“务在绝知友宾客之请，孤立行一意而已”，在朝堂上是一种特立独行的存在，但张汤“收接天下名士大夫，己心内虽不合，然阳浮慕之”，哪怕内心与士大夫合不来，虚情假意的场面事还是能够做到位的。通常来说，两个个性反差极大的人应该是形同陌路的，自诩高洁的赵禹必定瞧不上八面玲珑的张汤。但事实却相反，两人关系友好，张汤“以兄事赵禹”，二人针对官吏获知他人犯罪而不检举的现象共同研究并制定了“见知法”，让官吏彼此之间相互监视报告。张汤交好宁成、赵禹是否出于真心并不好说，但他强大的交际能力毋庸置疑。

张汤一生判案无数，杀人如麻。《酷吏列传》不可能全部录入，只是挑选两个典型的大案要案：其一是皇后陈阿娇的巫蛊之案，彼时担任补侍御史不久的张汤“治陈皇后蛊狱，深竟党与”，丝毫不顾忌皇后身份深挖案源，最终“相连及诛者三百余人，(巫女)楚服枭首于市”[1]，基本将皇后一脉连根拔起。审理结束后，颇得武帝赏识的张汤晋升为太中大夫。第二个案件则是处理地方上淮南、衡山、江都三王的谋反案，张汤同样是“寻端治之，竟其党与，而坐死者数万人”[2]。伴随着数万名罪犯的处决，张汤爬到了御史大夫的职位。从常理讲，涉及审判皇亲国戚的案件常人避之唯恐不及，但张汤的审案表现展示出他为人阴鸷冷酷的一面：既不会因对方皇后或王侯的尊贵身份而网开一面，更不会因牵扯人数过多而怜悯手软，在他眼中没有“法不责众”的概念，这也是武帝看重他的地方。

武帝在位时多次对匈奴以举国之力发动长途远征，加之各地灾害不断，大大消耗了文景之治积攒下来的财力，西汉国库已经陷入亏空。张汤不只通于律法，还负责解决财政危机事务。在武帝的支持下，他先后参与了三项改革，在改革过程中扮演着大杀四方的“老本行”身份：

首先便是币制改革，铸造新式货币白金与五铢钱。两种新式货币的发行缓解了朝廷财政困难，可带来的负面影响是给民间盗铸者以可乘之机。按照汉律，私自铸造国家货币当属死罪，不过人们为逐利依旧铤而走险，吏民盗铸白金者不可胜数，因而被张汤处决的人同样是不可胜数。在《史记·平准书》中记载了某些信息量非常大的话语：自新式货币发行的五年内“天下大抵无虑皆铸金钱矣”，所有百姓都开始毫无顾忌地私下铸钱，硬生生地将个体犯罪行为演变成了全民犯罪。而朝廷实无力将天下百姓全部处决，只得赦免一部分人，其中“赦吏民之坐盗铸金钱死者数十万人”，此外还允许另一部分人通过缴纳罚金免去处罚，这一部分“赦自出者百余万人”，二者合在一起应该有一两百万之众。那么被处死的人又有多少呢？《平准书》载“然不能半自出”，即可以交得起罚金的百余万人只占盗铸总人数的不到一半，交不起罚金的罪犯除却先前被赦免的外只能遭到处决，数量恐怕也已过百万之众，《平准书》亦载“其不发觉相杀者，不可胜计”，官方已经无法统计出具体的人数。试想，即使汉朝倾全国之力数次远征匈奴，也未必有百万人的伤亡，为了严惩盗铸钱币却处决了百万人。能做到以举国之力处死这么多人，明显是张汤的“功劳”。借着这个势头，张汤又成功解决了反对铸造新货币的政敌大农令颜异，同时制定了臭名昭著的“腹诽罪”，即可以凭自己的主观臆断认定他人对国家政策心怀不满，从而扣上诽谤的罪名予以处决。此罪一出，没人再说实话，但又不能不说话，故而“公卿大夫多谄谀取容矣”，朝堂之上由此乌烟瘴气。

张汤参与的第二项改革是“笼天下盐铁”。盐铁官营政策是桑弘羊出台的，在具体执行过程中，由于官方是垄断经营，其所销售的食盐和铁器质量低劣让百姓苦不堪言，而张汤负责打击对盐铁官营政策不满的百姓，通过暴力手段让这项改革持续下去。

其三，张汤还参与了告缗令的制定和执行，他在其中的作用就是“锄豪强并兼之家，舞文巧诋以辅法”，即铲除豪强兼并之家的势力，玩弄法律条文巧言诬陷来辅助法律的推行，导致“商贾中家以上大率破”[3]。

先前张汤审案时对皇室成员毫不留情，现在参与改革又对中产富豪与底层百姓痛下杀手。在《史记·汲郑列传》中，谏臣汲黯评价张汤“好兴事，舞文法。内怀诈以御主心，外挟贼吏以为威重”，看他这种以为君王排忧为名大肆折腾天下的作为，完全符合这句评语。在这种“全民折腾”之下“则自公卿以下，至于庶人，咸指汤”。简单来说，御史大夫张汤已经得罪了各个阶层人士，不管是庙堂之上还是江湖之中都已容不下他，如果不是被武帝看重，他早就被人生吞活剐了。即便如此，七年后的张汤还是为政敌所逼，不再受武帝信任，最终自杀而亡。

被司马迁列传的几位酷吏大都利用自己手中权力大肆敛财，像是杀人至流血十余里的酷吏王温舒，非但自己“家直累千金”，连其下属“多以权富”，他最后也是因被人抓住贪赃受贿的把柄而畏罪自杀；还有酷吏杜周，与张汤一样官居御史大夫，其“子孙尊官，家訾累数巨万矣”，哪怕如后来因失势被下狱的宁成，在潜逃后还借助曾经的威信借贷巨款“买陂田千余顷”。而与之形成鲜明对比，张汤虽为酷吏，却还是个廉吏，担任御史大夫七年却没有借职务便利敛财或从事其他产业，身死之后家产总共都不到五百金，家中所用之物都是来自赏赐与个人俸禄。仿佛他做官的意义就是替武帝杀人。得知这一情况后，武帝处决了张汤的政敌，并重用其子。值得一提的是，这些酷吏少有善终的结局，要么如张汤自杀、要么如王温舒被灭族，算是“多行不义必自毙”的最好诠释。

《史记·酷吏列传》要表达的中心思想不难理解，民间俗语有云“菩萨低眉，金刚怒目”，张汤等酷吏的存在完全就是汉武帝的授意，为的就是替他做一些如清理皇亲国戚或者肆意敛财与民争利这等想做却不便出头去做的事情。对酷吏的定性，可借战国思想家韩非子说过一句名言：“小忠，大忠之贼也。”[4] 作为一心一意为君王办事的奴仆，很难说酷吏不是忠臣，但他们的作为，借助律法这种合法正当的形式掩盖了不正当的奸邪目的，动辄让数以万计的人命灰飞烟灭，出台各种恐怖法令搅得人心惶惶，导致社会风气以谄谀取容为盛，既不利国也不利民，充其量只能算是忠于君王的贼臣、扰乱国家的乱臣，仅因一句实话就成为酷吏政治牺牲品的司马迁本人想必对此也深有体会。故而司马迁作《史记·酷吏列传》，一方面记录这些奴仆的暴行，发泄其心中的愤懑，也暗讽了作为贼首的汉武帝，具有强烈的批判现实的意义。

注释：

1《汉书·外戚传上》

2、3《史记·平准书》

4《韩非子·饰邪》

《史记》中的信息战

（一）工具

“知己知彼，百战不殆”，这是春秋时期著名军事家孙武的名言。两国交兵，“知己”相对容易些，“知彼”又如何做到呢？孙武在《孙子兵法·用间篇》给出了这样的解答：

> 先知者，不可取于鬼神，不可象于事，不可验于度，必取于人知敌之情者也。

可以看到，即使是身处信奉鬼神迷信的古代，孙武也具备清醒的认识。他认为想要做到“知彼”并非依赖求神问卜或者夜观天象，而是要想方设法获取敌人方面的情报。古代没有无人机侦察拍摄，也没有无线网络传输技术，但古人还是发动自己的智慧，利用一切可能的手段巧妙获取敌人信息并快速传回己方指挥层，这在《史记》以及同时代的典籍中多有记载。

周幽王“烽火戏诸侯”的荒唐行径尽人皆知，该事见《史记·周本纪》，其原文是“幽王为烽燧大鼓，有寇至则举烽火”。“烽燧”中的“烽”指浓烟，“燧”在这里有巨型火炬的含义。白天光亮不显，浓烟是最好传递途径；到了夜间烟雾无法观测，便点燃火炬发出亮光示警，相当于今天夜间的信号灯。古人于高处修建烽火台，白天施烟，夜间点火，以台与台间的联系来传递消息。据《史记·廉颇蔺相如列传》载，战国后期，镇守雁门抵御匈奴的赵国大将李牧亦采用“谨烽火，多间谍”的方式获取匈奴来袭情报。每每匈奴入侵，边境各烽火台举火预警，赵军随即退入营垒城池，几年来虽然没有斩获，但也未遭受损失。至汉朝建立后，除汉武帝在位时对匈奴发动数次大规模远征外，其余多数时期仍沿用李牧时代多置烽火的办法让匈奴劳而无功。《汉书·匈奴传(上)》中便有“汉边郡烽火候望精明，匈奴为边寇者少利”的记录。1974年，在甘肃居延地区的破城子汉代甲渠侯官遗址出土了有关汉时烽火台发布烽火信号的条例文件《塞上烽火品约》，《品约》中明确了白天、夜间及遭遇恶劣天气无法使用烽燧情况下如何预警的具体举措。随着时间推移，古人又在点燃方式和数量上做文章：以狼粪作燃烧物，烟形不散直升飞天，再以点燃烽燧的数量来代表来袭敌人数量的多寡。烽燧，虽然原始，但也成为了古代最行之有效的情报传输方式。

烽燧只能传递简单的情报，内容稍微复杂的军情还是需要人力传递，在军情传递过程中，情报内容的保密性以及信使人身安全的保障一直都是重中之重。电视剧《康熙王朝》第23集中有这样一个荒诞桥段：台湾郑经反攻清廷，连破金门、厦门两地，清军信使携战况密奏突围，并于一路之上大喊金、厦丢失的消息，致使边疆省份人尽皆知。事以密成，语以泄败，何况是重要的战况情报，这一桥段如果属实，那么这位糊涂信使必定要以泄密的罪名被处刑。在没有一次性密码本的年代，为了解决军情文书泄密问题，古人想了很多办法，像是在古代兵书《六韬》中姜太公就提出了一个名为“阴书”的解决办法。阴书的要害在于

“一合而再离，三发而一知”，即是指将情报一分为三，让三名信使分别传送，三人不能同时出发，也不可以走同样的路线。除非三人都被擒获，否则敌方即便抓获其中的一至两人，也会因为信息的残缺而无法获知整个情报的内容，如此一来，泄密的概率将大大降低。

烽燧属于被动的情报预警设施，两军在战场正面交锋时，双方都会想尽办法登高望远获悉敌方实时动向，为此还制造了窥探军情的高大装置。《史记·五宗世家》中提到，七国之乱前夕，汉景帝之子、胶东康王刘寄曾“私作楼车镞矢”以响应叛军对抗朝廷。关于刘寄打造的“楼车”，《集解》给出的解释是“楼车，所以窥看敌国营垒之虚实也”。能够想象，楼车是一种巨型侦察战车，车上建有高楼，可供士兵躲在楼中窥探敌方虚实，尤其是在地势平坦的地区作战，楼车是侦察敌方营垒虚实的重要利器。除却登高俯瞰的楼车，如果涉及城池、营垒的防御战，古人还要提防来自地下的敌人，这时往往要使用“瓮听”的办法推测敌方挖掘地道的方位以防偷袭。古人虽然不具备今人系统性的物理学知识，但也能在长期实践中得出固体可以远距离传声的结论。在守城战时，防守方一般会在城墙下掘井，再于井中安置瓮、缸等陶器，令听力较好的人以耳紧贴陶器，通过陶器发出的共振声响来大体甄别敌方地道的开凿方向及距离。《墨子·备穴》中详细记载了瓮听的具体操作事项，像是必须选用能够盛放四十斗水的巨型陶器，器口还需包裹牛皮方可。瓮听的做法甚至一直沿用到了近代的太平天国时期，1864 年湘军围困天京时，守城太平军就以盲人瓮听来推测湘军挖掘地道的位置。值得一提的是，史书中还留下了通过以瓮听作为“窃听器”监听他人谈话的记录。《韩非子集解·外储说右上》载，战国中期，有着“天下之善将也”美誉的魏国军事家公孙衍投靠秦国，立即受到秦惠文王的重用。但他的到来却让秦国宗室将领樗里疾分外眼红，时常担心自己的将军位置会被公孙衍取而代之。为了能够获悉惠文王与公孙衍之间的谈话，樗里疾“凿穴于王之所常隐语者”，竟然将地道挖到了惠文王谈话的密所之下。某次惠文王与公孙衍私下商定将于秋天攻打韩国，谈话结束后惠文王特意嘱托公孙衍不可泄露机密。但谈话的内容早已被潜伏在地下的人“穴听之”。不足一月，秋天攻打韩国的机密便在秦国境内传遍。樗里疾乘机向惠文王进谗，惠文王下令缉拿公孙衍，迫于无奈的公孙衍只得逃离秦国。这件事虽然不是什么光彩的事情，但樗里疾成功用地道穴听的方式除掉了政敌。

(二)间谍

以上种种，都是在讲古人如何利用有限的物质条件获取以及传递情报，烽燧、楼车等物适合于单次战斗中所用，而本文开头所引用的《孙子兵法·用间篇》主旨其实是在讲间谍的利用。间谍的作用不止于获取情报，他们甚至能够左右战争胜负与国家存亡。司马迁在《史记》当中也记载了大量间谍用间的事例，很多战争因为间谍的功劳而改变了胜负走向。公元前 284 年，燕国大将乐毅联结燕、秦、楚、魏、韩、赵等多国部队进攻齐国，先是攻破齐都临淄，后又杀死齐湣王，几乎令齐国亡国。此时齐国仅剩莒城和即墨两座城池没有沦陷，齐将田单拼死坚守，燕军数年不克。不久燕昭王病死，其子惠王继位。在得知燕惠王在做太子时曾与乐毅发生过矛盾后，田单“乃纵反间于燕”[1]，派去的齐国间谍在燕国大肆传播谣言，大意是说乐毅以伐齐国为名实则筹划自行称王的事情，所以才放缓攻城进度。燕惠王“以为然，使骑劫代乐毅”[2]。替换乐毅的统帅骑劫是一个平庸的将领，田单“又纵反间”[3]，先后两次通过间谍放出假情报，故意言及“吾唯惧燕军之劓所得齐卒”[4]“吾惧燕人掘吾城外冢墓，僇先人，可为寒心”[5]，骑劫果然中计，将齐军战俘鼻子削去，又将城外齐人祖先坟墓刨毁，在城上眼睁睁看着燕军作恶的齐人“皆涕泣，俱欲出战，怒自十倍”[6]，所谓哀兵必胜，爆发了巨大战力的齐人在田单带领下最终大破骑劫成功复国。公元前 269 年，秦国攻打韩国阏与，韩国向赵求救。赵军统帅赵奢率援军在离国都邯郸三十里的地方驻军二十八天，丝毫未以前线战事为重。此时赵军抓获了一名秦军间谍，赵奢“善食而遣之”[7]，故意好吃好喝地招待，再将间谍放回。这一通示弱的表现让秦间谍误认为赵奢不敢援救。秦军主将也信以为真，专心攻打韩国阏与，不再以赵军为念。结果赵奢“既已遣秦间，卷甲而趋之”[8]，以急行军的方式迅速抵达战场并大破秦军，取得了救援战的胜利。这两场战斗都是巧妙利用间谍释放假情报，从而以弱胜强的经典战例。

战国时代的“用间高手”当属魏国公子信陵君，他在别国安插大量间谍，某日魏国得到赵王亲自率军犯境的消息，魏王欲召众臣商议退敌之策，信陵君答曰“赵王田猎耳，非为寇也”[9]，结果正如所说。待消息确认后，信陵君又解释说“臣之客有能探得赵王阴事者，赵王所为，客辄以报臣，臣以此知之”[10]，信陵君的这位门客能够获悉赵王的一举一动，他在赵国的公开身份必然不低。从常理上来说，秦国作为魏国最大的威胁，信陵君不可能只在赵国安插门客作间谍。晚年回归魏国的他能够组织合纵联军在战场上击败秦国名将蒙骜，将秦军逼回函谷关以内，其中必定也少不了安插在秦国的间谍提供的情报。但就是这么一个擅用间谍的老手，最后还是败在了间谍手里。因为战场上的失利，秦王嬴政对信陵君十分忌惮，“乃行金万斤于魏，求晋鄙客，令毁公子于魏王”[11]，通过巨额黄金行贿信陵君政敌门客，以达到在魏王面前诋毁他的目的，最终信陵君被魏王剥夺兵权，郁郁而终。

战国末期，为防止被秦所吞，山东六国尽最大的力量向秦国渗透间谍，也起到了一定的作用。其中实力最为弱小的韩国“乃使水工郑国间说秦”[12]，派遣一个叫郑国的水利专家作为间谍，成功劝说秦王嬴政以举国之力在关中地区凿渠灌田，最后以一己之力，延续韩国国祚数年之久。秦国国相范雎的亲信王稽“为河东守，与诸侯通”[13]，也曾被六国收买充当间谍。后来东窗事发，王稽遭到处决，范雎也被迫让出相国之位。在七雄之中，归根结底还是秦国在间谍使用上的次数最多，其中有两次决定国运的战争均因间谍而胜。《史记·廉颇蔺相如列传》载，公元前260年的长平之战中，起初赵军主将廉颇坚守不出，秦军无法取胜，便派间谍在赵都散布谣言云秦军只畏赵括，赵孝成王“信秦之间”，“以(赵)括为将，代廉颇”，让秦人的阴谋得逞，结果四十万赵军随赵括尽没于长平；公元前229年秦灭赵之战中，秦人再次故伎重施，“多与赵王宠臣郭开金，为反间”，佞臣郭开于赵王迁面前诋毁赵军主将李牧将要谋反，使得李牧遭到冤杀，赵国遂为秦所灭。廉颇、李牧均是赵国一代名将，在战场上未曾吃过败仗，最后却毁于间谍之手，间谍巨大的软杀伤效果着实令人生畏。鉴于间谍的巨大威力，各国在预防间谍上也是颇下一番功夫，像是商鞅在变法时就发布了有关告发间谍的规定：“不告奸者腰斩，告奸者与斩敌首同赏，匿奸者与降敌同罚。”[14]类似于将百姓全都变成今日“朝阳大妈”，辅以重奖严惩的方式，发动所有民众的力量来防范间谍渗透。

上述事例便是《史记》中关于古代信息战的诸多记载，有情报的主、被动获取方式，有传递过程中的保密工作，还有国与国之间随时上演的暗流谍战。随着科技的发展，今天的侦察、间谍手段越来越高级，甚至直接能够刺杀敌方的军政要员，像是2020年1月3日伊朗高级军事将领苏莱曼尼遭到美军察打一体化无人机袭击身亡一事，已经让小说中“百万军中取上将首级如探囊取物”的神话成为现实。但我们也要正视古人的智慧，即使在科技不发达的年代，他们同样重视信息战，利用有限的物质条件获取与传送情报、派出间谍扰乱敌方高层视听，这一切同样能给今人以经验性启示，今日读来亦是颇具独特魅力的。

注释：

1、2、3、4、5、6《史记·田单列传》

7、8《史记·廉颇蔺相如列传》

9、10、11《史记·魏公子列传》

12《史记·河渠书》

13《史记·范雎蔡泽列传》

14《史记·商君列传》

为"官"师表

循吏是指奉法循理之吏，司马迁对这种官员的定义是"百姓无称，但亦无过行"。在《史记》中的列传第五十九名为《循吏列传》，其中收录有三则古代官员以身作则、恪守底线的故事，这三个故事有的让人拍手称赞，有的使人肃然起敬，还有的令人唏嘘不已，都值得今天的领导干部细细品读，反思借鉴。

（一）李离伏法

"春秋五霸"之一晋文公重耳做国君时，曾任命过一名叫李离的法官。有一次，李离因误听案情而杀了人，得知真相后，他把自己关了起来并请求晋文公判自己死刑。晋文公以主要过错在于下属官吏为由赦免了李离。听到自己被赦免，李离正色说道："我是长官，没有把官位交给下属；我的俸禄高，也没有分给过下属，那为什么现在听错话杀错人就要把罪过推卸给下属呢？"

面对如此"一根筋"的官员，晋文公显得有些不高兴了，问道："你的官职是我任命的，那我也有罪了？"李离答道："法官断案也有规定，判错案就要亲自受刑，杀错人就要亲自偿命。您正是看中了我能明察秋毫才委派我担任法官一职。而如今我听错了案情而杀人，应当判处死刑。"最后，李离不肯接受赦免，拔剑自杀了。

李离宁愿付出生命也要维护法律的公正，即使他是封建时代的官员，其所作所为也足以让今人钦佩。反观近年来见诸媒体的几起冤假错案，鲜见造成冤假错案的办案人员公开道歉，甚至在为当事人平反过程中也常常遭遇阻力。而且重要的是，冤假错案虽然已经平反，但对当事人及家属造成的伤害、对执法者职业形象的破坏以及给社会公众带来的心灵冲击，却很难在短时间内消弭。可见，故事中的李离虽是“一根筋”，但这个世上如果能多些“李离”，于国于民，都是好事。

(二)石奢徇法

石奢是楚昭王时代的宰相，别人对他的评价是坚毅正直、不避权贵。某次石奢在外出视察的路上正遇到有人持刀行凶，便亲自追捕，将凶手缉拿归案。谁知后来发现，凶手不是别人，正是石奢的父亲。按说石奢贵为宰相，用手中的权力将事摆平可以说是轻而易举，但他没有这么做。不过身为人子亲手逮捕自己的父亲，他又下不了手。身处这两难的境地，石奢最终的选择是：将父亲放走，但把自己绑了起来，并派人对昭王说：“父亲是凶手，如果我惩治了他，是不孝；如果放了他，纵容犯罪，是不忠，我罪当受死。”昭王体谅石奢，便不打算追究此事了。石奢又说：“不袒护父亲是不孝，不遵守法律是不忠。国君赦免是国君的恩惠，但伏法而死却是臣子的职责。”于是石奢刎颈而死。

在石奢所处的那个年代，“父为子纲”的儒家思想与“法不阿贵”的法家思想相互碰撞，令石奢面临两难困局，最终也没能想出两全其美的办法去破解，最后只得以自杀作为逾越红线的代价。虽然其行为有待商榷，但是对于今天的公职人员来说，当面对“情”与“法”的抉择时，石奢这种绝不徇情枉法的大义却是值得后人学习的。

(三)公仪休拒鱼

春秋时期，公仪休担任鲁国宰相时并没有实施什么改革举措，只是坚持奉公守法、依法办事，要求手下的官员行为端正，不得和百姓争利。公仪休喜欢吃鱼，有人送了许多，但都被他拒之门外。他解释说：“我做宰相，买得起鱼吃，假如因收了别人送的鱼而被罢官，哪里还有俸禄自己买鱼吃呢？”不仅如此，公仪休甚至烧掉了家中的织布机，拔掉了菜园里的蔬菜，理由很简单：当官的人，如果自己家经营产业，那么农民辛辛苦苦种植的蔬菜卖给什么人？猎户辛辛苦苦打猎获得的毛皮卖给什么人？农妇辛辛苦苦织的布匹又卖给什么人？他做宰相期间，规定鲁国大小官员一律不得经营产业，不得兼做买卖。当官的已经从国家获得俸禄，怎么能再好意思与民争利？

公仪休的解释如今听起来让人觉得有点傻，但却傻得可敬、傻得可爱。反观今天的某些官员，奉行所谓“关系就是生产力”“人脉就是资源”，大搞“权力兼职”，既想当官又想发财，最后违纪违法被查处，万事皆休。比起他们，拒绝收鱼的公仪休可谓是大智若愚了。

李离、石奢、公仪休的故事虽不尽相同，但却皆以“循吏”之名流芳百世，足以成为天下官员的表率。历史总是相通的，无论是当朝宰相还是基层的执法者，都要把奉公守法、公正执法作为自己的为官底线，触碰了底线就要付出代价。

后记

也学牡丹开

首次萌生品评《史记》的想法，大约是在 2018 年 6 月后。那时第一部书《魏晋史札记》刚刚出版，下一部书打算写什么，是一件需要认真思考的事情。当时有两个选择，一个是品评《聊斋》，一个就是品评《史记》。恩师岩波先生的意思是选择《史记》，因为从名著的角度来说，《史记》的地位是要远高于《聊斋》的。但我有自己的想法，后来也和岩波先生说了几遍，我告诉他，首先就我个人对两本书滚瓜烂熟的程度而言，《聊斋》是优于《史记》的；再者从身份上来说我是作家协会会员，不是历史学会会员，第一部书已经是品评历史的，就算文史不分家，也不能太侧重于历史了，所以第二部作品打算选文学名著《聊斋》为品评对象。而且还有一点，品评《聊斋》的想法早在《魏晋史札记》初稿还未完成时就萌生了。我自儿时起就喜读《三国》与《聊斋》，现在品读三国两晋历史的《魏晋史札记》出版了，下一个自然轮到《聊斋》了。转眼间到了 2019 年春节前夕，我到岩波先生家拜年，在得知我已经动手品评《聊斋》并已写了四万余字后，他告诉我："既然品评《聊斋》是你的心愿，那么就先把这件事完成。你记住一句话，'迈小步，不停步，别走弯路回头路'。"在岩波先生的鼓励下，第二部作品《〈聊斋志异〉全景观》于 2019 年 10 月完成初稿，后因种种原因，直到2021年底在恩师张秋铧先生的帮助下才正式出版。在这期间，我也没有闲着，在为品评《史记》做着准备工作，并着手动笔，截至2023年之前，也写了数万字。

《魏晋史札记》《〈聊斋志异〉全景观》，以及现在这本《〈史记〉品录》，用我自己的话说，都是类似于中央电视台百家讲坛栏目的文史品评类专著作品。这样的作品，考验的不是写作者的灵感迸发与构思设计，而是讲究一个"顺理成章"，其中这个"理"就是个人精读研读作品后的积累沉淀，即考验对名著去芜存菁、整合提炼的能力，就像是收录进今日高中语文课本的《六国论》，不就是苏洵在研读《史记》后就六国灭亡一事所发表的个人见解吗？再以武侠小说中的侠客为例，有的侠客是靠绚烂的剑招让敌人招架不住，而有的侠客不需要武器，只要释放体内的内力，赤手空拳同样可以破敌。文史品评类作品属于后者，靠的是写作者对史料旁征博引、信手拈来的驾驭能力，而这项能力和内力一样，也是在日积月累的修炼中攒下来的。至于这类专著特别是历史类作品需要注意什么，个人认为有两点，其一是"无一字不无出处"，历史类作品要严谨，且要有深度。当下，书店中最受欢迎的还是轻松欢快风格的戏说历史类作品，网络上也有很多历史类小视频，某些博主折扇一张茶水一抿便开始了闲话式的侃侃而谈。在市场经济与人们空闲时间呈碎片化的大背景下，这种做法迎合市场，本无可厚非。但我始终认为，这个戏说闲话的尺度必须掌控好，否则就变成了搞历史原创主义、搞历史八卦娱乐。对受众而言，这样搞虽说遣怀开心，但茶馆唠嗑上不了台面，不利于好学者去深度求知，用今天的话来说就是没有"干货"，对作者本人而言那更是学艺不精或者态度不端的表现。我们可以想一个问题，为何在快餐文化大行其道、五分钟以上的视频就会引人生厌的时代，央视纪录片《舌尖上的中国》一经问世就广受好评、人们突然愿意耐着性子看完单集均在一个小时左右的视频呢？恰恰因为这部纪录片中的“干货”太多了。为了挖掘某一道美食，摄制组可以跑遍大江南北记录受访者的生活点滴、可以深入田间地头仔细调研，这才是做学问应有的表现。自古以来，修史难，读史亦不易，品评历史，更应该看作是一种做学问的方式，而不应过度娱乐化，将其当作一个消闲解闷的媒介。其二，品读类作品务必要避免出现“低水平重复”现象。天底下读史写史的人成千上万，好的作品也是汗牛充栋，最不缺的就是“誊书”的人。每个读史写史的人都要有自己的见解，哪怕这个见解不是金科玉律，至少也要让读者看后道上一句“嗯，有些道理”。至于如何做到这点，那就必须是“想给别人一碗水，自己就得有一缸水”。以前与人谈起我的前两部作品时我曾说过，譬如想点评三国历史，如果对前面两汉、后面两晋的历史充耳不闻，对陈寅恪、田余庆、唐长孺等学术泰斗的专著视若无物，仅仅一门心思深扎《三国志》这部书，那再怎么卖力也深不到哪去。同理，品《聊斋》，同时代的《子不语》《阅微草堂笔记》《谐铎》都是必须读的；品《史记》，特别是前面春秋战国部分，谁又能说《国语》《战国策》《吴越春秋》属于野史就毫无参考价值？须知司马光编撰《资治通鉴》的战国史时，就抽取了如《魏攻管而不下》《齐王建入朝于秦》等许多《史记》未载的《战国策》内容作补充，所以广泛阅读是写好品评类作品的关键。另外，寻找切入点也是考验作者水平的地方。品魏晋史，不能光是知道贩夫走卒都能讲得头头是道的赤壁之战、大意失荆州。诸葛武侯接受托孤后如何在五年内把蜀汉从亡国边缘拉回来并积攒出六次北伐的实力,武侯六出祁山和姜维九伐中原有何异同,还有曹魏的屯田政策和应对游牧民族的策略、孙吴的对海外的扩张及对山越的清剿,甚至是西晋奢靡亡国的教训、东晋的北伐为何无果而终,这些历史事件都是需要去深究的,只有带着这些问题精读研读,学问才会有长进。品《聊斋》,不能光品爱情篇目,蒲松龄对于科举腐败的抨击、冒着灭族风险对清军入关后肆意屠戮行为的实录、对当时社会百态的记述,加在一起才构成一部完整的《聊斋志异》。《史记》作为史家绝唱,更得如此研读品评。我们都知道秦皇汉武是这部书的重要记述对象,但其他的人同样可歌可泣。像是忍辱负重知耻后勇的燕昭王和赵武灵王,前者为报亡国之耻积蓄力量长达二十七年,比人们熟知的"卧薪尝胆"勾践还要多六年;后者饱受列强欺凌,面对的严酷生存环境与清末时如出一辙,武灵王对不愿变法改革的守旧派动之以情晓之以理的场景让人泪目,两位君王均是虽身处小国而自强不息。还有孔子晚年周游列国,虽历经磨难多次遇险,但对追寻天下大道的人生信念没有丝毫动摇,这难道不是今人学习的榜样吗?像这样的例子还有很多,楚怀王和项羽的耳根子软让他们在争霸中屡屡受挫甚至丧命,当为今人所警醒;秦襄公抓住时机"投资"终于让秦国获得建国资格,当为今人借鉴。还有屈原、李斯、李广、司马相如等人物,细读他们的人生,可以从中吸取教训,提升自我。一言蔽之,如果说《史记》是一座"精神宝库",《〈史记〉品录》做的,就是尽可能地将这座"宝库"深挖一些,并从中提炼出了三十一篇精华。

在写书的过程中,许多人给予了帮助。两位恩师就不必说了,他们深通璞玉化璧之功、因势利导之道,没有两位恩师,就没有今天的我。特别是张秋铧先生，继《魏晋史札记》后，这是他第二次为本人的著作作序；忘年交高万菊老师对《史记》同样情有独钟，他曾拿铅笔逐字逐句地带着我读《淮阴侯列传》、读《魏其武安侯列传》，那个场景至今历历在目。此外还要特别感谢那个以言语相激的人，让我加速了对此书的完成。《〈史记〉品录》的出版，也算是完成了一个未竟的承诺……

最后，我想引用清代袁枚的五绝《苔》作为本文及本书的收尾，同时也以该诗作为自己在文学甚至是人生路上砥砺前行的座右铭：

白日不到处，青春恰自来。苔花如米小，也学牡丹开。

2023.5.5